Responsabilidade civil dos ADMINISTRADORES DE BANCOS NA CONCESSÃO DE CRÉDITO

Dados Internacionais de Catalogação na Publicação (CIP)

B277r Barros, Francisco Rudnicki Martins.

Responsabilidade civil dos administradores de bancos na concessão de crédito / Francisco Rudnicki Martins Barros. – Porto Alegre : Livraria do Advogado, 2021.

187 p. ; 23 cm.

Inclui bibliografia.

ISBN 978-65-86017-16-8

1. Responsabilidade civil. 2. Bancos - Administradores. 3. Concessão de crédito. I. Título.

CDU 347.734:347.51

Índice para catálogo sistemático:

1. Responsabilidade civil : Bancos : Administradores 347.734:347.51

(Bibliotecária responsável: Sabrina Leal Araujo – CRB 8/10213)

Francisco Rudnicki Martins de Barros

Responsabilidade civil dos ADMINISTRADORES DE BANCOS NA CONCESSÃO DE CRÉDITO

livraria DO ADVOGADO editora

Porto Alegre, 2021

Capa, projeto gráfico e diagramação
Livraria do Advogado Editora

Revisão
Rosane Marques Borba

Imagem da capa
br.freepik.com/vetores/abstrato

Impresso no Brasil / Printed in Brazil

Ao meu pai, Carlos Alberto Sampaio Martins de Barros
(*in memoriam* – 1947/2016).

Agradecimentos

O presente livro é resultado de proveitoso período no Programa de Pós-Graduação em Direito da Universidade Federal do Rio Grande do Sul (UFRGS). Trata-se de fruto da dissertação de mestrado defendida em março de 2019 sob o título "Riscos bancários e gestão temerária: deveres de conduta e responsabilidade civil dos administradores de instituições financeiras na concessão de crédito".

Como não poderia ser diferente, agradeço, primeiramente, ao orientador e sempre professor, Dr. Bruno Miragem, exemplo de jurista e docente, cujas contribuições e direcionamentos se mostraram mais do que valiosos, bem da verdade indispensáveis para o resultado final do trabalho. O convívio acadêmico e a orientação segura do Prof. Dr. Bruno Miragem em muito engrandeceram minha trajetória profissional, tanto pelo suporte no encaminhamento de minha pesquisa – base deste livro –, quanto pelas lições oferecidas nos encontros do *Grupo de Pesquisa de Direito Privado e Acesso ao Mercado (UFRGS)* e do *Núcleo de Estudos Sobre Direito e Sistema Financeiro: Direito Bancário, Direito dos Seguros e Direito do Mercado de Capitais (UFRGS)*, ambos sob sua coordenação, pelo que serei para sempre grato.

Agradeço também as valiosas contribuições da extraordinária banca examinadora da dissertação composta pela Profa. Dra. Claudia Lima Marques e Profs. Dr. Guilherme Centenaro Hellwig e Dr. Luis Renato Ferreira da Silva. Da mesma forma, são prestados agradecimentos ao Prof. Dr. Manoel Gustavo Neubarth Trindade, que integrou a banca de qualificação. Todos os notáveis avaliadores foram incisivamente pertinentes em suas colocações e claramente dedicados ao aprimoramento deste trabalho.

Encerrando, agradeço imensamente aos meus familiares e amigos que colaboraram, mesmo que indiretamente, para o resultado final desta obra, em especial nas figuras de minha mãe, Tânia, meu pai, Carlos Alberto (*in memoriam*), meus tios Henrique (*in memoriam*) e Ieda, além dos meus irmãos Tamara, Marcos, Astréia e Carlos Alberto, sem detrimento dos demais não citados especificamente, que são igualmente indispensáveis para minha total felicidade. Por fim, mas não menos importante, agradeço à Martha, meu amor, por toda a compreensão e apoio incondicional nesta trajetória.

Prefácio

Essencial à vida da instituição bancária é a concessão de crédito. É sua função mais destacada e elemento formador do caráter da atividade que desempenha. É o crédito um dos elementos fundamentais para o desenvolvimento econômico e social em todos os estágios da história humana. A organização e expansão das casas bancárias desde a idade moderna acompanha o aperfeiçoamento das técnicas de concessão do crédito, inicialmente, com aferição do patrimônio do devedor para garantir o adimplemento; com a complexidade da sociedade de massas, cada vez mais se vinculam a sofisticados modelos matemáticos, traduzidos à linguagem das tecnologias da informação e do tratamento de dados. No fundo, contudo, o mesmo problema se põe: a concessão do crédito envolve certo risco a ser identificado por quem o concede, mas pressupõe, afinal, a capacidade de adimplemento do devedor nos termos contratados.

A sociedade contemporânea assiste ao protagonismo da atividade financeira (a chamada "financeirização da economia"), com a facilitação do fluxo transnacional dos capitais aplicáveis em investimentos de fomento a outras atividades econômicas, para promoção da produção e do consumo. Neste contexto, é livre a concessão do crédito pelos bancos; liberdade esta, contudo, que é delimitada por deveres específicos, seja em relação aos tomadores do crédito, seja da instituição e seus administradores em relação a seus sócios e acionistas. A repercussão das atividades de uma casa bancária sobre as demais e o sistema financeiro como um todo (o risco sistêmico que lhe é inerente) projeta tais deveres também em benefício da coletividade, expandindo seus efeitos, e o da respectiva responsabilidade no caso de violação, para além das partes diretamente vinculadas.

É essa a ordem das coisas que dão à obra de Francisco Rudnicki Martins de Barros, para a qual tenho a satisfação de alinhavar este prefácio, inegáveis utilidade e atualidade. Trata-se de versão comercial da dissertação brilhantemente defendida pelo autor no Programa de Pós-Graduação em Direito da Universidade Federal do Rio Grande do

Sul (UFRGS), perante banca examinadora integrada pelos Professores Luis Renato Ferreira da Silva, Guilherme Centenaro Hellwig e Claudia Lima Marques, na qual lhe foram conferidos todos os méritos e a recomendação para publicação, que ora se confirma.

Advogado experimentado e atento, com notório gosto pelo estudo e pela pesquisa, além das qualidades que preenchem os quadrantes de atuação profissional e acadêmica, merecem registro também suas qualidades pessoais, cuja humanidade e lhaneza se destacam.

O trabalho de Francisco Rudnicki Martins de Barros é transversal. Merece a leitura atenta por todos os que se interessam pela regulação do sistema financeiro, por direito societário e os deveres fiduciários dos administradores, pela proteção do tomador do crédito, seja na perspectiva geral do direito das obrigações, ou da legislação de proteção do consumidor. Aliás, note-se que a regulação do sistema financeiro é tema que vem se construindo nas últimas décadas a partir de uma representativa transição do seu próprio sentido. A regulação prudencial é expressão afirmada e de profundo significado, para além de seus limites técnicos.

Aqui, a prudência que se reclama é postura do regulador sobre os riscos inerentes à atividade financeira, identificando, medindo e mitigando os riscos que lhe cercam. Não é só normativa (regulamentar); envolve formulação e execução de política pública. Por outro lado, recorrendo a figuras folclóricas, não pode ser um *Rübezahl* das lendas alemãs ou o *Golem* judaico, que avance e sufoque o mercado sobre o qual intervém para aprimorar. Nessa intervenção também não há só ação administrativa, mas aproveita uma série de institutos presentes em todo o sistema jurídico, no direito público e no direito privado. A rigor, inclusive, está sempre a se reinventar, inclusive pela adoção de novos instrumentos ou novos modos de sua utilização, uma vez que incide sobre realidade dinâmica.

A previsão de deveres aos administradores das instituições financeiras, como deveres pessoais ou projeção dos deveres da própria instituição, apenas serão dotados de sentido quando vinculados aos efeitos de sua violação, mediante imputação de responsabilidade. Dentre as várias dimensões que assume, a responsabilidade civil vincula-se à função primordial de reparar o dano injusto que resulte de deveres violados. Mas que não é exclusiva, podendo ocupar-se, de modo acessório, também do desestímulo à conduta que se pretende evitar, no benefício do lesado e da coletividade.

É nesse ponto que se destaca o estudo ora publicado. Ao examinar a atividade bancária e sua disciplina mediante regulação e supervisão, como revestida de inegável interesse público, nota o autor que aí não se esgota a intervenção do Direito sobre a realidade econômica e social. A imposição de deveres de conduta aos administradores das instituições financeiras e sua exigibilidade, inclusive, pela via da responsabilidade civil, compreende não apenas objetivos relacionados imediatamente à reparação de danos, mas também na prevenção de riscos inerentes à atividade.

Aí, todavia, não há radicalismo. O equilíbrio que marca a personalidade do autor reflete-se na proposição do trabalho. Há instrumentos bem marcados para proteção do administrador diligente, sem lugar para rigorismo ou juízos retrospectivos abstratos sobre erros e acertos. É do indivíduo situado e concreto que se trata, quando é examinada a imputação de responsabilidade. Nesses limites é que se deve discutir a responsabilidade dos administradores, tanto nas situações que constituem objeto do exame específico do texto, quanto nas demais.

Por todas as razões, merece ser lido o estudo de Francisco Rudnicki Martins de Barros. É trabalho do qual permito me orgulhar como orientador. Inscreve-se nas melhores tradições da nossa Universidade, sem prejuízo de ser signo de renovação, cuja marca é uma aliança indissolúvel entre a profundidade teórica e o sentido prático das proposições, a respeitar o próprio papel que deve ocupar o Direito na cultura e na vida social.

Que possa o leitor interessado perceber todas as *nuances* do que propõe o autor, nesta que, seguramente, é a primeira de outras contribuições que deverá oferecer à comunidade jurídica nacional.

Porto Alegre, agosto de 2020.

Bruno Miragem

Professor da Universidade Federal do Rio Grande do Sul (UFRGS) nos cursos de Graduação e do Programa de Pós-Graduação em Direito

Sumário

Introdução

O presente trabalho abordará a temática da concessão de crédito bancário, em especial questões referentes aos deveres de conduta dos administradores de instituições financeiras, previstos na legislação e normas regulatórias, aplicáveis quando da elaboração da política e efetiva concessão de crédito. Expostos os limites e contornos de tais deveres de conduta, na violação de seu conteúdo são delineados atos típicos bancários passíveis de ensejar responsabilização aos referidos administradores, os quais poderiam colaborar à construção de um instrumento de aferição de gestão temerária também no campo da responsabilidade civil.

O tema elencado reside na seara do Direito Bancário, o qual vem sendo explorado academicamente cada vez mais, com maestria e extrema qualidade, porém, a vastidão do campo do conhecimento ainda permite que sejam elencados temas pouco visitados, como ousamos classificar o presente. Importante também destacar a atualidade e importância do tema, haja vista sua íntima relação com as alterações que vem experimentando a regulação da atividade bancária, em especial após a crise financeira que assolou a economia mundial no ano de 2008 e fortaleceu os ideais da regulação prudencial.

Dada a sua complexidade e o fato de ser essencial na economia moderna, o sistema financeiro é alvo de olhares atentos do Poder Público, muito também porque é objeto de grande interesse público. Nesse contexto, especial posição ocupam as relações bancárias, motivo pelo qual Bruno Miragem refere que a "proteção da fidúcia nas relações bancárias é reconhecida como um dever do Estado, que o exerce por intermédio da regulação e supervisão da atividade das instituições financeiras", sempre com o objetivo de garantir estabilidade e desenvolvimento do sistema financeiro nacional.[1]

A regulação do sistema financeiro experimentou profundas alterações no transcurso do tempo, moldando-se após cada expediente

[1] MIRAGEM, Bruno. *Direito bancário*. São Paulo: Revista dos Tribunais, 2013. p. 24.

histórico significativo. A intervenção em momento posterior à crise e os critérios de mensuração puramente estáticos cederam espaço ou somaram-se ao modelo de regulação prudencial, em que a intervenção se dá de forma plurilateral e sistêmica, com abordagem preventiva e mitigadora dos riscos bancários, operando também com um visível sistema de incentivos aos agentes do mercado. Todo o arcabouço regulatório em questão, importante dizer, deriva do que Rachel Sztajn denominou de paradoxo que aflige constantemente o sistema financeiro: "canaliza riscos e deve ser estável".[2]

Os riscos bancários, definidos em mais rotineira e abrangente divisão como o risco de liquidez, risco de mercado, o risco operacional, o risco de crédito e o risco sistêmico, vêm recebendo mais detalhada atenção do competente órgão regulador, seja por meio de procedimentos sancionatórios de direção de comportamento ou normativos. Passou-se a exigir das instituições financeiras estruturas de controle de risco permanente, tudo com o intuito de manter a estabilidade do sistema financeiro. Neste cenário, além de garantir lastro mínimo para determinadas operações, deve a instituição financeira, em especial quanto à mitigação do risco de crédito, analisar de forma criteriosa e prudencial o tomador do crédito, assim como as peculiaridades da operação, evitando sua exposição excessiva aos riscos.

Desta nova natureza regulatória são originadas expectativas de conduta da instituição financeira e de seus agentes na sua atividade típica de concessão de crédito, tudo em vista da manutenção de integridade do sistema financeiro e da fidúcia. Trata-se, com perdão da repetição, da eleição de deveres fiduciários para proteção da fidúcia no próprio sistema financeiro.

Este trabalho examinará os mencionados deveres de conduta a serem observados pelos administradores de instituições financeiras na concessão de crédito, seja na concreta concessão de crédito ao tomador ou na eleição da política de concessão de crédito e apetite por riscos da instituição financeira. Como consequência, será também enfrentada a extensão da responsabilização destes administradores por aquilo que ora denominamos de concessão imprudente de crédito, traço marcante de uma gestão temerária e resultado da violação destes deveres de conduta.

A importância do tema em suas diversas fronteiras é clara. Nesse sentido, António Menezes Cordeiro, enaltecendo a importância das normas atinentes à administração das sociedades e responsabilidade dos administradores, afirma que "a administração das sociedades

[2] SZTAJN, Rachel. *Sistema financeiro*. Rio de Janeiro: Elsevier, 2011. p. 12.

constitui o cerne do Direito das sociedades: ponto em torno do qual tudo orbita e destino final de todas as construções e institutos".[3]

A responsabilização de administradores de sociedades empresárias deve atender aos ideais de garantir uma prudente e sóbria administração e condução do negócio frente ao mercado e à própria sociedade, evitando condutas que possam causar danos a terceiros ou a seus acionistas. No entanto, as regras atinentes à espécie devem ser dosadas ao ponto de que os ônus do cargo gerencial não acabem por afastar pessoas idôneas e sérias, abrindo pleno caminho para aventureiros que pouco se importam com a atividade econômica em si e buscam auferir vantagem pessoal unicamente.[4]

Assim sendo, não seria pertinente propor por meio da presente pesquisa hipóteses inadequadas ou excessivas de responsabilização dos administradores, seja qual for a sua natureza. Por exemplo, a responsabilidade civil da instituição financeira por concessão imprudente de crédito por conduta atribuível ao próprio tomador deve ser analisada com muita cautela, sendo examinada inclusive eventual violação aos preceitos da boa-fé objetiva.

No entanto, não se pode esconder a trajetória atual da regulação do sistema financeiro, a qual se posiciona no sentido de proteção da estabilidade do sistema financeiro como um todo, de manutenção da fidúcia do mercado de crédito como um dever do Estado e de todos que nele operam. Para tanto, delegando protagonismo na mitigação dos riscos aos administradores das instituições financeiras, percebe-se a sistematização de inúmeros deveres de conduta na concessão do crédito.

Desta afirmativa surge uma conclusão quase natural: existindo deveres de conduta a serem observados, existem reflexos jurídicos pelo seu descumprimento. Assim sendo, qual a sanção, ou melhor, quais os efeitos da responsabilização daqueles que os ignoram ou falham na sua observância? Há uma estrutura normativa de responsabilidade civil que garanta incentivos no sentido de uma conduta zelosa e prudencial na concessão de crédito por parte dos administradores?

O regime jurídico de responsabilidade civil dos administradores de instituições financeiras se comunica com a regra geral aplicável aos administradores de sociedades anônimas, tratando-se justamente de responsabilidade civil de natureza subjetiva. É inevitável imaginar que neste campo, como em muitos outros, a responsabilidade civil, em especial a de natureza subjetiva, sirva como fio condutor de comporta-

[3] CORDEIRO, António Menezes. *Manual de direito das sociedades*: I volume, das sociedades em geral. Coimbra: Almedina, 2004. p. 688.

[4] ADAMEK, Marcelo Vieira von. *Responsabilidade civil dos administradores S/A (e as ações correlatas)*. São Paulo: Saraiva, 2009. p. 193/194.

mentos prudentes e não lesivos, para além de sua função primária de reparação.

Eventualmente, a concessão de crédito de forma imprudente ou desmedida pode prejudicar terceiros que venham a interpretar de forma equivocada a situação financeira do tomador de crédito, por exemplo, acreditando na seriedade esperada da instituição financeira na atividade típica de concessão do crédito, especificamente quanto à avaliação deste tomador. Poderiam em alguns casos até mesmo os acionistas da instituição financeira buscar responsabilização dos administradores pelos prejuízos decorrentes de uma política imprudente de concessão de crédito. Também, os arranjos societários e de controle acionário da realidade de grandes grupos econômicos podem proporcionar ambientes de concessão de crédito sem justificativa econômica plausível ou análise adequada do tomador, também lesando potencialmente a instituição financeira, terceiros ou acionistas minoritários.

Destarte, acompanhando aquilo que já está previsto – mesmo que de uma forma muito questionada – na seara penal pela tipificação da gestão temerária de instituição financeira, entendemos como necessário o aprofundamento das hipóteses de responsabilidade civil dos administradores das instituições financeiras na concessão de crédito. Os pressupostos do instituto da responsabilidade civil devem ser analisados em casos em que administradores de instituições financeiras atuarem de forma contrária aos deveres de conduta decorrentes da regulação prudencial, das normas regulatórias atinentes e da própria legislação aplicável por meio das cláusulas gerais e obrigações legais específicas.

O presente trabalho é dividido em duas partes com dois capítulos cada. Na primeira parte, serão explorados conceitos de base relacionados ao tema, como a noção e os conceitos de moeda, crédito, bancos, riscos bancários e sua regulação, sob uma perspectiva não somente jurídica como também econômica e funcional. Também, ainda na primeira parte, será explorado o regime jurídico geral de responsabilidade dos administradores de instituições financeiras, sendo estes suscetíveis às sanções nas esferas penal e administrativa decorrentes de atos possíveis e relacionados à sua atividade e rechaçados expressamente. Com ainda maior grau de importância para o presente trabalho, será abordado o regime jurídico da responsabilidade civil dos administradores de sociedades anônimas, tipo societário preferido pela legislação para execução da atividade financeira.

Na segunda parte do trabalho, abordaremos o vasto tema da governança corporativa das instituições financeiras e seus contornos. Também, serão explorados os deveres de conduta dos administradores na concessão de crédito, seja frente ao tomador ou à própria sociedade e o sistema financeiro como um todo, assim como serão analisadas suas fontes para fins de sua divisão entre deveres legais e deveres regulatórios.

Em conclusão, analisados os deveres de conduta dos administradores na concessão de crédito, como os deveres de diligência e de lealdade e seus desdobramentos, passaremos ao exame das consequências de sua violação, assim como enfrentaremos o problema do nexo de causalidade nas hipóteses de responsabilização. Ainda nesta seara, devem ser ponderadas as funções da responsabilidade civil, em especial a reparatória – em muito satisfeita pela prática do seguro de responsabilidade civil – e a preventiva – mitigada pelo mecanismo securitário, no entanto, fortalecida pela natureza subjetiva da responsabilidade civil. Evitando hipóteses de intervenção excessiva no campo das decisões negociais, afastando administradores conscienciosos, deve ainda ser analisada a excludente de responsabilidade prevista na Lei das Sociedades Anônimas e considerados, no mínimo enquanto inspiração, os parâmetros da importada regra norte-americana da *Business Judgment Rule*, mas não antes de explorar a sua recepção no direito brasileiro.

Por fim, a ausência de vastidão de casos práticos e o fenômeno do seguro de responsabilidade civil, em nosso entendimento, não apequenam a presente pesquisa. É bem verdade, também, que a matéria da responsabilidade civil dos administradores enfrenta ausência de vastidão de casos concretos por questões de legitimidade ou preenchimento parcial ou inexistente dos requisitos autorizadores de revisão da decisão negocial, porém, em especial pelas alterações regulatórias propostas na última década, acreditamos que a matéria estará na pauta do futuro.

1. *O sistema financeiro e a atividade bancária enquanto objeto de interesse público*

Trata-se o sistema financeiro de elemento caracterizador da vida humana em sociedade da forma como conhecemos. Nosso modo de agir e nossa rotina em vida social, com inequívoca certeza, transita diariamente por alguma das ramificações do que é o sistema financeiro em um sentido geral.

Em destaque nesta afirmação reside a noção de moeda. Como já atestou Jack Weatherford, diferentes realidades tais como a rotina de um mercado de comunidade em um país subdesenvolvido e a mais sofisticada negociação em *wall street* podem se unir sob uma mesma ferramenta econômica: a moeda, independente de como esta é chamada.[5]

No mesmo grau de importância, a noção de crédito bancário moldou o poder e comportamento de compra dos indivíduos da sociedade, gerando como consequência um dos mais complexos ramos de atividade. O ramo da atividade bancária tem seu grau de importância atestado pelo próprio esforço dos Estados em vê-los prosperar, sob pena de comprometimento do bem-estar de toda uma nação e, por que não, em seus graus mais extremos, de todas as nações. Trata-se de cenário em que o risco e a estabilidade travam incessante batalha, figurando dentre seus representantes a própria natureza e contornos da atividade e o trabalho do ente regulador.

Como exigência ao aprofundamento da matéria proposta no presente trabalho, algumas construções básicas da noção de sistema financeiro e, principalmente, da importância e complexidade da atividade de concessão de crédito devem ser demonstradas. Dentre os referidos pontos alocam-se os conceitos de moeda e crédito, além da compreensão da extensão da denominação *banco* atribuída a algumas instituições finan-

[5] WEATHERFORD, Jack. *The history of Money*. New York: Three Rivers Press, 1997. p. 22/23.

ceiras e o motivo pelo qual sobre estas recaí regulação densa e protetiva, mitigadora de riscos em sua própria essência contemporânea.

1.1. A moeda e o crédito: evolução histórica e função econômica

Imaginar a vida humana sem a presença da moeda é, por certo, tarefa que demanda grande criatividade. Fernand Braudel, notório historiador francês define que "a moeda imbrica-se, onde quer que esteja, em todas as relações econômicas e sociais humanas", sendo, por tal motivo, um maravilhoso indicador, posto que conforme ela corre, enfraquece, se complica ou falta, é possível formular uma apreciação bastante segura de toda a atividade dos homens até o "mais humilde plano de suas vidas".[6]

A temática é rica em controvérsias, começando pela estreita exatidão de sua nomenclatura. Isto se dá, pois, em que pese o uso dos termos moeda e dinheiro como sinônimos no Brasil, os seus conceitos são distintos. Dinheiro seria "qualquer bem geralmente aceito como instrumento de pagamento". Moeda, por sua vez, é o conceito de fundo por trás do termo dinheiro e, portanto, é o dinheiro a "representação material" da moeda.[7]

Compreender a dimensão do conceito de moeda, peça basilar do presente trabalho e de todos os temas que envolvem a atividade bancária, é necessariamente visitar e interpretar sua evolução histórica e sua função econômica. Mais especificamente exaltamos a sua tríplice função: intermediária de trocas, unidade de valor e reserva de valor.

A história da evolução da moeda, neste contexto, é a história de como evoluímos enquanto animais sociais, isto é, enquanto animais que vivem de forma organizada em sociedade, realizando trocas uns com os outros.[8] A origem da moeda se dá no contexto da especialização dos trabalhos e revolução agrícola, com a maior intensidade das transações econômicas envolvendo diferentes produtos e serviços que começa a se moldar como cotidiano econômico da vida em sociedade.[9]

Atualmente, admite-se no estudo da evolução e estruturação do conceito de moeda, tarefa sempre difícil, a sistematização desta em

[6] BRAUDEL, Fernand. *Civilização material, economia e capitalismo séculos XV-XVIII*. Vol. I. As Estruturas do Cotidiano. Trad. Telma Costa. São Paulo: Martins Fontes, 1995. p. 399.

[7] SZTAJN, Rachel. *Sistema financeiro*. Rio de Janeiro: Elsevier, 2011. p. 13, 14/15 e 17.

[8] KING, Mervyn A. *The end of alchemy: Money, banking and the future of the global economy*. New York: W.W. Norton & Company, 2017. p. 55.

[9] ROSSETTI, José Paschoal; LOPES, João do Carmo. *Economia monetária*. 8. ed. São Paulo: Atlas, 2002. p. 16/17.

diferentes categorias evolutivas, além da valorização da ideia de sua tríplice função enquanto caráter determinante de um conceito. Evolução, porém, não em sentido linear, posto que algumas destas categorias coexistem em harmonia, mas em sentido de acompanhamento da modulação do conceito à prática social e necessidade econômica da vida moderna em sociedade.

A primeira categoria é a moeda primitiva, moeda *commodity* ou moeda mercadoria. Trata-se da simples noção de uso de algum objeto, de forma repetitiva e aceita socialmente, como intermediário de troca e medida de valor, mas não necessariamente reserva de valor.

Mesmo que materializada nos primórdios da civilização, engana-se quem pensa que esta categoria foi extinta com o transcurso do tempo. Ao contrário, a moeda primitiva é de certa forma um fenômeno atemporal nas relações econômicas humanas. Sempre que o fluxo normal do comércio e da vida econômica é interrompido, surge novamente o uso da moeda *commodity*, como, por exemplo, no cenário pós segunda guerra mundial na Europa em que o uso de cigarros, chocolates e chicletes como moeda se difundiu.[10]

Nesse ponto, a criatividade humana se mostrou sempre ativa. Nos reinos do Alto Senegal, por exemplo, o sal foi a moeda primitiva de maior uso nos mecanismos de troca. A Islândia estabeleceu por vários séculos a troca por meio de peixe seco. Na Sibéria as peles preciosas eram comercializáveis e serviam como meio de pagamento até mesmo de tributos direcionados aos governantes. No litoral da ilha de Luanda, Angola, fazia-se regular uso das moedas denominadas *zimbos*, que nada mais eram do que conchas coletadas em pesqueiros pelos locais, porém, com o domínio português sobre a comunidade, por volta de 1650 os portugueses estrategicamente tomaram posse dos "pesqueiros de moeda", locais em que eram coletadas e a sua desvalorização foi galopante.[11]

As moedas primitivas parecem servir eficientemente a pequenas comunidades em suas trocas internas, porém, em um cenário mais amplo, as moedas primitivas cediam facilmente às pressões externas, os efeitos do transcurso do tempo e outros cenários adversos. Afinal, como recorda Mervyn King, o sal usado enquanto moeda não pode servir para preservar a carne.[12]

[10] WEATHERFORD, Jack. *The history of Money*. New York: Three Rivers Press, 1997. p. 22/23.

[11] BRAUDEL, Fernand. *Civilização material, economia e capitalismo séculos XV-XVIII*. Vol. I. As Estruturas do Cotidiano. Trad. Telma Costa. São Paulo: Martins Fontes, 1995. p. 404/406.

[12] KING, Mervyn A. *The end of alchemy: Money, banking and the future of the global economy*. New York: W.W. Norton & Company, 2017. p. 55.

Jack Weatherford, por sua vez, refere que o metal pode servir como joia ou ponta de lança em um dia e moeda no outro. Ocupando papel de destaque na evolução da moeda, o metal permitiu a facilitação do cálculo de tributos e ofereceu a resistência do objeto de base à deterioração ao longo do tempo, preservando maior reserva de valor no curso do tempo e possibilidade de armazenamento e acúmulo de poder de compra.[13]

Entendemos não ser possível, pelo menos de forma mais aprofundada, exata e realista, traçar uma linha reta evolutiva com os tipos de categoria de moeda utilizados no curso do tempo. Marcos Cavalcante de Oliveira refere que o começo do uso de metais preciosos como moeda corresponde à dúvida inquietante de historiadores e arqueólogos, surgindo pela primeira vez na Mesopotâmia.[14] Precisando a afirmação, Jack Weatherford recorda que constam registros de 2.500 antes de cristo na Mesopotâmia de uso dos metais preciosos em lingotes enquanto moedas.[15]

A primeira *moeda metálica* de que se tem conhecimento, segundo Niall Ferguson, é a Moeda de Lydia, as quais eram forjadas de um composto de ouro e prata chamado de *electrum*. Elas datam até 600 a.C. e foram encontradas no Templo de Artemis, em Éfeso, no atual território turco e à época Grécia antiga.[16]

Estas moedas foram descobertas em 1904 por arqueólogos britânicos, e estes perceberam na superfície de algumas destas moedas gravações como a cabeça de um leão e formas geométricas. Porém, o motivo principal de sua inequívoca classificação como *moedas metálicas* era uma lógica diferença de peso entre cada tipo de peça, indicando-as como unidades monetárias.[17]

Dentre as grandes civilizações da Grécia antiga, o povo de Lydia não se destacou por cultuar ou originar grandes guerreiros ou conquistadores. Longe disso. Desde sempre, tal povo ficou conhecido pela sua aptidão às trocas e à riqueza daí decorrente.[18]

O surgimento da *moeda metálica* é um dos maiores mistérios da história econômica. Segundo William N. Goetzmann, a explicação de que

---

[13] WEATHERFORD, Jack. *The history of Money*. New York: Three Rivers Press, 1997. p. 25.

[14] OLIVEIRA, Marcos Cavalcante de. *Moeda, juros e instituições financeiras – regime jurídico*. Rio de Janeiro: Forense, 2006. p. 114.

[15] WEATHERFORD, Jack. *The history of Money*. New York: Three Rivers Press, 1997. p. 27.

[16] FERGUSON, Niall. *The ascent of Money: a financial history of the world*. Londres: Penguin books, 2009. p. 25.

[17] GOETZMANN, William N. *Money changes everything*: how finance made civilization possible. New Jersey: Princeton University Press, 2017. p. 98.

[18] WEATHERFORD, Jack. *The history of Money*. New York: Three Rivers Press, 1997. p. 30.

a sua origem se deu pelo comércio internacional e da própria necessidade, em especial pelo incômodo de carregar em uma longa viagem internacional bens diversos e até mesmo perecíveis para realização das trocas, é uma explicação rejeitada pelos historiadores contemporâneos. As próprias moedas de Lydia não parecem ter circulado longas distâncias. A primeira moeda conhecida data de um cenário de conflito entre as *polis* gregas, não de um cenário mais pacífico e com um sistema de distribuição eficaz entre povos. Goetzmann esclarece que parece mais assertivo imaginar que a criação da moeda é um reflexo da percepção do governo da *polis* grega de que cabia a este incentivar o fluxo do mercado interno para, assim, entesourar a maior quantidade de riquezas.[19]

Também, neste aspecto, parece fácil imaginar que as moedas cunhadas eram a materialização de uma primitiva intervenção estatal e noção de curso forçado. Facilitando o custoso e demorado procedimento de pesagem das moedas, aquelas timbradas já eram chanceladas de modo a emanar confiança aos agentes econômicos de seu efetivo valor, agilizando, sem sombra de dúvidas, a rotina das trocas. Governos prestaram um importante papel na regulação do tamanho e peso das moedas metálicas, sendo que as moedas metálicas timbradas e cunhadas com o emblema da autoridade controladora foram, por certo, até então, a forma mais conveniente de moeda.[20]

O Império Romano, para além das suas conhecidas moedas metálicas, contribuiu para a evolução dos instrumentos de crédito, assim como da moeda em abstrato. Instituições bancárias primitivas e documentos representativos de valor de pagamento foram ferramentas essenciais para a expansão e prosperidade do comércio dentro deste vasto Império, o qual construiu um sistema monetário – e de certa forma financeiro – arrojado ao ponto de abastecer economicamente o seu exército.[21]

Fernand Braudel relata que desde que os "homens aprenderam a escrever e começaram a manusear moedas sonantes e pesantes, eles os substituíram por escritos, bilhetes, promessas, ordens". Registram-se os usos de notas ou cheques entre mercadores da praça e banqueiros dentre os fenícios, babilônicos, gregos, romanos, estes em especial pelos *argentarii* que dispunham de livros que comprovam o uso dos conceitos de conta corrente, débito, crédito, etc. Os referidos antecedentes servem para prevenir deslumbramentos acerca do surgimento da

[19] GOETZMANN, William N. *Money changes everything*: how finance made civilization possible. New Jersey: Princeton University Press, 2017. p. 99.

[20] KING, Mervyn A. *The end of alchemy: Money, banking and the future of the global economy*. New York: W.W. Norton & Company, 2017. p. 57.

[21] GOETZMANN, *loc. cit.*, p. 130.

moeda-papel e dos instrumentos de crédito. Quando o mundo ocidental encontra estes velhos instrumentos, não está "descobrindo a américa", como refere o notório historiador francês.[22]

Assim sendo, quando se fala que nos séculos XVII e XVIII houve o desenvolvimento da moeda-papel, refere-se ao desenvolvimento em sentido evolutivo e não criativo. Em remodelagem e redescoberta, mas não invenção ou criação em sentido estrito.

A invenção da moeda-papel e sua difusão teve, por óbvio, que aguardar a invenção do papel. O uso de papel rudimentar como os papiros egípcios ou pedaços de couro animal não correspondia à necessidade da tarefa, uma vez que a sua baixa durabilidade comprometia seu uso eficiente. Referido cenário altera-se com a criação do papel fabricado das cascas de amoreiras no império chinês do primeiro século depois de Cristo, com o auge do uso da moeda-papel no âmbito do domínio do império mongol.[23]

A moeda-papel é fruto, provavelmente, da dificuldade de transporte da moeda metálica por longas distâncias, assim como do próprio risco em transportá-las. Grandes centros comerciais possuíam casas de custódia que tomavam em depósito metais preciosos, emitindo aos depositantes certificados de depósito. Tais depósitos tinham total lastro em metais preciosos, isto é, se havia um certificado de depósito, havia fisicamente o correspondente metal depositado.[24]

O papel-moeda[25] e seu desenvolvimento estão intimamente relacionados ao desenvolvimento das instituições financeiras. Em suma, em que pese os registros extremamente antigos de atividade bancária dentre os babilônicos, fenícios, gregos e romanos, não é equivocado afirmar que a modulação bancária que originou o sistema atual tem início na Europa medieval, em particular na Itália.[26]

Segundo Jacques Le Goff, o não tão próspero desenvolvimento do comércio nos séculos XIV e XV, ao contrário do que se deu no século XIII, "levou à criação de novos instrumentos que permitiram atender

[22] BRAUDEL, Fernand. *Civilização material, economia e capitalismo séculos XV-XVIII*. Vol. I. As Estruturas do Cotidiano. Trad. Telma Costa. São Paulo: Martins Fontes, 1995. p. 432.

[23] WEATHERFORD, Jack. *The history of Money*. New York: Three Rivers Press, 1997. p. 126.

[24] MIRAGEM, Bruno. *Direito bancário*. São Paulo: Revista dos Tribunais, 2013. p. 51.

[25] Como é de se esperar em temas controversos e amplos, a denominação das categorias da moeda comporta leves divergências. Em particular, a diferença entre moeda-papel e papel-moeda é existente e refere-se a primeira opção àqueles documentos escritos representativos de uma quantia de moeda em metais preciosos ou outros bens. O segundo, por sua vez, refere-se à moeda fiduciária, os documentos representativos de valor sem um lastro exatamente correspondente. (ROSSETTI, José Paschoal; LOPES, João do Carmo. *Economia monetária*. 8. ed. São Paulo: Atlas, 2002. p. 32/33).

[26] FERGUSON, Niall. *The ascent of Money:* a financial history of the world. Londres: Penguin books, 2009. p. 42/48.

às necessidades crescentes de dinheiro da cristandade sem se recorrer a um socorro maciço da moeda real", tais como a letra de câmbio e o seguro. As conhecidas famílias de Florença, na Itália, os Medicis, Peruzzi e Bardi, os povos de Veneza, também na Itália, e Bruges, na Bélgica, representaram bem a evolução do uso dos instrumentos de crédito e da sistemática bancária como hoje conhecemos.[27]

A grande questão é que, neste período, acontece, como leciona Bruno Miragem, a institucionalização do crédito, com o surgimento das instituições de dupla finalidade que realizavam depósitos e transferências bancárias e, também, concediam crédito. São os representantes primitivos daquilo que hoje conhecemos como bancos comerciais.[28]

Em julho de 1661, o *Sweden's Stockholm Bank* emitiu a primeira cédula bancária na Europa para compensar a falta de moedas de prata. Anteriormente à prática, a circulação de moedas de cobre era vasta e, eventualmente, admitiram-se papéis representativos de depósitos, com lastro total, por uma questão de conveniência.[29]

A moeda-papel é aceita na vida em sociedade não pelo valor real do material bruto que a compõe, papel em suas diversas formas, "mas sim pela confiança e aceitação das comunidades sociais como instrumento de troca, meio de pagamento, reserva de valor e denominador comum de valor de troca".[30] Durante o começo de seu uso, não era claro se a moeda-papel deveria ser emitida por entidades governamentais ou instituições particulares como os bancos. Por questões de localidade, entre outras, os bancos não conseguiam impor o uso de uma moeda nacional oficial.[31] Justamente por representar a primeira tentativa de uma nação em impor a moeda-papel (e papel-moeda) oficial, o episódio mais marcante de sua evolução é por certo a denominada "bolha do Mississipi", mais especificamente o Sistema de Law.

John Law era um economista escocês, gênio da matemática financeira, apostador convicto e foragido por matar um homem em um duelo na Escócia. A ideia de criar um novo banco que emitiria notas ao portador em substituição às moedas metálicas como instrumento oficial intermediário de trocas já havia sido negada pelo parlamento escocês. Após anos viajando pela Europa e estudando finanças, encon-

[27] LE GOFF, Jacques. *A idade média e o dinheiro*: ensaio de antropologia histórica. Tradução de Marcos de Castro. 2. ed. Rio de Janeiro: Civilização Brasileira, 2014. p. 163 e 167.

[28] MIRAGEM, Bruno. *Direito bancário*. São Paulo: Revista dos Tribunais, 2013. p. 61/62.

[29] WEATHERFORD, Jack. *The history of Money*. New York: Three Rivers Press, 1997. p. 130.

[30] QUIROGA, Roberto Mosquera. *Direito monetário e tributação da moeda*. São Paulo: Dialética, 2006. p. 43.

[31] WEATHERFORD, *loc. cit.*, p. 130/131.

trou abrigo para suas ideias finalmente na França[32]. Acreditava que a confiança podia por si só ser a base de todo o sistema monetário e, trocando moedas metálicas por notas bancárias, poder-se-ia, como dizia Law, fazer ouro do papel.[33]

Law buscava, por meio desse banco público, centralizar o depósito de moedas metálicas a ponto de capitalizar o Estado, emitindo, em contrapartida, certificados de depósito que poderiam ser utilizados como moeda, moeda-papel, revivendo o mercado francês e estimulando as trocas. Não buscava somente emitir certificados de depósito, mas sim papel-moeda propriamente dito, instrumento intermediário de trocas oficial e sem o respectivo lastro total.[34]

Paralelamente ao desenvolvimento do banco, John Law idealizou e capitaneou a criação da *Compagnie d'Occident* de 1717, comumente chamada de *Mississippi Company*, ou, em tradução livre, Companhia do Mississipi. Esta, por força de incentivo estatal, detinha o monopólio da exploração do território da Louisiana, e suas ações poderiam ser adquiridas por todos, nobres ou plebeus, pelo papel-moeda emitido pelo banco de Law.[35]

No ano de 1718, o Banco de Law foi agraciado com o selo real, tornando-se o *Banque Royale*, de certa forma o primeiro banco central francês. Os depósitos de moeda-metálica e uso do papel-moeda eram uma realidade, e a Companhia do Mississipi cresceu. As transações entre civis destes papéis era rotineira e tumultuada, fazendo com que fortunas fossem criadas da noite para o dia. A companhia contratava desempregados para circularem pelas ruas de Paris carregando pás e picaretas, inflando o preço das ações da companhia, as quais eram adquiridas por novos investidores mediante empréstimo de papel-moeda impresso por Law. Trata-se, na verdade, do que hoje denominados de um esquema em pirâmide, uma vez que os novos investidores remuneravam os antigos, mas nunca se beneficiaram ambos de riquezas reais, extraídas da Louisiana.[36]

A contínua emissão de papel-moeda – e justamente papel-moeda porque faltava-lhe o correspondente lastro –, acreditando na descober-

---

[32] A significativa dívida pública francesa decorrente das guerras de Luís XIV criou um cenário desesperador. Cenário que levou o Duque de Orleans, regente na minoridade de Luís XV, a aceitar a proposta de Law e criar, em 1716 o *Law and Company*, posteriormente rebatizado de *Banque Générale*, sob a direção de John Law. (WEATHERFORD, Jack. *The history of Money*. New York: Three Rivers Press, 1997. p. 130/131).

[33] FERGUSON, Niall. *The ascent of Money: a financial history of the world*. Londres: Penguin books, 2009. p. 139.

[34] *Ibidem*, p. 140.

[35] WEATHERFORD, Jack. *The history of Money*. New York: Three Rivers Press, 1997. p. 131.

[36] *Ibidem*, p. 142/143.

ta de ouro na Louisiana, foi uma falha crítica. Quando se percebeu que os valores das ações da Companhia do Mississipi estavam extremamente altos se comparados tanto ao cenário em que houvesse riquezas a serem exploradas quanto ao cenário de que não houvesse riquezas, houve o fenômeno da quebra da confiança. A venda em massa das ações e, principalmente, a conversão dos certificados de depósito sem lastro significou o fim de John Law.[37]

Trata-se da primeira bolha especulativa e, principalmente, da primeira demonstração da força do fenômeno da corrida bancária. Espalhada a notícia de que não havia ouro suficiente para compensar todos os depósitos registrados por papel-moeda, o *Banque Royale* de Law amargurou o seu fim muito rapidamente.

Segundo Fernand Braudel, com o que ousamos discordar, o Sistema de Law representou não um expediente financeiro especulativo, mas sim "o nascimento turvo e falhado, mas evidente, do crédito".[38] Não se trata do nascimento do crédito, até mesmo porque este já era uma realidade não institucionalizada, mas sim do nascimento primitivo da moeda fiduciária, por alguns autores também denominada de papel-moeda,[39] da qual surge a moeda escritural ou bancária, aquela que distingue a atividade empresarial bancária de toda e qualquer outra atividade desenvolvida no mercado. É o fruto do perigoso e fantástico poder multiplicador da moeda, decorrente da diferença temporal entre depósitos, saques e empréstimos.

A moeda fiduciária, baseada na confiança, não admite a expansão indefinida da oferta de seu papel-moeda.[40] posto que a crise de confiança invariavelmente poderá levar à corrida bancária e à crise de liquidez, com impossibilidade de conversão simultânea de todos os depósitos feitos.[41] A moeda escritural representa uma desmaterialização parcial do conteúdo físico da moeda, sem representar por si só um bem imaterial, mas passando esta a ser "um elemento contábil dentro do grupo

---

[37] FERGUSON, Niall. *The ascent of Money*: a financial history of the world. Londres: Penguin books, 2009. p. 142/143.

[38] BRAUDEL, Fernand. *Civilização material, economia e capitalismo séculos XV-XVIII*. Vol. I. As Estruturas do Cotidiano. Trad. Telma Costa. São Paulo: Martins Fontes, 1995. p. 402.

[39] ROSSETTI, José Paschoal; LOPES, João do Carmo. *Economia monetária*. 8. ed. São Paulo: Atlas, 2002. p. 32/33.

[40] Quanto ao ponto, leciona Bruno Miragem que: "Atualmente, contudo, os sistemas monetários são todos fiduciários, de modo que a emissão de moeda não exige lastro metálico, não tem conversibilidade, e se instaura mediante o monopólio estatal das emissões, inclusive com a eficácia jurídica liberatória de obrigações e curso forçado" (MIRAGEM, Bruno. *Direito bancário*. São Paulo: Revista dos Tribunais, 2013. p. 52).

[41] MIRAGEM, Bruno. *Direito bancário*. São Paulo: Revista dos Tribunais, 2013. p. 51.

de entidades que compõem o Sistema Financeiro Nacional, em especial no âmbito da contabilidade das instituições financeiras".[42]

A moeda escritural ou bancária é "moeda criada pelo jogo de escrita (inscrições a crédito e débito na conta, com o saldo credor do cliente a servir de moeda dos bancos [...])".[43] Deriva do fato "de que a movimentação bancária, sob a forma de depósitos e transferências, mediante cheques e outros instrumentos, acabou por gerar um efeito multiplicador dos depósitos".[44] É, portanto, fruto "do excedente de depósitos à vista de posse dos bancos não utilizado pelos correntistas, em contrapartida ao volume de reservas bancárias em moeda das instituições financeiras", como leciona Roberto Quiroga Mosquera.[45]

Trata-se de um cálculo aparentemente simples de probabilidade, referente à possibilidade de concessão de crédito com parte dos depósitos recebidos à vista, acreditando que não haverá um movimento comum de saque de todos os respectivos depositantes. Trata-se, segundo Bruno Miragem, do circuito monetário.[46]

Na forma de evolução tecnológica, mais recentemente, surge a moeda eletrônica. Trata-se da busca pelo circuito tecnológico que permita as transações bancárias no ritmo acelerado da internet.[47] A moeda eletrônica é aquela decorrente das aplicações da informática aos negócios bancários, desenvolvida por empresas especializadas na administração dos meios de pagamento em conjunto com as instituições financeiras. Traz em si uma delegação de pagamento que reconhece a um terceiro a ordem de pagamento por cartão ou outra aplicação tecnológica.[48] A moeda eletrônica é na verdade instrumentalização tecnológica das funções da moeda e, segundo Bruno Miragem, a etapa final de desmaterialização da moeda.[49]

Nesse contexto, há que se referir também a existência das denominadas *criptomoedas*, as quais não se confundem com a moeda eletrônica, porém, são fenômeno moderno digital e disruptivo de suma importância. Com a cautela pertinente a novos instrumentos digitais e sua

---

[42] QUIROGA, Roberto Mosquera. *Direito monetário e tributação da moeda*. São Paulo: Dialética, 2006. p. 45.

[43] SILVA, João Calvão da. *Banca, bolsa e seguros*: direito europeu e português. 5. ed. Tomo I. Coimbra: Almedina, 2017. p. 26.

[44] MIRAGEM, Bruno. *Direito bancário*. São Paulo: Revista dos Tribunais, 2013. p. 52.

[45] QUIROGA, *loc. cit.*, p. 45.

[46] MIRAGEM, Bruno. *Direito bancário*. São Paulo: Revista dos Tribunais, 2013. p. 52/53.

[47] ROSSETTI, José Paschoal; LOPES, João do Carmo. *Economia monetária*. 8. ed. São Paulo: Atlas, 2002. p. 130/131.

[48] *Ibidem*, p. 53.

[49] MIRAGEM, *loc. cit.*, p. 52.

respectiva qualificação jurídica, compreendemos que, por ausência de curso forçado e falta de concretização utilitária totalmente satisfatória da tríplice função da moeda – no seu presente estado –, não se mostra como moeda nos limites do conceito ora proposto.[50]

Tríplice função, por sinal, talvez sejam os requisitos que, preenchidos, consolidam o mais utilizado conceito de moeda. As funções da moeda foram muito estudadas. José Paschoal Rossetti e João do Carmo Lopes definem que a moeda tem como suas principais funções: intermediária de trocas, medida de valor, reserva de valor, liberatória, padrão de pagamento de pagamentos diferidos e instrumento de poder.[51]

Ocorre que, sem tirar razão dos autores, a esmagadora maioria dos trabalhos sobre o tema elege três funções da moeda como clássicas ou básicas. Prioritárias às demais e inerentes à própria natureza de moeda ser. Indispensáveis, portanto, para categorização e conceituação. São elas as funções de intermediária de trocas, denominador de valores e reserva de valor.

A primeira clássica função da moeda é a de intermediária de trocas. Trata-se de sua função de circulação, da capacidade de tornar fungíveis bens econômicos e evitar que trocas sejam feitas na modalidade de escambo, exigindo necessariamente a "coincidência de desejos de compradores e vendedores com relação aos itens oferecidos para negócio". Possibilita, inclusive, a divisibilidade nas trocas, garantindo, inquestionavelmente, maior agilidade na concretização de atividades econômicas.[52]

A segunda clássica função da moeda é a de medida de valores. Segundo Paul Hugon, é mais importante ainda que a função de intermediária de trocas. Constitui, a sua função de avaliação, "a própria essência da moeda", sendo que "uma moeda que não preenchesse essa função não seria uma moeda, mas uma moeda que tivesse apenas essa função – sem ser instrumento de circulação – funcionaria". Trata-se de

---

[50] O referido tema, por si só, mereceria uma dissertação própria, e não o injusto resumo que configura a afirmativa ora entabulada minimizada em um parágrafo. Ocorre que, por questão de espaço, referido tema não pode ser direta e profundamente enfrentado neste trabalho. Para mais: YERMACK, David. *Is Bitcoin a Real Currency? An Economic Appraisal*. 2014. Disponível em: <https://ssrn.com/abstract=2361599>, GLASER, Florian; ZIMMERMANN, Kai; HAFERKORN, Martin; WEBER, Moritz Christian; SIERING, Michael. Bitcoin – Asset or Currency? Revealing Users' Hidden Intentions. 2015. 22a European Conference on Information Systems (Tel Aviv). 2014. Disponível em: <https://ssrn.com/abstract=2425247> e MIRAGEM, Bruno. *Direito bancário*. 3. ed. São Paulo: Thomson Reuters Brasil, 2019. p. 61/63.

[51] ROSSETTI, José Paschoal; LOPES, João do Carmo. *Economia monetária*. 8. ed. São Paulo: Atlas, 2002. p. 19.

[52] ASSAF NETO, Alexandre. *Mercado financeiro*. 5. ed. São Paulo: Atlas, 2003. p. 35.

ter a moeda como a "mercadoria à qual todas as outras serão comparadas a fim de serem avaliados os valores de troca".[53] [54]

A terceira clássica função da moeda é a de reserva de valor. Trata-se da consequência de sua conservação e a aceitação imediata desta para trocas econômicas, possibilitando que os agentes econômicos, mantendo-as em estoque, conservem o seu patrimônio ao longo do tempo.[55]

Jon D. Stanford define que "a função reserva de valor é, necessariamente, derivada de seu papel de intermediária da troca". As qualidades e maior eficiência em tê-la como ferramenta de conservação de valor envolvem a "eliminação dos custos de estocagem e deterioração e a conveniência da conservação de um ativo líquido".[56]

Ao longo das categorias apontadas de moeda, com exceção da moeda primitiva que certas vezes não admite a concretização da reserva de valor, percebe-se a presença destas três funções cumulativamente que, por consequência, se tornam elemento distintivo da qualidade "moeda".[57] Não acreditamos, contudo, que a presente matéria admita perfeitamente um conceito estático, isto é, uma linha ou parágrafo que englobe todas as alternativas pertinentes à justa interpretação. A moeda é, sem dúvidas, conceito complexo. Expressão com pluralidade de sentidos. Todavia, é viável vincular a construção de uma identidade da moeda com o preenchimento destas três funções, concomitantemente.

Sob um aspecto propriamente jurídico, é possível compreender a moeda enquanto norma.[58] Moeda enquanto ferramenta econômica reconhecida pelo Direito. Reconhecida porque validada por suas normas que lhe garantem curso forçado e força liberatória obrigacional, ou, como melhor define Bruno Miragem, por meio de normas que lhe outorgam "eficácia jurídica vinculante".[59]

---

[53] HUGON, Paul. *A moeda: introdução à análise e às políticas monetárias e à moeda no brasil.* Tradução de Diva Benevides Pinho. 5. ed. São Paulo: Pioneira, 1978. p. 24.

[54] Neste ponto ganha maior importância a política monetária de uma nação. Cabe ao governo que conserve de forma eficaz a estabilidade da moeda e seu valor, garantindo a concretização eficiente da ora referida função.

[55] MIRAGEM, Bruno. *Direito bancário.* São Paulo: Revista dos Tribunais, 2013. p. 49/50.

[56] STANFORD, Jon D. *Moedas, bancos e atividade econômica.* Tradução de Luiz Fernando de Souza Aranha e Maria José Villaça. São Paulo: Atlas, 1981. p. 12.

[57] Admitem-se, no entanto, situações de exceção, tais como a fragilização da função de reserva de valor e medida de valor por meio de crises financeiras, inflação ou deflação, entre outros contextos igualmente excepcionais e imagináveis.

[58] RAHMATIAN, Andreas. *Money as a Normative Text.* 2014. Disponível em: <https://ssrn.com/abstract=2513286>.

[59] MIRAGEM, Bruno. *Direito bancário.* 3. ed. São Paulo: Thomson Reuters Brasil, 2019. p. 49.

Roberto Quiroga Mosquera define que, em um primeiro momento da história, o valor da moeda, enquanto bem material, se confundia com os bens que eram usados como meio de troca ou que eram estas construídas, como o próprio ouro. O moderno conceito de moeda surge, na verdade, quando se desvinculam os seus valores intrínseco e extrínseco, isto é, a moeda "vale não pelo valor do material que é construída, mas, sim, pelo valor de aceitação desta, como meio de troca e instrumento de pagamento, perante determinado agrupamento social".[60]

A moeda é base para todo o sistema financeiro e os temas que o circundam, inclusive o objeto deste trabalho. Justamente por tal caráter de base afirmam Armando Castelar Pinheiro e Jairo Saddi que o "sistema financeiro é a extensão natural do sistema monetário, cabendo-lhe viabilizar o uso eficiente da moeda enquanto instrumento que permite o desenvolvimento da atividade econômica baseada na especialização e na troca".[61]

Por muito tempo os conceitos de moeda e crédito confundiram-se. A construção de um conceito finalístico de crédito passa necessariamente por sua institucionalização e pela evolução da atividade bancária. Existe o crédito sem bancos, é bem verdade, mas não existiriam os bancos da forma como os conhecemos sem o crédito.

Arnoldo Wald e Ivo Waisberg definem que a "possibilidade de se diferir no tempo a liquidação da obrigação assumida" decorre na noção de moeda enquanto fenômeno econômico, maior do que simples mercadoria. Desta possibilidade, por sinal, surge o crédito "como antecipação do poder de compra baseado na confiança do credor de que o devedor irá pagar sua dívida já estipulada em moeda em data futura pré-estabelecida".[62]

A noção de crédito, sob um panorama geral, "associa-se à de bem e valor, acrescendo a ideia de tempo".[63] Trata-se, crédito, de "expressão plurissignificativa", sendo que "nos limites da atividade bancária, lhe serve o conceito abrangente que recebe em direito das obrigações, como o direito subjetivo de que é titular o credor na relação obrigacional". Nesta perspectiva, "o crédito não cria o capital, mas favorece indiretamente sua formação; consiste no uso de capitais alheios em antecipação do futuro". Ainda, a visão de crédito como um fim "diz respeito ao fato

[60] QUIROGA, Roberto Mosquera. *Direito monetário e tributação da moeda*. São Paulo: Dialética, 2006. p. 42/43.

[61] PINHEIRO, Armando Castelar; SADDI, Jairo. *Direito, economia e mercados*. 4ª reimp. Rio de Janeiro: Elsevier, 2005. p. 433.

[62] WALD, Arnoldo; WAISBERG, Ivo. Legislação, jurisprudência e contratos bancários. In: FONTES, Marcos Rolim Fernandes; WAISBERG, Ivo (coord.). *Contratos bancários*. São Paulo: Quartier Latin, 2006. p. 39.

[63] MIRAGEM, Bruno. *Direito Bancário*. São Paulo: Revista dos Tribunais, 2013. p. 69.

de ser digno de confiança, gozar de credibilidade para o propósito de obter recursos que não lhe seriam alcançados de outro modo".[64]

Definir o que é crédito é uma tarefa difícil por si só. Assumindo multiplicidade de significados, todos os seus conceitos envolvem uma premissa idêntica: a íntima relação entre crédito e fidúcia. Acredita o credor no cumprimento da obrigação. Aquele que detém crédito é merecedor de credibilidade.

Crédito tem múltiplos significados, mas junto aos bancos "o crédito consiste em colocar à disposição do cliente (tomador de recursos) certo valor sob a forma de empréstimo ou financiamento, mediante uma promessa de pagamento numa data futura". Segundo José Pereira da Silva, "o banco está comprando uma promessa de pagamento, pagando ao tomador (vendedor) um determinado valor para, no futuro, receber um valor maior".[65]

No caso do crédito bancário, "elemento tradicional na relação cliente banco, isto é, é o próprio negócio", este instrumentaliza-se prioritariamente por meio de contratos bancários, figuras contratuais de alta complexidade. Como qualquer promessa ou obrigação futura, o transcurso de carga obrigacional pelo tempo opera-se de forma que sempre é possível imaginar o seu descumprimento.[66]

Como se dá com todas as espécies de obrigações, a figura das garantias ganha cada vez mais espaço, contratualmente mitigando efeitos do prejuízo pelo descumprimento, e, no âmbito da concessão de crédito, encontrando íntima e proporcional relação com o próprio risco no inadimplemento, isto é, quanto maior o risco, maior deverá ser o valor da garantia.[67] Ocorre que os reflexos do descumprimento contratual na esfera do crédito bancário, em determinados casos, pode exceder os polos da obrigação. Isto se dá, grosso modo e como será melhor aprofundado no decorrer deste trabalho, pela noção de que a inadimplência neste cenário relacional pode prejudicar terceiros e a sociedade como um todo, o que implica em maior atenção por parte de todos os envolvidos.

Assim sendo, convivem as instituições bancárias com o risco do inadimplemento dos tomadores, além dos demais riscos inerentes a esta atividade que são temperados inclusive pela globalização financeira. O sistema financeiro atrai e convive com os riscos enquanto

---

[64] MIRAGEM, Bruno. *Direito Bancário*. São Paulo: Revista dos Tribunais, 2013. p. 63.

[65] SILVA, José Pereira da. *Gestão e análise de risco de crédito*. 6. ed. São Paulo: Atlas, 2008. p. 45.

[66] *Ibidem*, p. 47.

[67] *Ibidem*, p. 60.

deve se manter estável, sendo justamente este o grande objeto e desafio da regulação da atividade e suas normas.

1.2. O sistema financeiro nacional, os bancos e os riscos bancários em espécie

Fazendo uso de uma classificação histórica, analisando a evolução da atividade bancária, Lauro Muniz Barretto classifica os bancos como bancos monetários e de crédito. A primeira categoria engloba as primeiras instituições a exercer uma atividade bancária, seja por meio de operações de câmbio manual de moedas, comércio de metais preciosos, depósitos em custódia, operações de pagamento e, também, operações simples de empréstimo. A segunda categoria, por sua vez, representa um estágio mais evoluído da atividade bancária "e surgiram desde o momento em que os Bancos começaram a 'recolher' capitais a crédito, e a distribuí-los, também a crédito". Barretto também refere que estas duas categorias, compreendidas em seu conjunto, refletem o binômio bancário que justamente difere as instituições primitivas dos bancos modernos.[68]

Desde a *institucionalização do crédito*.[69] com o surgimento das instituições de dupla finalidade que realizavam depósitos e transferências bancárias e, também, concediam crédito, muita coisa mudou. O arrojado cenário atual da atividade bancária que mais interessa a este trabalho é aquele absorvido pelos limites do mercado de crédito, parte importante de nosso sistema financeiro.

Para fins de exatidão conceitual, importante é reproduzir a lição de Marcos Cavalcante de Oliveira: quando há referência à expressão "sistema financeiro", para além da estrutura taxativa da instituição jurídica criada sob a alcunha de Sistema Financeiro Nacional, há automaticamente referência da inserção do Brasil na "comunidade financeira internacional". Sob referida comunidade orbitam "organismos financeiros internacionais cuja competência normativa, embora não se estenda diretamente sobre os negócios jurídicos realizados exequíveis no território nacional, acabam afetando-os, ainda que indiretamente".[70]

Tal noção de comunidade financeira internacional abrange, atual mente, muito mais do que a clássica ideia de empréstimo e crédito

[68] BARRETTO, Lauro Muniz. *Direito Bancário*. São Paulo: Universitária de Direito, 1975. p. 17.

[69] MIRAGEM, Bruno. *Direito bancário*. São Paulo: Revista dos Tribunais, 2013. p. 61/62.

[70] OLIVEIRA, Marcos Cavalcante de. *Moeda, juros e instituições financeiras* – regime jurídico. Rio de Janeiro: Forense, 2006. p. 48.

bancário. Contudo, o papel preponderante do Sistema Financeiro é a intermediação de recursos entre agentes superavitários e deficitários, de forma direta ou indireta, suavizando o consumo das pessoas ao longo da vida.[71]

O Sistema Financeiro Nacional é o conjunto de instituições financeiras e instrumentos financeiros que visam a transferir recursos dos agentes econômicos superavitários para deficitários, sejam estes pessoas, empresas ou o governo.[72] Na lição de Bruno Miragem, trata-se o Sistema Financeiro Nacional de "instituição jurídica, criada por lei, que pressupõe a organicidade das relações juridicamente relevantes atinentes à atividade financeira, de modo relativamente organizado".[73]

Estruturado pela Lei nº 4.595, de 31 de dezembro de 1964, tem-se pelo texto legal que o Sistema Financeiro Nacional é constituído pelo Conselho Monetário Nacional, pelo Banco Central do Brasil, pelo Banco do Brasil S.A., pelo Banco Nacional do Desenvolvimento Econômico e pelas demais instituições financeiras públicas e privadas. Ainda, com o advento da Lei nº 6.385, de 7 de dezembro de 1976, criou-se a Comissão de Valores Mobiliários, passando esta a compor também o Sistema Financeiro Nacional.[74]

Alexandre Assaf Neto prefere ainda subdividi-lo em dois subsistemas, um denominado subsistema normativo e outro de subsistema de intermediação. O subsistema normativo é composto pelo Conselho Monetário Nacional (CMN), pelo Banco Central do Brasil (BACEN), pela Comissão de Valores Mobiliários (CVM) e pelas instituições especiais, como o Banco do Brasil (BB), Banco Nacional do Desenvolvimento (BNDES) e Caixa Econômica Federal (CEF). O subsistema de intermediação, por sua vez, é composto por instituições financeiras bancárias e não bancárias, agentes autônomos de investimento, instituições não financeiras, sociedades corretoras de valores mobiliários, a bolsa de valores, dentre outros.[75]

Nelson Eizirik, por sua vez, entende que o sistema financeiro é segmentado em outros subsistemas, dentre os quais figuram o mercado

---

[71] PINHEIRO, Armando Castelar; SADDI, Jairo. *Direito, economia e mercados*. 4ª reimp. Rio de Janeiro: Elsevier, 2005. p. 435.

[72] ASSAF NETO, Alexandre. *Mercado Financeiro*. 5. ed. São Paulo: Atlas, 2003. p. 75.

[73] MIRAGEM, Bruno. *Direito Bancário*. São Paulo: Revista dos Tribunais, 2013. p. 39.

[74] BRASIL. *Lei nº 4.595, de 31 de dezembro de 1964*. Dispõe sobre a Política e as Instituições Monetárias, Bancárias e Creditícias, Cria o Conselho Monetário Nacional e dá outras providências. Disponível em: <http://www.planalto.gov.br/ccivil_03/leis/L4595.htm>. Acesso em 22/09/2017.

BRASIL. *Lei nº 6.385, de 7 de dezembro de 1976*. Dispõe sobre o mercado de valores mobiliários e cria a Comissão de Valores Mobiliários. Disponível em: <http://www.planalto.gov.br/ccivil_03/Leis/L6385.htm>. Acesso em: 04/06/2018.

[75] ASSAF NETO, *loc. cit.*, p. 75.

de crédito, o mercado monetário, o mercado cambial e o mercado de capitais ou mercado de valores mobiliários.[76] Também, com razão, há quem insira no espectro do sistema financeiro o mercado securitário.[77]

No âmbito do mercado de crédito, realizam-se, por intermédio das instituições financeiras, as "operações bancárias típicas [...] de captação de recursos e de seu empréstimo, para o financiamento do consumo corrente, de bens duráveis e do capital de giro para as empresas", por meio das quais a instituição financeira toma a posição dos agentes econômicos superavitários e deficitários, "assumindo os riscos e os direitos e obrigações respectivas, uma vez que o detentor e o tomador dos recursos não se relacionam diretamente".[78]

O mercado monetário compreende a estruturação de controle da liquidez monetária da economia do País, com negociação de papéis que têm como parâmetro a taxa de juros. Compõe-se da negociação de títulos que visam a concretizar os interesses da política monetária elencada pelo Estado como pertinente e desejável, assim como aqueles que têm como objetivo o financiamento público e os certificados de depósitos interfinanceiros e de depósito bancário entre as instituições financeiras.[79]

As operações que envolvem trocas de moedas internacionais conversíveis são por certo, peça chave do denominado mercado cambial, ferramenta necessária e útil na economia da forma como conhecemos. No mercado cambial se dá, inclusive, o controle das reservas cambiais de um país e o controle do valor de sua moeda frente às demais.

O mercado de capitais tem como função precípua "permitir às empresas, mediante a emissão pública de seus valores mobiliários, a captação de recursos não exigíveis", de forma direta entre unidade econômica deficitária (emissora) e unidade econômica superavitária (investidor). Todavia, por não se tratarem de empréstimos, a sociedade não estaria obrigada à devolução destes valores, devendo unicamente remunerar os investidores no caso de lucro.[80] [81]

---

[76] EIZIRIK, Nelson. GAAL, Ariádna; PARENTE, Flávia; HENRIQUES, Marcus de Freitas. *Mercado de capitais – regime jurídico*. 3. ed. Rio de Janeiro: Renovar, 2011. p. 9/10.

[77] Tal inclusão se dá, também, pela previsão expressa de aplicação, no que couber, da Lei nº 4.595, de 31 de dezembro de 1964, às companhias seguradoras pelo art. 18, § 1º, do mesmo diploma. (MIRAGEM, Bruno. *Direito bancário*. 2. ed. São Paulo: Revista dos Tribunais, 2018. p. 112).

[78] EIZIRIK; GAAL; PARENTE; HENRIQUES, *loc. cit.*, p. 7.

[79] ASSAF NETO, Alexandre. *Mercado Financeiro*. 5. ed. São Paulo: Atlas, 2003. p. 107.

[80] EIZIRIK; GAAL; PARENTE; HENRIQUES, *loc. cit.*, p. 8.

[81] Neste ponto, o próprio autor destaca que existem exceções à regra, como nos casos de emissão de títulos como a debêntures ou *comercial papers* (*Ibidem*, p. 8).

Ainda, o mercado de capitais divide-se em mercados primário e secundário, sendo o primeiro aquele no qual figuram as emissões de novos valores mobiliários, isto é, cenário em que para captação de recursos as sociedades anônimas emitem novos valores mobiliários à comercialização. No segundo, por sua vez, figuram as operações econômicas de compra e venda de ações já em circulação, seja por meio da bolsa de valores, seja pelo mercado de balcão com intermediação de instituição financeira.

O mercado securitário engloba as operações de pagamento de prêmios de seguros para "fazer frente a necessidades futuras (seguros de vida) ou a danos futuros (seguros não vida = seguro de danos e seguros de responsabilidade civil)".[82] Por sua vez, adota um modelo partido entre seguros sociais ou privados, e, portanto, compulsórios ou opcionais. Podem ainda contemplar cobertura em vantagem própria ou de terceiro. São regulados por autoridade regulatória própria que busca, em suma, o aferimento da capacidade e integridade patrimonial do segurador, além de preservar pelos direitos do consumidor e livre concorrência. Dentre suas estruturas clássicas, há rotineira prática e mercado de seguros de responsabilidade civil dos administradores de sociedades empresárias, como será novamente referido neste trabalho.[83]

O conceito de mercado, por seu viés jurídico, é no sentido de que este representa "o conjunto de regras e de princípios que pauta o comportamento dos agentes econômicos".[84] Ainda, Paula Forgioni conceitua o mercado como uma ordem "porque embasado em comportamentos previsíveis e calculáveis. A regularidade leva à possibilidade de previsão do comportamento do outro agente e, com isso, a uma ordem". Isto significa dizer que: "Os agentes econômicos confiam que sua atuação (e a atuação dos outros) será baseada em regras, de forma que o risco estará no sucesso ou insucesso da jogada, e nunca nas regras do jogo".[85]

As regras atinentes ao mercado de crédito, como esperamos demonstrar neste trabalho, comportam enquanto diretriz intuito preventivo e mitigador dos riscos bancários. Assim sendo, o cumprimento das regras do jogo é esperado e desejado não só pela outra parte do negócio específico, mas em última instância pelo sistema financeiro como um todo na figura de um ideal a ser perseguido.

---

[82] SILVA, João Calvão da. *Banca, bolsa e seguros:* direito europeu e português. 5. ed. Tomo I. Coimbra: Almedina, 2017. p. 28.

[83] MIRAGEM, Bruno. O direito dos seguros no sistema jurídico brasileiro: uma introdução. In: MIRAGEM, Bruno; CARLINI, Angélica (coord.). *Direito dos Seguros: fundamentos de direito civil*: direito empresarial e direito do consumidor. São Paulo: Revista dos Tribunais, 2014. p. 32/33.

[84] FORGIONI, Paula A. *A evolução do direito comercial brasileiro*: da mercancia ao mercado. 2. ed. São Paulo: Revista dos Tribunais, 2012. p. 186.

[85] *Ibidem*, p. 186/187.

A definição de instituições financeiras prevista na lei brasileira já foi objeto de críticas doutrinárias.[86] Nelson Eizirik define que "[...] o que caracteriza a instituição financeira é o desenvolvimento cumulativo, não alternativo, das atividades de coleta, intermediação e aplicação de recursos financeiros de terceiros [...]".[87] Bruno Miragem define que instituição financeira é o empreendimento que, fazendo uso de recursos e fundos próprios ou de terceiros, "tem por objeto principal de sua atividade a intermediação de capitais mediante negócios de crédito", sendo banco aqueles "cuja origem dos seus recursos decorre de depósitos à vista".[88]

Quanto ao conceito jurídico de bancos, inexiste na legislação brasileira uma definição precisa. Referida imprecisão "espelha uma tendência também encontrada em outros sistemas jurídicos,[89] derivada do fato de que as normas gerais devem se referir em geral às entidades que exercem intermediação financeira, sejam elas bancos ou não", posto que todas estas são capazes de interferências significativas na economia, "influindo na circulação da moeda, criando moeda e afetando a poupança popular". Tal situação se dá, justamente, sob um norte de simplificação e aumento do espectro da racionalidade legislativa.[90]

Trata-se de um conceito mais estabelecido na tradição do que na lei. São instituições creditícias de caráter genérico, com função geral de captação e repasse de recursos sem preponderância de atividade em algum tipo de operação financeira que caracteriza as sociedades de crédito, financiamento e investimento e as sociedades de arrendamento mercantil. São classificados ainda em bancos comerciais, de investimento, desenvolvimento e de câmbio.[91] [92]

Pela intermediação financeira, juntando agentes deficitários e superavitários, mediante fungibilidade dos bens que intermedeiam com seu próprio patrimônio, as instituições financeiras "tornam-se devedoras dos depositantes, que podem sacar seus recursos à vista, e credo-

[86] EIZIRIK, Nelson; GAAL, Ariádna; PARENTE, Flávia; HENRIQUES, Marcus de Freitas. *Mercado de capitais – regime jurídico*. 3. ed. Rio de Janeiro: Renovar, 2011. p. 5.

[87] *Idem*.

[88] MIRAGEM, Bruno. *Direito Bancário*. São Paulo: Revista dos Tribunais, 2013. p. 101.

[89] Nesta linha, Eduardo Salomão Neto refere as instituições financeiras no regime jurídico brasileiro, os *établissements de crédito* no regime francês e a instituição de crédito do Direito Comunitário Europeu.

[90] SALOMÃO NETO, Eduardo. *Direito Bancário*. 2. ed. São Paulo: Atlas, 2014. p. 66/67.

[91] Em 1998, com o advento da Constituição Federal, do Plano Contábil das Instituições do Sistema Financeiro (COSIF) pelo Banco Central e da Resolução nº 1.524 da Comissão de Valores Mobiliários, permitiu-se, também, a organização de banco que exerça pluralidade de atividades específicas dos diversos tipos de instituições financeiras, admitindo-se a figura dos bancos múltiplos (FABIANI, Emerson Ribeiro. *Direito e crédito bancário no Brasil*. São Paulo: Saraiva, 2011. p. 29).

[92] SALOMÃO NETO, *loc. cit.*, p. 67.

ras dos beneficiários dos empréstimos, cujas dívidas são constituídas a prazo". Por conta de tal característica, pode-se dizer que os ativos são exigíveis quando do vencimento, porém, os passivos são exigíveis a qualquer momento, sujeitando-as a crises de confiança e corridas bancárias, fenômeno que se dá quando a liquidez da instituição fica comprometida e se mostra impossível o retorno de todos os valores depositados aos seus titulares.[93]

A remuneração da atividade de intermediação se dá pelo chamado *spread* bancário. Segundo Marcos Cavalcante de Oliveira, o *spread* pode ser classificado em três categorias: bruto, direto e líquido. O primeiro, noção operacional bancária mais global, seria a "diferença entre a receita financeira da aplicação consolidada e a despesa total de captação da instituição financeira". O segundo, por sua vez, "corresponde ao *spread* bruto deduzido das despesas operacionais diretas da instituição financeira". O terceiro refere-se ao "*spread* direto deduzido das despesas operacionais indiretas e dos custos tributários indiretos, como o imposto de renda e a contribuição social sobre o lucro líquido".[94]

É possível afirmar de uma forma direta e robusta que a receita da atividade bancária decorre do cálculo feito com o custo de captação dos recursos e o benefício decorrente do repasse, isto é, o custo do recurso para o banco e os juros que serão cobrados do tomador pelo empréstimo.[95] Rachel Sztajn afirma que, ao contrário do que pode parecer, a remuneração dos bancos, emprestadores profissionais de moeda, se dá não pela intermediação, pelo ato propriamente dito de agregar duas partes distintas com objetivos antagônicos e ao mesmo tempo vinculados, mas, sim, pela assunção de riscos pelo agente intermediário.[96]

Assunção de riscos. Sujeição a riscos dos mais diversos. A disciplina da atividade bancária e seus contornos têm, sem dúvidas, os riscos como protagonistas. Como bem define Bruno Miragem: "A noção de risco é inerente à atividade bancária e sua regulação jurídica".[97]

Segundo Peter L. Bernstein, o que diferencia os tempos modernos do passado é o aprimoramento do controle dos humanos sobre o risco. A percepção de que homens não são absolutamente passivos ao

---

[93] EIZIRIK, Nelson; GAAL, Ariádna; PARENTE, Flávia; HENRIQUES, Marcus de Freitas. *Mercado de capitais – regime jurídico*. 3. ed. Rio de Janeiro: Renovar, 2011. p. 2.

[94] OLIVEIRA, Marcos Cavalcante de. *Moeda, juros e instituições financeiras* – regime jurídico. Rio de Janeiro: Forense, 2006. p. 361/362.

[95] Tal afirmação, no entanto, está sendo cada vez mais colocada em cheque. Ocorre que muitos bancos comerciais vêm apresentando crescimento de faturamento justamente na cobrança de taxas, tarifas e outros encargos lançados como contraprestação aos serviços bancários devidos pelos consumidores.

[96] SZTAJN, Rachel. *Sistema financeiro*. Rio de Janeiro: Elsevier, 2011. p. 80.

[97] MIRAGEM, Bruno. *Direito Bancário*. São Paulo: Revista dos Tribunais, 2013. p. 197.

futuro, como se esperassem determinações divinas sobre suas vidas tão somente, foi definitiva no sentido da construção da sociedade como conhecemos. Já havia manipulação dos riscos, sob um ponto de vista primitivo e até mesmo de forma inconsciente, com os próprios jogos de aposta pura, sem que qualquer habilidade possa interferir no resultado. Quando no passado alguém lançou um dado ou algo que o valha, acreditando em um determinado número ou símbolo em detrimento de outro, estava, mesmo que de forma inconsciente, apurando os riscos que envolviam a sua jogada e acreditando na vitória.[98] O passar do tempo aprimorou, tecnicamente, essa apuração dos riscos e seus métodos, como bem nos mostra a prática securitária e atuarial.

O risco, segundo o senso comum, "é aquilo que pode representar perigo ou possibilidade de perigo, ou aquilo que é impreciso, incerto e que traz dúvidas". Armando Castelar Pinheiro e Jairo Saddi, referem, no entanto, que em sentido econômico ou financeiro, "o risco reflete o fato de que, dependendo de como evoluem as coisas – ou, mais formalmente, de que 'estado da natureza' prevalece no futuro –, um mesmo empreendimento pode resultar em lucro ou em prejuízo financeiro".[99]

Riscos podem representar oportunidades, não somente possíveis prejuízos. Trata-se do claro exemplo das rifas, loterias ou demais jogos de azar. Ao pagar, o apostador submete-se ao risco da perda da importância ou bem adiantado, porém, em contrapartida, submete-se também ao risco de ser o ganhador do sorteio.[100]

Niall Ferguson recorda que o mais básico impulso financeiro é o de poupar para o futuro, isto pelo simples fato de que o mundo é um lugar perigoso e imprevisível.[101] Risco é, neste âmbito, lançar-se ao desconhecido, havendo, "em igualdade de condições e com o cumprimento de regras determinadas, a possibilidade de perda concomitante à de ganho".[102]

Não se confundem risco e incerteza. Em que pese estejam ambos vinculados à ideia de um evento futuro, o primeiro é mensurável e, portanto, é possível a adoção de medidas preventivas ou de resposta aos seus efeitos, e o segundo deixa de "se submeter a padrões que

[98] BERNSTEIN, Peter L. *Against the gods*: the remarkable story of risk. New York: John Wiley & Sons, 1996. p. 1 e 14.

[99] PINHEIRO, Armando Castelar; SADDI, Jairo. *Direito, economia e mercados*. 4ª reimp. Rio de Janeiro: Elsevier, 2005. p. 124.

[100] SZTAJN, Rachel. *Sistema financeiro*. Rio de Janeiro: Elsevier, 2011. p. 57/58.

[101] FERGUSON, Niall. *The ascent of Money: a financial history of the world*. Londres: Penguin books, 2009. p. 177.

[102] PINHEIRO; SADDI, *loc. cit.*, p. 124.

permitam a antecipação de qualquer de suas manifestações" e, assim sendo, não admite mensurações.[103]

"Incerteza é, de forma rudimentar, o risco não quantificável, não mensurável. Isto, porém, não significa ignorância sobre eventual possibilidade de materialização de evento futuro e possível". A incerteza não pode ser estatisticamente prevista, desvincula-se de um padrão de acontecimentos esperados em situações análogas.[104]

Peter L. Bernstein refere que o tempo é um fator dominante na aposta. Tempo e risco são, em sua lição, lados opostos da mesma moeda, pois se não houvesse amanhã, não haveria risco. Sem futuro, inexistiria fundamento para o risco.[105]

A definição jurídica de risco é complexa. No âmbito do direito privado, "a noção jurídica de risco compreende a associação das ideias de incerteza, futuro e dano". No âmbito da responsabilidade civil, é noção das mais significativas. Pelo prisma do direito civil, é causa contratual no contrato de seguro e, no direito das obrigações, é pedra fundamental de inúmeros institutos e construções jurídicas.[106]

A relevância especial do risco na atividade bancária decorre primeiramente da premissa básica empresarial de proporcionalidade entre risco e lucro. Também, tal relevância é demonstrada nas diversas formas em que o risco se manifesta com tons específicos neste cenário e na própria ideia de sistema financeiro, consistente na noção de que "o risco assumido por um determinado banco pode gerar consequência aos demais bancos presentes no setor financeiro" e a este último como um todo.[107]

O risco sistêmico ocupa papel principal dentre os riscos inerentes à atividade bancária e objetos da regulação. Trata-se do risco cujo exemplo rotineiro é o da incapacidade de um banco de satisfazer todos os saques realizados por depositantes em uma corrida bancária, ocasionando não somente na quebra deste banco e de seus credores, mas também se estendendo a outros bancos a ele relacionados. A sua manifestação se dá tipicamente de duas formas. A primeira se denomina "canal real de contágio", na qual a insolvência de uma instituição contagia as demais em decorrência de uma relação financeira próxima, materializada nos depósitos interbancários, ou seja, a inadimplência

[103] MIRAGEM, Bruno. *Direito Bancário*. São Paulo: Revista dos Tribunais, 2013. p. 197.

[104] SZTAJN, Rachel. *Sistema financeiro*. Rio de Janeiro: Elsevier, 2011. p. 57/58.

[105] BERNSTEIN, Peter L. *Against the gods: the remarkable story of risk*. New York: John Wiley & Sons, 1996. p. 1 e 14.

[106] MIRAGEM, *loc. cit.*, p. 197/198.

[107] SAMPAIO, Gustavo José Marrone de Castro. *Fundamentos da regulação bancária e aplicação do princípio da subsidiariedade*. São Paulo: Almedina, 2015. p. 52.

de um banco atinge a capacidade de liquidez do outro. A segunda, por sua vez, denominada de "canal informacional", decorre do estado de calamidade e pânico instaurado pela corrida bancária, isto é, a simples informação de incapacidade de liquidez de um banco faz com que clientes de outros bancos percam a confiança no mercado como um todo, promovendo da mesma forma o saque dos seus depósitos em sua totalidade.[108]

Em que pese seu maior destaque nas últimas décadas, o risco sistêmico é uma caraterística inerente ao próprio sistema financeiro. Apresenta três fundamentais características: tem caráter "macro-prudencial, que mede a probabilidade de contágio de dificuldades financeiras de instituições financeiras, afetando a eficiência dos mercados; é um risco dificilmente previsível e diversificável" e, por último, "provoca uma erosão, por períodos temporais variáveis, da confiança dos aforradores".[109]

Ainda, importante referir a existência de um risco sistêmico internacional, demonstrado pelas sucessivas crises financeiras originadas em um determino Estado e que acabam por atingir os demais por estarem todos interconectados globalmente. É, também, "a principal razão para a cooperação internacional entre autoridades nacionais de regulação financeira".[110]

Quanto às demais espécies de riscos bancários, para além do risco sistêmico já analisado, de forma sucinta e admitindo variações, entendemos como possível sistematizá-los e enumerá-los. Trata-se do risco de mercado, risco legal, risco de liquidez, risco de crédito, risco operacional e o risco financeiro.

O risco de mercado reflete a sujeição da instituição às externalidades, isto é, aos eventos externos e de certa forma desvinculados de sua atividade. Na lição de Bruno Miragem, "compreende a exposição da instituição financeira a uma série de variáveis do ambiente econômico interno e internacional, que possa impactar nas posições que ocupe em termos de investimentos em títulos e valores mobiliários".[111]

Aquele que reflete o "risco de desvalorização de ativos ou de valorização de passivos em intensidade inesperada perante mudanças na legislação ou regulação bancária, rumos de uma demanda judicial,

---

108 PINTO, Gustavo Mathias Alves. *Regulação sistêmica e prudencial no setor bancário brasileiro*. São Paulo: Almedina, 2015. p. 61/64.

109 CÂMARA, Paulo. A renovação do Direito bancário no início do novo milénio. In: CÂMARA, Paulo; MAGALHÃES, Manuel (coord.). *O novo direito bancário*. Coimbra: Almedina, 2012. p. 33.

110 HELLWIG, Guilherme Centenaro. *Internacionalização regulatória no Sistema Financeiro Nacional*. Rio de Janeiro: Lumen Juris, 2019. p. 35.

111 MIRAGEM, Bruno. *Direito Bancário*. São Paulo: Revista dos Tribunais, 2013. p. 211.

parecer ou orientação de cunho legal" é denominado de risco legal.[112] Há quem entenda, porém, que o risco legal é uma subespécie do risco operacional, sendo este aquele vinculado ao "grande número de situações associadas à operação bancária propriamente dita, presentes nas atividades normais da organização", são, portanto, os riscos decorrentes de falhas na governança corporativa, desorganização empresarial, falhas de sistema ou pessoal.[113] [114]

Risco de liquidez, por sua vez, é inerente à própria atividade bancária. Decorre da responsabilidade do banco de "manter reservas capazes de atender a demanda por liquidez do mercado", assim como a sua obrigação de não suspender os saques mesmo que lhe custe sua solvência. É uma consequência lógica e inegável da "dificuldade de coordenação entre a demanda por resgate de depositantes ou aplicadores e a reserva de liquidez consistente na realização dos ativos bancários".[115]

Ocupando papel principal no presente trabalho, o risco de crédito, segundo Gustavo José Marrone de Castro, "advém da própria natureza da atividade bancária". Da própria noção de que o banco capta recursos dos depositantes para, posteriormente, disponibilizá-los a tomadores de crédito e daí rentabilizar o capital nasce a possibilidade de que tal tomador venha a inadimplir com o ajuste entabulado e, por consequência, o risco de crédito.[116]

Trata-se, portanto, da "probabilidade de que o recebimento não ocorra", podendo ainda ser classificados no âmbito de um banco em: "(i) risco do cliente ou risco intrínseco (*intrinsic risk*); (ii) risco da operação (*transaction risk*); (iii) risco de concentração (*concentration risk*); e (iv) risco da administração do crédito (*credit management risk*)". Tal classificação não é somente estética, mas também funcional, apoiando o administrador responsável pela gestão do risco de crédito "na redução das perdas decorrentes da assunção de riscos indevidos, bem como propi-

[112] SADDI, Jairo. *Crise e regulação bancária*: navegando mares revoltos. São Paulo: Textonovo, 2001. p. 101.

[113] MIRAGEM, Bruno. *Direito Bancário*. São Paulo: Revista dos Tribunais, 2013. p. 208.

[114] Também, há referência ao risco de conformidade (*compliance*), o qual diz respeito "ao risco de a empresa não cumprir determinada lei ou comando normativo, pressuposto que está implícito nas hipóteses de ocorrência de fraudes internas, demandas trabalhistas e prática inadequadas relativas a clientes produtos e serviços". Todavia, até quem refere a existência de referida categoria de risco, reconhece a sua similitude com aspectos inerentes à espécie do risco operacional. (MARTINEZ, André Almeida Rodrigues; LIMA, Carlos Fernando dos Santos. *Compliance bancário*: um manual descomplicado. São Paulo: Quartier Latin, 2018. p. 42).

[115] SAMPAIO, Gustavo José Marrone de Castro. *Fundamentos da regulação bancária e aplicação do princípio da subsidiariedade*. São Paulo: Almedina, 2015. p. 53.

[116] SAMPAIO, *loc. cit.*, p. 56.

ciando a busca da maximização do valor do banco a partir da tomada de decisão orientada pela avaliação da relação risco e retorno".[117]

Há também oportuna referência ao risco financeiro, o qual seria o "risco de não-pagamento resultante que pode ocorrer em função de problemas de crédito (risco de crédito) ou de liquidez (risco de liquidez)".[118] Também, há quem refira em destaque o denominado "risco de concentração", sendo aquele vinculado à concentração da carteira de recebíveis do banco, aproveitando a velha máxima de jamais depositar todos os ovos em uma mesma cesta.[119]

São muitas as espécies de riscos que integram e buscam atenção dos agentes de mercado e reguladores. Tantas que escapam da clássica estruturação dos riscos bancários e por isso é possível afirmar que a própria sistematização e categorização dos riscos bancários poderia ultrapassar a noção de um rol enumerativo. Dentre os referidos riscos, percebe-se a existência de alguns riscos "estratégicos", referentes à área de atuação empresarial, e outros "não estratégicos", vinculados a cenários políticos e externos que fogem ao controle e previsão do agente econômico. Ademais, alguns riscos têm conotação operacional e estrutural, e outros, interessando mais ao presente trabalho, conotação profundamente financeira, como é o caso do risco de crédito.[120]

Como visto, a atividade bancária compreende coexistência harmônica entre os riscos inerentes às operações e sua necessária efetivação para a sadia circulação de riquezas e antecipação de poder de compra dos indivíduos que movimenta a economia moderna. Imaginar a atividade bancária sem os riscos bancários seria retratar um cenário estático, preto e branco, além de consagrar a criativa crença popular de que o bom tomador de crédito é aquele que não precisa do valor a ser antecipado.[121]

---

[117] SILVA, José Pereira da. *Gestão e análise de risco de crédito*. 6. ed. São Paulo. Atlas, 2008. p. 56.

[118] PINHEIRO, Armando Castelar; SADDI, Jairo. *Direito, economia e mercados*. 4ª reimp. Rio de Janeiro: Elsevier, 2005. p. 481.

[119] SILVA, *loc. cit.*, p. 61.

[120] YAZBEK, Otavio. O risco de crédito e os novos instrumentos financeiros – uma análise funcional. In: FONTES, Marcos Rolim Fernandes; WAISBERG, Ivo (coord.). *Contratos bancários*. São Paulo: Quartier Latin, 2006. p. 312/313.

[121] Trata-se de questão de gerenciamento de crédito. Como refere José Pereira da Silva, "a diferença é muito grande entre uma empresa classificada como risco mínimo e outra classificada como risco máximo numa determinada escala de avaliação. Uma empresa classificada como risco mínimo será necessariamente uma empresa saudável. Provavelmente, será uma empresa para a qual a maioria dos analistas gostaria de aprovar crédito, mas ela não precisa. A tendência é de que uma empresa do tipo risco mínimo, ao contrário, solicite o cadastro e as demonstrações financeiras do banco, para avaliar a qualidade e a solidez do próprio banco e poder decidir se ele lhe propicia o retorno e o risco compatíveis com o que ela está disposta a assumir." (SILVA, José Pereira da. *Gestão e análise de risco de crédito*. 6. ed. São Paulo: Atlas, 2008. p. 62).

1.3. A crise financeira e os papéis da regulação e da supervisão bancárias

A história econômica e financeira apresenta, ao longo do tempo, expedientes como bolhas[122] e crises financeiras em geral. Desde a primeira crise financeira da idade moderna, em 1636, envolvendo o crescimento extraordinário do preço de importação das tulipas holandesas e sua posterior queda brusca, culminando na ruína de muitos agentes econômicos, muita coisa se manteve e muita coisa se alterou.[123]

Se de um lado é possível entabular conceitos, tais como bolhas, pirâmides e outros, assim como os principais sintomas destes eventos, por outro lado a inovação e criatividade constante dos agentes de mercado acabou por impor ao ente regulador ritmo acelerado e pluralidade de formas de atuação, sendo sempre este ambiente ninho de imprevisibilidade. No entanto, uma é a certeza quanto às crises financeiras e bancárias: seus efeitos vão para além dos confins dos operadores do mercado financeiro, atingem pluralidade de pessoas e, em alguns casos, uma nação[124] como um todo.

Ainda, a crise bancária "não é matéria que afete apenas os sócios, correntistas, empregados e demais credores de uma instituição financeira. Na verdade, o impacto de um sistema financeiro pouco saudável na economia de um país é enorme", como bem refere Eduardo Salomão Neto.[125]

Também, como é importante referir, a crise do mercado financeiro é uma realidade onipresente e constante, na medida em que "os períodos de estabilidade e prosperidade são indutores, por si, de uma alavancagem excessiva que serve de catalisadora a uma inversão do ciclo". Trata-se de ação e reação constante, determinando a necessidade de supervisão em iguais condições.[126]

---

[122] A própria palavra "bolha", na lição de Carla Guapo Costa, representa "algo efémero, pouco substantivo, que parece plausível, de início, mas que rapidamente demonstra ser enganador, de pouco crédito". Também, refere a autora que as bolhas sempre acabam por implodir pelo próprio padrão insustentável do qual se originam, pouco importando o ativo envolvido, sempre com consequências dramáticas. (COSTA, Carla Guapo. *Crises financeiras na economia mundial*. 4. ed. Coimbra: Almedina, 2010. p. 37).

[123] *Ibidem*, p. 36.

[124] Desta importância e interesse geral na atividade bancária – uma vez que a distribuição do crédito ordena e assegura a "expansão e a orientação da economia" – e sua estabilidade resulta a realidade, inclusive, de que alguns países julgaram, em determinas circunstâncias, que era necessário assegurar o seu controle e direcionamento, nacionalizando grandes e tornando-se "Estado Banqueiro". (VEIGA, Vasco Soares da. *Direito bancário*. 2. ed. Coimbra: Almedina, 1997. p. 34).

[125] SALOMÃO NETO, Eduardo. *Direito Bancário*. 2. ed. São Paulo: Atlas, 2014. p. 665.

[126] CÂMARA, Paulo. A renovação do Direito bancário no início do novo milénio. In: CÂMARA, Paulo; MAGALHÃES, Manuel (coord.). *O novo direito bancário*. Coimbra: Almedina, 2012. p. 33.

Neste sentido, a importância da regulação do sistema financeiro é inquestionável, seja ela qual for. Seja ela qual for por conta da vastidão que toma conta do debate da pertinência e extensão da intervenção do Estado na economia. Ocorre que, como bem recorda António Menezes Cordeiro, a temática da regulação acaba por englobar discussão acalorada que interessa e envolve a todos:

> [...] a regulação tem vindo a drenar, para o seu próprio terreno, a discussão – que até há bem pouco tempo parecia incontornável – sobre o modelo preferível de sociedade e, designadamente, se o mesmo deveria ser capitalista ou socialista. A presença e a intensificação da regulação – *máxime*, com objectivos populares – são reclamadas pelos sucessores do socialismo, enquanto a sua ausência ou, no máximo, uma regulação do próprio mercado são propugnadas pelos herdeiros do capitalismo. Temos, pois, uma temática ideológica subjacente que, embora matizada, mais contribui para nebular a noção: depende do papel que se atribua ao Estado – e, logo, à pessoa individual – no funcionamento da economia.
>
> Todavia: temos de, da regulação, fazer um instrumento jurídico-científico dogmaticamente aproveitável.[127]

Se facilmente soa como exagero a intervenção estatal no âmbito da circulação de automóveis e transporte público, debate em voga pelos disruptivos aplicativos de transporte civil urbano, a liberdade pura e total dos particulares que operam no âmbito do mercado financeiro intriga e causa apreensão. Trata-se a regulação, no caso de instituições financeiras que operam no mercado de crédito, no mínimo, de um mal necessário.

A própria palavra *regulação*, em uma visão original e ampla, "traduz o acto e o efeito de regular, isto é, de estabelecer regras gerais e abstractas de conduta". A noção de regular se contrapõe à de permitir, formatando uma espécie de antagonismo entre "nada fazer" e "dar instruções precisas de actuação".[128] No âmbito econômico, isto é, da regulação econômica, António Menezes Cordeiro refere tratar-se de "fixar regras gerais e abstractas de conduta, mas de modo economicamente ordenado, isto é: regras destinadas a reforçar ou contrariar o encadear económico da realidade".[129]

A regulação econômica tem objetivos claros e dignos. Trata-se da noção de que a intervenção neste âmbito se dá no sentido de garantir a preservação do mercado e da concorrência, gestão das falhas de mercado, redução das externalidades e proteção do consumidor.[130]

---

127 CORDEIRO, António Menezes. *Manual de direito bancário*. 4. ed. Coimbra: Almedina, 2012. p. 878.

128 *Ibidem*, p. 877.

129 *Idem*.

130 SILVA, Fernando Quadros da. Agências reguladoras: um modelo em constante aperfeiçoamento. In: FREITAS, Vladimir Passos de; SILVA, Fernando Quadros da (coord.). *Agências reguladoras no direito brasileiro*. São Paulo: Revista dos Tribunais, 2014. p. 22.

Se, ao fim e ao cabo, no âmbito do mercado financeiro e seus agentes, tais fins são efetivamente atingidos ou não, o debate é justo e pertinente. Da intervenção simplesmente em momento posterior à crise, com critérios estáticos e quiçá matemáticos de primeiro plano, à mitigação de riscos concomitantemente ao exercício da atividade, muita coisa mudou, em especial nas últimas décadas.

Neste período, em especial após a crise do ano de 2008, o Direito Bancário e sua regulação se renovaram em múltiplas dimensões. Tal renovação tem como "vetores de mudança" a constituição de novos produtos bancários, novos intervenientes no sistema bancário, novos temas abraçados pela regulação bancária e novas fontes e estruturas regulatórias e de supervisão, além, como mais interessa ao presente trabalho, novos riscos e novos deveres no âmbito da atividade bancária.[131]

O sistema financeiro – assim como o mercado de crédito – apresenta tamanha complexidade que é inimaginável um cenário diverso no âmbito regulatório que o permeia. É inequívoco que "mercados e instituições são mais céleres do que o regulador na formulação de modelos e estratégias negociais. A sofisticação dos serviços desafia o regulador que deve criar estímulos macro e micro prudenciais para preservar a estabilidade do sistema".[132]

O motivo para a complexidade regulatória da atividade bancária, na lição de Rosa Maria Lastra, reside na própria natureza do "negócio bancário tradicional". A concessão de empréstimos e o recebimento de depósitos, além de outras características atinentes às regras específicas da atividade bancária comercial, como o sigilo das transações, facilitam a realização de fraudes se comparada às demais atividades.[133] [134]

131 CÂMARA, Paulo. A renovação do Direito bancário no início do novo milénio. In: CÂMARA, Paulo; MAGALHÃES, Manuel (coord.). *O novo direito bancário*. Coimbra: Almedina, 2012. p. 22.

132 SZTAJN, Rachel. *Sistema financeiro*. Rio de Janeiro: Elsevier, 2011. p. 162.

133 LASTRA, Rosa Maria. *Banco central e regulamentação bancária*. Trad. Dan Markus Kraft. Belo Horizonte: Del Rey, 2000. p. 62.

134 Na lição de Andrea Polo, a razão para regulação densa das instituições financeiras no exercício de sua atividade também se justifica na visível dificuldade de avaliação por agentes externos do patrimônio e ativos do banco, o que não ocorre, por exemplo, em empreendimentos de outros segmentos que encontram com mais facilidade no próprio mercado instrumentos de mitigação de assimetria informacional: "*Informational asymmetries between the providers of capital and the controllers of capital (managers) lie at the core of corporate governance problems. All firms suffer from some degree of information asymmetry between inside and outside investors. However, in most companies these problems are solved via market-based mechanisms (the financial market itself is able to give a price to financial activities thanks to disclosure provided by issuers). Financial firms, on the contrary, are subject to heavy government regulation whose rationale is based on the idea that bank assets are extremely difficult for outsiders to value and, consequently, market mechanisms cannot adequately control bank managers and shareholders.*". (POLO, Andrea. Corporate governance of banks: the current state of the debate. SSRN. 2007. Disponível em: <https://papers.ssrn.com/sol3/papers.cfm?abstract_id=958796>. Acesso em: 10/05/2018. p. 5).

Ainda, a notável importância da atividade de distribuição do crédito – e criação de moeda resultante –, com a necessidade de proteção dos depositantes, "conduziram o Estado a um dirigismo económico da actividade bancária". Impondo normas jurídicas imperativas, com o cunho de "ordem pública económica de direcção (regulamentação do crédito)", os governos dão a orientação necessária à economia da forma como entendem mais pertinente.[135]

A definição de regulação não é uniforme, seja na literatura jurídica seja na econômica. Trata-se, em suma, do "emprego dos instrumentos legais necessários à implementação de objetivos de política econômica ou social", limitando a "liberdade dos participantes do mercado, quer quanto à conduta, quer quanto aos bens negociados".[136]

Jairo Saddi entende que três acepções são aceitas para o termo *regulação*, uma inserida no universo do jurista e as outras nas realidades do cientista político e do sociólogo. Trata-se, respectivamente, das noções de "um conjunto específico de comandos normativos, no qual a regulação envolve um agrupamento de regras coercitivas, editadas por órgão criado para este fim"; de uma "influência estatal deliberada, na qual a regulação, num sentido mais amplo, cobre toda a ação estatal destinada a influenciar o comportamento social, econômico ou político", e, por fim, de "uma forma de controle social, em que todos os mecanismos que afetam o comportamento humano são determinados por regras advindas do Estado ou não (por exemplo, autorregulação)".[137]

Importante mencionar, também, que há diferença de significados para as palavras *regulação* e *regulamentação*. A primeira é gênero do qual a segunda é espécie. Refere-se a regulação da atividade do regulador em sentido geral, sendo a regulamentação especificação normativa de sua intervenção.[138]

A regulação se divide ainda em regulação econômica e social. A primeira, de maior interesse ao presente trabalho, se subdivide em regulação estrutural, compreendendo normas de entrada, saída e qualificação para exercício de atividades no mercado – questões estruturais –, e regulação de conduta, a qual tem relação íntima com o manejo do

[135] VEIGA, Vasco Soares da. *Direito bancário*. 2. ed. Coimbra: Almedina, 1997. p. 33.

[136] EIZIRIK, Nelson; GAAL, Ariádna; PARENTE, Flávia; HENRIQUES, Marcus de Freitas. *Mercado de capitais – regime jurídico*. 3. ed. Rio de Janeiro: Renovar, 2011. p. 15.

[137] SADDI, Jairo. *Temas de regulação financeira*. São Paulo: Quartier Latin, 2010. p. 17.

[138] PINHEIRO, Armando Castelar; SADDI, Jairo. *Direito, economia e mercados*. 4ª reimp. Rio de Janeiro: Elsevier, 2005. p. 254.

comportamento dos agentes do mercado. A regulação social, por sua vez, refere-se às áreas de meio-ambiente, condições de trabalho, *etc*.[139]

"A economia da intermediação financeira baseia-se no binômio *facilitação da poupança* e *geração de investimento* por meio da provisão de liquidez aos agentes econômicos". Trata-se dos fenômenos de transmutação – transformação de depósitos em unidades aceitáveis e atrativas para investidores e tomadores –, e intermediação – remessa de recursos entre agentes deficitários e superavitários –, os quais por si só justificariam a densa regulação do sistema. Somados à presença de poupança popular nestes cenários, os motivos da regulação são claramente protetivos ao público em geral, uma vez que instituições que operam no mercado financeiro estão igualmente sujeitas à quebra e insolvência.[140]

Quando o banco assume posição de captação de recurso, quem assume o risco de crédito é justamente o cliente e depositante. Neste cenário, o banco não exige um árduo cadastramento e demonstração de solidez financeira pelo cliente, assim como não se acredita na exigência destes clientes para que o banco demonstre sua capacidade financeira e liquidez. Todavia, um depositante com volume significativo de recursos poderia solicitar as demonstrações financeiras da instituição para averiguar "liquidez, rentabilidade, solidez e reputação compatíveis com seu grau de exigência e com as taxas de juros oferecidas".[141]

No caso contrário, quando o cliente assume a posição de tomador, torna-se "indispensável um completo processo de crédito que permita ao banco saber o risco que está assumindo com o cliente". Pouco importa a solidez do banco, no ato de intermediação financeira é absolutamente "necessário que não sejam assumidos riscos indevidos e que venham pôr em dúvida a solidez e a reputação do banco, deixando seus depositantes duvidosos quanto à possibilidade de terem seus recursos de volta nos prazos combinados". Justamente neste ponto é que reside a necessidade de regulação da concessão do crédito.[142]

O ponto em questão é que a atividade bancária não coloca em risco somente o patrimônio do empresário, mas também daqueles que lhe confiam o seu capital de poupança por meio do depósito. Dentre outros pontos muito peculiares, como o alcance (potencialmente) sistêmico do cenário de crise, esta é claramente uma das justificativas da especialidade do setor.

---

139 EIZIRIK, Nelson. GAAL, Ariádna; PARENTE, Flávia; HENRIQUES, Marcus de Freitas. *Mercado de capitais – regime jurídico*. 3. ed. Rio de Janeiro: Renovar, 2011. p. 16/17.

140 SADDI, Jairo. *Crise e regulação bancária*: navegando mares revoltos. São Paulo: Textonovo, 2001. p. 57/58.

141 SILVA, José Pereira da. *Gestão e análise de risco de crédito*. 6. ed. São Paulo: Atlas, 2008. p. 48.

142 *Idem*.

Também são objetos da regulação da atividade bancária, além dos pontos vinculados à estabilidade do sistema financeiro, as falhas de mercado clássicas. Os monopólios, as externalidades e a assimetria informacional são enfrentados pela regulação deste ramo de atividade.[143]

Quanto aos objetivos da regulação, duas teorias têm reprodução pertinente, mesmo que de forma breve. Trata-se das teorias da captura e do interesse público. A primeira aborda a condição de que algumas normas reguladoras podem ser capturadas por agentes do mercado, proporcionando-lhes, mediante uso de alguma artimanha, o acesso à confecção das normas regulatórias, beneficiando-lhes isoladamente. A noção de regulação com base no interesse público, por sua vez, teria alguns objetivos como a "proteção aos investidores; eficiência do mercado; criação e manutenção de instituições confiáveis e competitivas; evitar a concentração de poder econômico; impedir a criação de situações de conflitos de interesse", além de necessariamente partir de algumas premissas essenciais, tais como as afirmativas de que "(i) os mercados são frágeis, operando ineficientemente ou de forma pouco equitativa caso não exista regulação estatal, e (ii) a regulação pode ocorrer sem custos significativos".[144]

Os propósitos da supervisão da atividade bancária são "assegurar a segurança e solidez do sistema financeiro e neutralidade econômica na alocação do crédito", porém, sempre guiados pela sua finalidade máxima: o resguardo da confiança no sistema bancário, encorajando e apoiando, mediante fiscalização, a boa administração.[145] Boa administração, por sua vez, é justamente o equilíbrio entre a saudável assunção de riscos e o retorno financeiro daí decorrente, ou seja, a ponderação entre prudência e eficiência empresarial.

António Menezes Cordeiro recorda que é possível encontrar nas mais diversas sociedades organizadas "manifestações de regulação", sendo esta até mesmo antecessora ao Direito, pois "antes de legitimar, em abstracto, o contrato, a propriedade e as pessoas, a Humanidade terá feito funcionar as trocas imediatas, disciplinando a sua efetivação".[146] Neste sentido, a própria criação da moeda metálica timbrada, otimizando a dinâmica das trocas, é um reflexo da percepção do Estado

---

[143] SADDI, Jairo. *Crise e regulação bancária*: navegando mares revoltos. São Paulo: Textonovo, 2001. p. 58/59.

[144] EIZIRIK, Nelson; GAAL, Ariádna; PARENTE, Flávia; HENRIQUES, Marcus de Freitas. *Mercado de capitais – regime jurídico*. 3. ed. Rio de Janeiro: Renovar, 2011. p. 17 e 19/20.

[145] LASTRA, Rosa Maria. *Banco central e regulamentação bancária*. Trad. Dan Markus Kraft. Belo Horizonte: Del Rey, 2000. p. 63.

[146] CORDEIRO, António Menezes. *Manual de direito bancário*. 4. ed. Coimbra: Almedina, 2012. p. 879.

em sentido primitivo de que cabia a ele próprio incentivar o fluxo do mercado interno para entesourar a maior quantidade de riquezas. Certamente, trata-se de uma manifestação de regulação.[147]

Ocorre que a concepção moderna de regulação decorre da sua própria supressão pelas revoluções liberais do século XIX, momento a partir do qual se cogita a hipótese de uma "(boa) regulação" em razão dos denominados por António Menezes Cordeiro "inconvenientes de um mercado puro ("não-regulado")", representados "por insuficiência intrínseca (falta de bens não-rendíveis), por autodestruição do mesmo (concentração capitalista e, no limite, monopólio) ou por ataque exterior (concorrência estrangeira ou interferência do Estado)".[148] Talvez daí decorra a afirmação de Jairo Saddi de que a "regulação nasceu da tentativa de controlar os monopólios", mais especificamente de resguardar consumidores contra a imposição de preços dos produtos pautados por mercado monopolizado.[149]

Não se trata a regulação de um produto "natural" do mercado, mas sim um "subproduto ou reação a crises e conflitos". Trata-se de mecanismo artificial reativo à desagradável emanação negativa de um cenário de fracasso financeiro em relevante escala.[150]

Também, é importante a constatação de que "a política define as estratégias regulatórias". Em que pese seus "contornos de tecnicidade" as estratégias regulatórias só podem ser totalmente compreendidas a partir dos "diagnósticos políticos e das perspectivas econômicas amplas da realidade financeira de um país, em conjunto com uma compreensão adequada do funcionamento estrutural e comportamental nos mercados".[151]

O crescimento econômico, em nível mundial, no cenário pós-segunda guerra mundial, foi liderado por países com recursos naturais e energéticos abundantes, países de forte tendência à exportação e países com industrialização madura. Segundo Carla Guapo Costa, estes atores do mercado global vêm concretizando o seu crescimento "à custa de desequilíbrios macroeconómicos, potenciados, igualmente, pela globalização da economia mundial". Neste cenário, mais especificamente no âmbito bancário, "a falta de confiança e solvabilidade dos bancos gerou

---

147 GOETZMANN, William N. *Money changes everything*: how finance made civilization possible. New Jersey: Princeton University Press, 2017. p. 99.

148 CORDEIRO, António Menezes. *Manual de direito bancário*. 4. ed. Coimbra: Almedina, 2012. p. 879.

149 SADDI, Jairo. *Temas de regulação financeira*. São Paulo: Quartier Latin, 2010. p. 18.

150 LASTRA, Rosa Maria. *Banco central e regulamentação bancária*. Trad. Dan Markus Kraft. Belo Horizonte: Del Rey, 2000. p. 63.

151 ERLING, Marlos Lopes Godinho. *Regulação do sistema financeiro nacional*: desafios e propostas de aprimoramento institucional. São Paulo: Almedina, 2015. p. 140.

um risco sistémico que paralisou o mercado interbancário". Atualmente, as atuais tendências do mercado financeiro refletem justamente a preocupação na confiança da sociedade no mercado financeiro e em especial na prevenção e mitigação de riscos e efeitos de crise.[152]

Inclusive, a "proteção da fidúcia nas relações bancárias é reconhecida como um dever do Estado, que o exerce por intermédio da regulação e supervisão da atividade das instituições financeiras". [153] Portanto, são a regulação e supervisão bancária instrumentos essenciais de "promoção de política econômica pela União".[154]

Neste cenário, em que pese a importância reconhecida à atividade creditícia, assim como o dever do Estado em preservar a estabilidade do sistema financeiro, não se está de forma alguma sustentando a existência de algum "direito de crédito" por parte dos particulares – em especial consumidores – e tampouco alçando a concessão de crédito à condição de serviço público, tal qual fez Houin em sua tese. Inclusive, António Menezes Cordeiro aponta que referido trabalho, o qual entendia que os bancos participavam "num verdadeiro serviço público de distribuição de crédito" foi lançada ao "nível de curiosidades doutrinárias".[155]

Arnoldo Wald, com base nas lições de Vasseur, enfrentando o mesmo questionamento acerca da possibilidade de averiguação de um *direito de crédito* ou *direito ao crédito*, baseado no princípio da igualdade, afirma que a compreensão de que há um interesse geral, econômico ou social, de que o banqueiro conceda certos empréstimos, cumprindo verdadeira função de interesse público, pressupõe a perda de liberdade decisória deste mesmo banqueiro. "Ora, onde não há liberdade de decisão não pode haver responsabilidade".[156] [157]

Seja em função do potencial prejuízo à eficiência do sistema acarretado pelas instituições financeiras que "se arrastam à beira de uma crise" ou seja por conta do risco sistêmico que pode contaminar todo

---

[152] COSTA, Carla Guapo. *Crises financeiras na economia mundial*. 4. ed. Coimbra. Almedina, 2010. p. 14.

[153] MIRAGEM, Bruno. *Direito Bancário*. São Paulo: Revista dos Tribunais, 2013. p. 24.

[154] MIRAGEM, Bruno. Mercado, fidúcia e banca: uma introdução ao exame do risco bancário e da regulação prudencial do sistema financeiro na perspectiva do crédito. In: ESTEVEZ, A. F.; JOBIM, M. F. *Estudos de direito empresarial:* homenagem aos 50 anos de docência do professor Peter Walter Ashton. São Paulo: Saraiva, 2012. p. 475.

[155] CORDEIRO, António Menezes. *Manual de direito bancário*. 4. ed. Coimbra: Almedina, 2012. p. 383.

[156] WALD. Arnoldo. O papel pioneiro do direito bancário. *Revista de direito bancário e do mercado de capitais*, São Paulo, Vol. 29, p. 359-371, jul.-set. 2005. p. 9.

[157] ROCHA, Lademir Gomes da. Aspectos regulatórios e jurídicos dos mecanismos garantidores de crédito. *Revista da Procuradoria-Geral do Banco Central*, Brasília, Vol. 1, n. 9, p. 51-71, jun. 2015. p. 53).

o sistema após a eclosão da crise, várias são as estratégias de ação governamental intervencionista, dentre os quais se destacam: primeiro, em momento anterior ao aparecimento de qualquer crise, a criação de sistemas de seguro de depósitos; segundo, configurado o cenário de crise, mas com menor gravidade, o empréstimo de liquidez efetuado pelo Banco Central – operações denominadas de redesconto; terceiro, materializada efetivamente a crise, soluções de mercado com "certo nível de coercitividade governamental, impondo a cessão de controle ou venda de ativos da instituição em crise", possibilitando alteração de titularidade da atividade bancária e potencial recapitalização; quarto, os procedimentos especiais de intervenção total na instituição em crise, com substituição de administradores ou suspensão de seus pagamentos, por exemplo, até a sua eventual extinção.[158]

Mitigar riscos, prevenir danos de grande extensão e, por final, caso materializados referidos danos, responsabilizar os agentes causadores é um frequente esforço das agências reguladoras e das próprias normas atinentes à espécie e apreciadas pelo Poder Judiciário. Todos estes componentes do arcabouço regulatório, cada qual com seu papel, militam em favor da estabilidade do sistema financeiro, porém, nem sempre são suficientes para promoção de comportamentos prudentes e zelosos, como era de se esperar. Neste campo estabeleceu-se a noção de seguros contra a crise, tal como o Fundo Garantidor de Créditos (FGC), o qual busca não somente indenizar, mas indenizar de forma rápida evitando a corrida bancária que, por sua vez, pode acarretar, sim, em dano à coletividade, o que difere a atividade bancária das demais.[159]

A supervisão do Sistema Financeiro Nacional, executada pelo BACEN, tem como objetivo, no entendimento preciso de Ricardo Binnie, "evitar a criação de condições para que os diversos riscos inerentes à atividade bancária colaborem para o incremento do risco sistêmico, entendido como destruidor de riquezas".[160] Trata-se de manter a confiança no sistema bancário porque "[e]nquanto os passivos dos bancos podem ser exigidos a qualquer momento, seus ativos apenas são exigíveis quando do vencimento das dívidas".[161]

A atuação regulatória se dá de diversas formas, como visto. Há terreno fértil para estudos e debates em todos estes campos de atuação.

---

[158] SALOMÃO NETO, Eduardo. *Direito Bancário.* 2. ed. São Paulo: Atlas, 2014. p. 668/669.

[159] WAISBERG, Ivo; GORNATI, Gilberto. *Direito bancário: contratos e operações bancárias.* 2. ed. São Paulo: Saraiva, 2016. p. 210.

[160] BINNIE, Ricardo. *Transparência dos Bancos.* São Paulo: Almedina, 2011. p. 126.

[161] YAZBEK, Otavio. O Risco de Crédito e os Novos Instrumentos Financeiros. In: FONTES, Marcos Rolim Fernandes; WAISBERG, Ivo. *Contratos Bancários.* São Paulo: Quartier Latin, 2006. p. 314.

Em especial, sobressai-se nesta afirmativa a adoção dos regimes especiais, justamente qualificada por Ivo Waisberg como o mais complexo de "todos os instrumentos de que dispõe o órgão supervisor para proteger o mercado bancário". [162] Todavia, atualmente, ousamos dizer, tais regimes são cada vez mais afastados da realidade prática, não sendo interesse do regulador tomar gestão das instituições financeiras ou intervir diretamente em sua organização, controle ou administração, muito pelo contrário, o movimento regulatório atual é justamente no sentido oposto, regular condutas em prol da estabilidade para evitar este tipo de intervenção tardia e paliativa.

Ao presente trabalho mais interessam aquelas normas vinculadas à regulação prudencial, ou seja, aquelas práticas regulatórias mitigadoras e com caráter preventivo da concretização dos riscos bancários. Trata-se de uma nova noção de regulação, a qual vai ao encontro da afirmação de que a atuação regulatória não se dá com a concretização de um objetivo final e palpável, não há objetivo estático e específico a ser atingido.[163]

Aprofundando o conceito de regulação prudencial, Bruno Miragem é claro em seus apontamentos na atuação conjunta e sistemática regulatória para o fim único da estabilidade do sistema financeiro:

> A noção de regulação prudencial compreende justamente as providências de natureza normativa, de fiscalização, controle e poder de sanção estatal, visando criar condições permanentes para que se previnam ou controlem os efeitos de crises que possam afetar o sistema financeiro, preservando sua normalidade e, em consequência, a estabilidade do sistema econômico em geral.[164]

A regulação prudencial percorreu em relativamente curto espaço de tempo um longo caminho. Em seu primeiro estágio evolutivo representou normas vinculadas ao controle direto das operações das instituições financeiras pelo seu conteúdo prescritivo, segregação das atividades das instituições financeiras e imposição de indicadores quantitativos objetivos, período denominado de "regulação por balanço". A partir da década 1980 e, em especial de 1988, com a publicação do *International Convergence of Capital Measurement and Capital Standards*, ou Acordo de Basileia I, pelo Comitê de Basileia, tal foco

[162] WAISBERG, Ivo. *Responsabilidade civil dos administradores de bancos comerciais*: regimes especiais: intervenção, liquidação extrajudicial, regime de administração temporária – RAET. São Paulo: Revista dos Tribunais, 2002. p. 60.

[163] MIRAGEM, Bruno. *Direito Bancário*. São Paulo: Revista dos Tribunais, 2013. p. 121.

[164] MIRAGEM, Bruno. Mercado, fidúcia e banca: uma introdução ao exame do risco bancário e da regulação prudencial do sistema financeiro na perspectiva do crédito. In: ESTEVEZ, A. F.; JOBIM, M. F. *Estudos de direito empresarial*: homenagem aos 50 anos de docência do professor Peter Walter Ashton. São Paulo: Saraiva, 2012. p. 471.

transmutou-se para a mensuração e prevenção dos riscos bancários, com "atenção crescente à dinâmica de remuneração das instituições financeiras e seus incentivos para incorrer em riscos excessivos".[165] [166]

A supervisão prudencial "visa garantir a liquidez e solvabilidade[167] das instituições a todo o tempo, encontrando-se estritamente ligada com as normas prudenciais". [168] Ocorre que as normas de regulação prudencial, como se dá com a regulação em geral, devem comportar equilíbrio e aplicação com cautela, pois tornando-se excessivas "correm o risco de diminuir a capacidade dos bancos de servirem de financiadores, com penalização para a economia em geral".[169]

Dentre referidas normas de regulação prudencial, figuram também recomendações – *soft law* –, sem caráter cogente hábil a elevá-las ao patamar de "instrumento de direito internacional". Emitidas pela Comissão da Basileia[170] sobre Supervisão Bancária, atualmente não podem

---

[165] MONTEIRO, Joana Pinto. O desenvolvimento recente da supervisão bancária comportamental. In: CÂMARA, Paulo; MAGALHÃES, Manuel (coord.). *O novo direito bancário*. Coimbra: Almedina, 2012. p. 234.

[166] A noção de regulação prudencial é ampla. Há inclusive quem, acertadamente em nossa concepção, sustente indícios de uma regulação prudencial em instrumentos tipicamente sistêmicos, como os seguros de depósito. Senão vejamos: "Assim, embora os instrumentos garantidores de créditos foquem nas consequências de eventual quebra da empresa bancária, não é desarrazoado inseri-los na lógica da regulação prudencial ou preventiva, na medida em que, assumindo, *ex ante*, o encargo de honrar com as obrigações do devedor insolvente, atenuam o 'efeito de contágio' resultante de eventual quebra de confiança, correlacionado à distribuição assimétrica da informação entre os agentes econômicos e à consequente seleção adversa das instituições depositárias pelos poupadores e investidores financeiros. Acrescente-se a isso o fato de os mecanismos de seguro haverem incorporado, de forma progressiva, funções claramente prudenciais, como no caso brasileiro, em que os fundos garantidores existentes prestam assistência em operações de liquidez e de reestruturação das instituições participantes. Assim, tem-se um cenário em que, ao lado da função propriamente garantidora dos créditos dos depositantes e aplicadores, relacionada ao escopo de saneamento das consequências, há a função prudencial, relacionada ao enfrentamento das causas dos abalos financeiros. No plano internacional, a experiência pioneira do Federal Deposit.". (ROCHA, Lademir Gomes da. Aspectos regulatórios e jurídicos dos mecanismos garantidores de crédito. *Revista da Procuradoria-Geral do Banco Central*, Brasília, Vol. 1, n. 9, p. 51-71, jun. 2015. p. 53).

[167] Importante ainda referir a diferença entre liquidez e solvabilidade. Trata-se o primeiro da "capacidade de entrega monetária imediata", sendo o que segundo "reporta-se à suscetibilidade de satisfazer compromissos, numa base estável e duradoura". (CÂMARA, Paulo. A renovação do Direito bancário no início do novo milénio. In: CÂMARA, Paulo; MAGALHÃES, Manuel (coord.). *O novo direito bancário*. Coimbra: Almedina, 2012. p. 34).

[168] MONTEIRO, *loc. cit.*, p. 234.

[169] CÂMARA, *loc. cit.*, p. 33.

[170] O Comitê de Basileia para Supervisão Bancária surgiu no ano de 1974 após e na forma de consequência à derrocada de uma série de instituições bancárias, em especial o banco alemão *Herstatt Bankhaus* e o americano *Franklin National Bank*, comprometendo empréstimos interbancários e chamando a atenção do "universo financeiro tanto para o impacto transfronteiriço de quebras bancárias quanto para a incapacidade de respostas regulatórias internacionalmente articuladas". (HELLWIG, Guilherme Centenaro. *Internacionalização regulatória no Sistema Financeiro Nacional*. Rio de Janeiro: Lumen Juris, 2019. p. 32).

referidas normas ser desconsideradas para uma abordagem valiosa em Direito Bancário.[171]

No âmbito do sistema financeiro, representam "instrumento de direito internacional", como anteriormente referido, justamente pelo fenômeno da "globalização financeira" que se apresente desde a década de 1990. Foram ultrapassadas as fronteiras no âmbito da regulação financeira, justamente porque os efeitos de suas crises atualmente desconsideram limites territoriais. Em resposta a esta afirmação, a regulação financeira de um país soberano não pode ser enfrentada sem observar também a realidade dos demais. A lição de Guilherme Centenaro Hellwig neste sentido é valiosa:

> O arranjo regulatório estabelecido na esfera internacional para a regulação da atividade financeira tem evoluído permanentemente para se adaptar às exigências de uma indústria em constante transformação. Ao longo das últimas décadas, em virtude do processo de globalização financeira, os mercados financeiros internos se expandiram e se tornaram tão interconectados que passou a ser virtualmente impossível a um Estado soberano avaliar a saúde e estabilidade de seu próprio sistema financeiro a partir de uma visão isolada, que não leve em conta também os sistemas financeiros do demais Estados. O modo de funcionamento de diferentes instituições, atores e instrumentos financeiros também passou a ser tão interdependente que ações regulatórias passaram a frequentemente exibir abordagens cooperativas multilaterais, que ultrapassam as fronteiras nacionais.
>
> Para coordenar, na esfera internacional, a atuação conjunta de autoridades nacionais de regulação financeira, bem como para produzir regras internacionais e monitorar sua observância, organismos internacionais de natureza distinta, criados em períodos históricos igualmente diversos, vêm atuando de forma complementar. A regulação financeira internacional contemporânea notabiliza-se, com efeito, por empregar mecanismos e processos regulatórios nos quais não apenas há uma interação direta na esfera internacional entre autoridades administrativas dotadas de personalidade jurídica de direito interno, como também por combinar a atuação de organismos internacionais formalmente constituídos conforme as exigências do Direito Internacional Público clássico quanto de organismos que atuam a partir de uma certa informalidade na sua constituição e no desenvolvimento das suas interações inconstitucionais.[172]

A autorregulação, importante mencionar, advém de uma alteração de cenário nas últimas décadas, de um "reflexo de elementos internos e externos aos ordenamentos jurídicos nacionais". Como leciona Marco Fridolin Sommer dos Santos, o processo de globalização, ao pressupor a abertura ao comércio internacional, diminuição das barreiras alfandegárias e a circulação livre de pessoas e serviços, colaborou para o enfraquecimento dos Estados nacionais. Neste sentido, sua privativa capacidade de legislar vem aos poucos cedendo lugar para uma ideia

[171] MIRAGEM, Bruno. *Direito Bancário*. São Paulo: Revista dos Tribunais, 2013. p. 90.

[172] HELLWIG, Guilherme Centenaro. *Internacionalização regulatória no Sistema Financeiro Nacional*. Rio de Janeiro: Lumen Juris, 2019. p. 27/28.

de pluralidade fontes. Trata-se de uma extensão da crise do Estado social, em que os particulares passam a assumir referida posição legislativa que outrora coube de forma privativa ao Estado.[173]

Contudo, mesmo que aparentem distância de uma presença governamental, alguns destes organismos internacionais, como o próprio Comitê de Basileia, contudo, mantém, desde a sua origem, as autoridades administrativas de direito interno na condição de protagonistas. Isto se dá porque os membros do Comitê, invariavelmente, ao longo de sua história, eram e são autoridades administrativas comprometidas com supervisão bancária, incorporando papel "no campo de regulação financeira" de "novos diplomatas", como bem aponta Guilherme Centenaro Hellwig.[174]

Justamente desta atividade quase diplomática que derivam normas pouco autoritárias por si só, as quais acabam adotadas em âmbito interno por liberalidade dos países-membros e suas autoridades reguladoras, tornando-se "fontes quase-normativas".[175] São tais normas qualificadas como *soft law*, sendo muito mencionadas e valiosas em sede de direito bancário e regulação do mercado financeiro.

Soft law refere-se, de forma muito concisa, à normas flexíveis sem caráter cogente que se prestam a orientar a aplicação da norma impositiva. São úteis na medida em que se apresentam para auxiliar na aplicação de *standards* ao caso concreto, porém, perigosas porque o excesso de detalhamento pode acarretar na subtração da maleabilidade da norma, a qual assim deve se manter justamente pela peculiaridade de cada negócio estabelecido em mercado.[176]

O critério diferenciador, portanto, entre *soft law* e *hard law*[177] é o elemento cogente, impositivo e vinculativo de sua aplicação. O termo *law*, neste contexto, representa uma norma de conduta voltada a um fim prático ou um efeito, modelando e provendo incentivos de comportamento. Com base nestas premissas, Linda Senden define *soft law* como regras de conduta expostas por instrumentos sem força cogente,

---

[173] SANTOS, Marco Fridolin Sommer dos. O uso das regras deontológicas como fonte de direito e o princípio de subsidiariedade horizontal. *Revista dos Tribunais*, São Paulo, v. 948/2014, p. 165, Out. 2014. p. 166 e 170.

[174] HELLWIG, Guilherme Centenaro. *Internacionalização regulatória no Sistema Financeiro Nacional*. Rio de Janeiro: Lumen Juris, 2019. p. 33.

[175] CÂMARA, Paulo. O governo societário dos bancos – em particular, as novas regras e recomendações sobre remuneração na banca. In: CÂMARA, Paulo; MAGALHÃES, Manuel (coord.). *O novo direito bancário*. Coimbra: Almedina, 2012. p. 145.

[176] TERPINS, Nicole Mattar Haddad. Responsabilidade administrativa dos administradores e do controlador. In: NOVAES FRANÇA, Erasmo Valladão Azevedo e (coord.). *Direito societário contemporâneo II*. São Paulo: Malheiros, 2015. p. 557.

[177] Por *Hard Law* deve-se entender a noção clássica de norma com caráter cogente, cuja observância é obrigatória pelos indivíduos sob pena de sanção.

porém, com efeitos legais indiretos, que buscam a produção de algum efeito prático.[178]

As *soft law* são adotadas como forma de manifestação por tais organismos internacionais pela facilidade com que podem ser elaborados, "em oposição às dificuldades que frequentemente envolvem a celebração formal de tratados internacionais". O sistema financeiro e sua regulação não aceitam a morosidade da burocracia.[179]

No âmbito do sistema financeiro enquanto ordem e mercado global, a *soft law* representa protagonismo e vanguarda. Tais normas representam o método pelo qual os esforços regulatórios, respeitando a soberania dos países e o dinamismo do mercado financeiro, perseguem riscos que transcendem fronteiras.[180]

Destas recomendações regulatórias surgem algumas conclusões, tais como formas de atuação dos gestores de instituições financeiras frente aos riscos, como a especificação e objetivos esperados da estrutura de gerenciamento de riscos. Trata-se de moldar a atividade, por completo, visando à mitigação de riscos em nome da estabilidade.

Estabilidade porque a própria ideia de regulação econômica tem como premissa, por parte do regulador, um plano e um objetivo a perseguir. Como bem exemplifica António Menezes Cordeiro, o mercado do pão é regulado para que todos tenham acesso; o dos medicamentos, para conter os lucros das multinacionais farmacêuticas considerado o contexto ético e indispensável desta atividade, sendo que o mercado financeiro é regulado para "atestar a confiança no sistema".[181]

Boa administração e estabilidade são, em especial sob o ponto de vista da regulação prudencial, sinônimos de controle dos riscos atinentes à atividade bancária e eficiência empresarial. Por suas peculiaridades, merecem e recebem os riscos bancários categorias autônomas e devem rotineiramente ser enfrentados pelas instituições financeiras e aqueles que, representando-as, tomam as decisões cotidianas do empreendimento: os administradores.

---

[178] *"Rules of conduct that are laid down in instruments which have not been attributed legally binding force as such, but nevertheless may have certain (indirect) legal effects, and that are aimed at may produce practical effects."* (SENDEN, Linda. *Soft law in european community law.* Oxford: Hart Publishing, 2004. p. 112).

[179] HELLWIG, Guilherme Centenaro. *Internacionalização regulatória no Sistema Financeiro Nacional.* Rio de Janeiro: Lumen Juris, 2019. p. 61.

[180] Podem, segundo Chris Brummer, ser divididas ainda em três grandes categorias: "[...] *we can group the soft law instruments into three broad categories: best practices, regulatory reports and observations, and information sharing and enforcement cooperation agreements."* (BRUMMER, Chris. *Soft law and the global financial system: rule making in the 21st century.* 2. ed. New York: Cambridge University Press, 2015. p. 121).

[181] CORDEIRO, António Menezes. *Manual de direito bancário.* 4. ed. Coimbra: Almedina, 2012. p. 877/878.

Para continuidade do presente trabalho, acreditamos satisfeitas as premissas relacionadas à noção de moeda, por sua evolução histórica e tríplice função, o conceito e função econômica de crédito bancário, assim como o caminho percorrido pelas instituições financeiras bancárias até os dias de hoje, passando de ferramentas primitivas de intermediação para centros de assunção de riscos e distribuição e antecipação de riqueza, ocupando papel de destaque em nossa economia moderna. Assim, temos como pertinente alçar nossa abordagem ao campo de atuação e cenário de regramento que permeia a atividade de administração das instituições financeiras bancárias, cabendo, ao fim e ao cabo, às pessoas que efetivamente tomam decisões diárias neste âmbito concretizar tudo o já referido em termos mais abstratos.

2. *O regime jurídico de responsabilidade do administrador de instituições financeiras*

As instituições bancárias se dividem em múltiplas formas, quais sejam bancos comerciais, bancos múltiplos, bancos de desenvolvimento, bancos de investimento, bancos de câmbio, entre outros. No entanto, todas essas modulações de instituições financeiras privadas devem, obrigatoriamente, por força do art. 25 da Lei nº 4.595, de 1964, vestir a roupagem de sociedade anônima,[182] motivo pelo qual o estudo da responsabilidade dos administradores deste tipo societário é tão importante para o presente trabalho.[183] Tratar da responsabilidade dos administradores de bancos é, portanto e primeiramente, tratar da responsabilidade dos administradores de sociedades anônimas.

O próprio desenvolvimento da noção de responsabilidade, em sentido geral, se dá mediante o reconhecimento do binômio preceito-sanção, como leciona Bruno Miragem, o qual se especializa "a partir da relação entre um dever jurídico originário, decorrente de previsão normativa genérica ou específica, e um dever jurídico sucessivo, relativamente à consequência imputada ao agente que viola o primeiro dever". E, assim sendo, acaba por variar, a cada caso, a espécie da sanção de acordo com a natureza da norma aplicável.[184]

São muitas as peculiaridades que enriquecem o tema. É possível identificar dois regimes de responsabilidade civil de administradores de bancos, objeto principal deste trabalho: o primeiro aquele referente à responsabilização na normalidade do empreendimento, e outro no

---

[182] BRASIL. *Lei nº 4.595, de 31 de dezembro de 1964*. Dispõe sobre a Política e as Instituiçoes Monetárias, Bancárias e Creditícias, Cria o Conselho Monetário Nacional e dá outras providências. Disponível em: <http://www.planalto.gov.br/ccivil_03/leis/L4595.htm>. Acesso em 22/09/2017.

[183] Oportuno, porém, também informar existência de cooperativas de crédito, propositalmente retiradas do escopo do presente trabalho por fins de recorte, mas cuja estrutura gerencial aproxima-se por força de normas legais e regulatórias aos parâmetros aqui explorados.

[184] MIRAGEM, Bruno. *Direito civil*: responsabilidade civil. São Paulo: Saraiva, 2015. p. 71.

seu período de resolução. Além disso, é farto o arcabouço penal incidente sobre os administradores em sua atividade, assim como são vastas as normas sancionatórias de natureza administrativa e regulatória sob as quais operam.

No presente capítulo, serão abordadas, em conformidade com as limitações de extensão do presente trabalho, tais searas de responsabilização do administrador da instituição bancária, em especial o regime jurídico de responsabilidade civil a que estão submetidos. Também, como premissa basilar, há que se delinear o contexto da tomada de decisões no âmbito das sociedades anônimas e, na medida do possível, das instituições bancárias.

2.1. Os órgãos da administração societária das instituições financeiras

Aqueles encarregados da tomada de decisões no cenário empresarial, isto é, os administradores, acabam por, ao deliberar inúmeros assuntos e temas, decidir os rumos do empreendimento. Trata-se do planejamento e execução de um plano de gestão, definição do apetite por riscos do empreendimento, entre outros pontos. São os administradores, por certo, sob um aspecto de causa e consequência, responsáveis pelo efeito gerado pelo empreendimento frente aos seus acionistas, terceiros e a sociedade como um todo.

O significado do termo *administrador* abrange cumulativamente "as figuras subjetivamente incumbidas da tarefa de administrar". A concepção de administração, em termos societários, pode ser explorada por um viés subjetivo, representando o conjunto de pessoas naturais que ocupam cargos vinculados ao ato e atividade de administrar o empreendimento, e um viés objetivo, representando o ato ou o efeito de administrar a sociedade, abrangendo atos materiais e jurídicos destinados a concretizar o objeto social e imputáveis ao administrador.[185]

Quanto às estruturas da administração societária, no cenário brasileiro, admite-se o denominado sistema binário de administração das companhias. Tal modulação está prevista na Lei das S.A., Lei nº 6.404/1976, e admite a gerência da companhia obrigatoriamente por uma Diretoria, composta por no mínimo dois diretores, e um Conselho de Administração, este último facultativo[186] nas companhias de capital

---

[185] CORDEIRO, António Menezes. *Manual de direito das sociedades*: I volume, das sociedades em geral. Coimbra: Almedina, 2004. p. 278 e 687.

[186] O intuito de tornar facultativa a constituição de conselho de administração as companhias de capital fechado atende ao propósito de, na mesma estrutura geral das sociedades anônimas, abrigar

fechado e obrigatório nas companhias de capital aberto, tudo por força do art. 138.[187]

O Conselho de Administração é um órgão decisório colegiado que se posta na estrutura de poder da sociedade anônima entre a Assembleia e a Diretoria. Seus membros são eleitos pela Assembleia Geral e detêm o poder de eleger e destituir os diretores da companhia. Decide, em termos gerais, a direção negocial a ser tomada pela companhia e fiscaliza a atuação dos diretores, além de outras competências estabelecidas no art. 142 da Lei das S.A.[188]

A Diretoria, por sua vez, detém exclusivamente o poder de representação da companhia. Os membros da Diretoria gerenciam a sociedade quanto ao "desenvolvimento dos negócios, comando dos empregados, conquista de mercados, adoção de novas técnicas, programação financeira", entre outras atividades, motivo pelo qual o sucesso do empreendimento "depende, fundamentalmente, da competência e do dinamismo dos diretores, posto que são estes os verdadeiros senhores do comando empresarial direto".[189]

Neste cenário, a Diretoria ocupa papel de órgão "executor da vontade social, que age e representa a sociedade nas relações externas com terceiros". Por sua vez, o Conselho de Administração mostra-se como "órgão de deliberação colegiada ao qual se subordinam os diretores na prática de seus atos de gestão".[190]

É frequentemente referida e exaltada, também, a inquestionável força decisória da assembleia-geral, até mesmo pelo seu poder de decidir todos os negócios relativos ao objeto da companhia, conforme art. 121 da Lei Acionária.[191] Ocorre que, referido poder decisório, even-

---

pequenas, média e grandes empresas. Neste sentido: GONÇALVES NETO, Alfredo de Assis. *Manual das companhias, ou, sociedades anônimas*. 3. ed. São Paulo: Revista dos Tribunais, 2013. p. 183.

[187] BRASIL. *Lei nº 6.404, de 15 de dezembro de 1976*. Dispõe sobre as Sociedades por Ações. Disponível em: <http://www.planalto.gov.br/ccivil_03/Leis/L6404consol.htm>. Acesso em: 05/03/2018. Art. 138. A administração da companhia competirá, conforme dispuser o estatuto, ao conselho de administração e à diretoria, ou somente à diretoria. § 1º O conselho de administração é órgão de deliberação colegiada, sendo a representação da companhia privativa dos diretores. § 2º As companhias abertas e as de capital autorizado terão, obrigatoriamente, conselho de administração.

[188] BORBA, José Edwaldo Tavares. *Direito Societário*. 14. ed. São Paulo: Atlas, 2015. p. 388

[189] *Idem*.

[190] GONÇALVES NETO, Alfredo de Assis. *Manual das companhias, ou, sociedades anônimas*. 3. ed. São Paulo: Revista dos Tribunais, 2013. p. 183.

[191] BRASIL. *Lei nº 6.404, de 15 de dezembro de 1976*. Dispõe sobre as Sociedades por Ações. Disponível em: <http://www.planalto.gov.br/ccivil_03/Leis/L6404consol.htm>. Acesso em: 05/03/2018. Art. 121. A assembléia-geral, convocada e instalada de acordo com a lei e o estatuto, tem poderes para decidir todos os negócios relativos ao objeto da companhia e tomar as resoluções que julgar convenientes à sua defesa e desenvolvimento. Parágrafo único. Nas companhias abertas, o acionista poderá participar e votar a distância em assembleia geral, nos termos da regulamentação da Comissão de Valores Mobiliários.

tualmente e salvo disposições contrárias, pode sofrer limitações, em especial pelo caráter indelegável das atribuições dos órgãos da administração. A assembleia geral poderá instituir e eleger um conselho de administração, porém, fazendo-o, perde a atribuição de escolher os diretores da companhia.[192]

No âmbito específico das instituições financeiras, além do previsto e aplicável às sociedades anônimas por legislação própria[193], sobrepõem-se disposições de natureza regulatória intimamente vinculadas à estrutura e organização da administração da instituição financeira e demais instituições autorizadas a funcionar pelo BACEN. Nas instituições financeiras, a delineação de competência dos órgãos da administração interna é ainda mais patente por incidência de normas regulatórias. Na busca pela promoção da estabilidade das instituições, optou o regulador por indicar a necessidade de nomeação de administradores para funções e tarefas específicas, respondendo pessoalmente pelo fiel cumprimento de suas funções.

Neste sentido, a Resolução 3.198, de 27 de maio de 2004, do CMN estabelece, nos arts. 1°, 3° e 4° do seu regulamento anexo, que as instituições financeiras deverão contratar auditores independentes para análise de seus demonstrativos financeiros. Determina, ainda, que cabe aos administradores especificamente indicados e qualificados para tanto o fornecimento dos documentos necessários para elaboração da auditoria, respondendo pela sua veracidade e pela contratação de auditor independente que não atenda aos requisitos impostos pelo regulador.[194]

A própria determinação de competência de cada órgão da administração, por si só, seja por lei ou por estatuto,[195] já pressupõe que cada qual mantenha o seu escopo de atuação intocado pelo outro, sal-

---

[192] GONÇALVES NETO, Alfredo de Assis. *Manual das companhias, ou, sociedades anônimas*. 3. ed. São Paulo: Revista dos Tribunais, 2013. p. 159.

[193] Neste ponto, além da modulação obrigatória das instituições financeiras na forma de sociedades anônimas, até mesmo aquelas exceções legais de instituições autorizadas a operar pelo Banco Central do Brasil, convém destacar o art. 7°, § 1°, II, do Anexo I da Resolução 4.122 do Conselho Monetário Nacional, segundo a qual deve o estatuto ou contrato social da pessoa jurídica que busca autorização para operar pelo Banco Central do Brasil prever, expressamente, que a sociedade será regida pela Lei das Sociedades Anônimas de forma subsidiária, quando não organizada sob a forma de sociedade anônima.

[194] BRASIL. CONSELHO MONETÁRIO NACIONAL. *Resolução n° 3.198, de 27 de maio de 2004.* Altera e consolida a regulamentação relativa à prestação de serviços de auditoria independente para as instituições financeiras, demais instituições autorizadas a funcionar pelo Banco Central do Brasil e para as câmaras e prestadores de serviços de compensação e de liquidação. Disponível em: <http://www.bcb.gov.br/pre/normativos/busca/normativo.asp?tipo=Res&ano=2004&numero=003198>. Acesso em: 04/05/2018.

[195] Importante referir que a criação de órgãos pelo estatuto, porém, deve atender à restrição legal de que estes não possuam as atribuições e poderes conferidos por lei aos órgãos da administração obrigatórios. (art. 139. As atribuições e poderes conferidos por lei aos órgãos de administração não podem ser outorgados a outro órgão, criado por lei ou pelo estatuto). No caso das instituições fi-

vo eventual fiscalização ou necessidade de decisões colegiadas ou conjuntas. Tal independência estrutural se dá, também, em nome de uma organização eficiente e considerando a dimensão de companhias de grande porte.

No tocante ao gerenciamento dos riscos bancários, a Resolução nº 4.557, de 23 de fevereiro de 2017, do CMN, estabelece a necessidade de criação, por parte das instituições financeiras e demais autorizadas a operar pelo BACEN, em maior ou menor grau de detalhe e preocupação de acordo com o porte da instituição, de uma estrutura de gerenciamento contínuo e integrado de riscos e de capital. Referida estrutura, conforme art. 7º, inciso VI, deve contemplar definição clara dos "papéis e responsabilidades para fins do gerenciamento de riscos, claramente documentados, que estabeleçam atribuições ao pessoal da instituição em seus diversos níveis, incluindo os prestadores de serviços terceirizados".[196]

---

nanceiras, porém, há certa tranquilidade em afirmar que os órgãos cuja criação é determinada por normas regulatórias têm sua competência intimamente vinculada à própria atividade financeira.

[196] BRASIL. CONSELHO MONETÁRIO NACIONAL. *Resolução nº 4.557, de 23 de fevereiro de 2017.* Dispõe sobre a estrutura de gerenciamento de riscos e a estrutura de gerenciamento de capital. Disponível em: < http://www.bcb.gov.br/pre/normativos/busca/normativo.asp?tipo=Resolu%C3%A7%C3%A3o&data=2017&numero=4557>. Acesso em: 04/05/2018.

Art. 7º A estrutura de gerenciamento de riscos deve prever: I – políticas e estratégias para o gerenciamento de riscos, claramente documentadas, que estabeleçam limites e procedimentos destinados a manter a exposição aos riscos em conformidade com os níveis fixados na RAS; II – processos efetivos de rastreamento e reporte tempestivo de exceções às políticas de gerenciamento de riscos, aos limites e aos níveis de apetite por riscos fixados na RAS; III – sistemas, rotinas e procedimentos para o gerenciamento de riscos; IV – avaliação periódica da adequação dos sistemas, rotinas e procedimentos de que trata o inciso III; V – políticas, processos e controles adequados para assegurar a identificação prévia dos riscos inerentes a: a) novos produtos e serviços; b) modificações relevantes em produtos ou serviços existentes; c) mudanças significativas em processos, sistemas, operações e modelo de negócio da instituição; d) estratégias de proteção (hedge) e iniciativas de assunção de riscos; e) reorganizações societárias significativas; e f) alteração nas perspectivas macroeconômicas; VI – papéis e responsabilidades para fins do gerenciamento de riscos, claramente documentados, que estabeleçam atribuições ao pessoal da instituição em seus diversos níveis, incluindo os prestadores de serviços terceirizados; VII – programa de testes de estresse, conforme definido no art. 11; VIII – avaliação contínua da efetividade das estratégias de mitigação de riscos utilizadas, considerando, entre outros aspectos, os resultados dos testes de estresse; IX – políticas e estratégias, claramente documentadas, para a gestão de continuidade de negócios; X – relatórios gerenciais tempestivos para a diretoria da instituição, o comitê de riscos, e o conselho de administração, quando existente, versando sobre: a) valores agregados de exposição aos riscos de que trata o art. 6º e seus principais determinantes; b) aderência do gerenciamento de riscos aos termos da RAS e às políticas e aos limites mencionados no caput, inciso I; c) avaliação dos sistemas, das rotinas e dos procedimentos, de que trata o caput, inciso IV, incluindo eventuais deficiências da estrutura de gerenciamento de riscos e ações para corrigi-las; d) ações para mitigação dos riscos e avaliação da sua eficácia; e) grau de disseminação da cultura de gerenciamento de riscos no âmbito da instituição; e f) premissas e resultados de testes de estresse. § 1º As políticas para gerenciamento de riscos de que trata o caput, inciso I, devem dispor sobre: I – autorizações necessárias e ações apropriadas e tempestivas da diretoria da instituição e, quando cabível, do conselho de administração, em caso de exceções às políticas, aos procedimentos, aos limites e aos termos da RAS; II – instrumentos, serviços financeiros e estratégias de proteção (hedge) com uso previsto pela instituição, em conformidade com os termos da RAS. § 2º Os sistemas de que trata o caput, inciso III, incluem sistemas de informação adequados para avaliar, mensurar e reportar, em con-

A Resolução nº 3.921, de 2010, do Conselho Monetário Nacional[197], inclusive, comprovando o intuito do complexo regulatório de motivação de comportamentos mitigadores de riscos, estabelece que a política de remuneração de administradores deve ser compatível com a política de gestão de riscos e formulada de uma forma que não incentive comportamentos que elevem a exposição ao risco da instituição financeira em níveis imprudentes[198]. Colateralmente, referida norma, ainda denota a presença do que a análise econômica do direito (AED) denominou de conflito de agência, isto é, o descompasso entre os objetivos do representante e do representado. Os riscos assumidos em excesso poderiam, em um primeiro momento, gerar maior remuneração ao administrador se existentes bônus por concessão de crédito, celebração de contratos, no entanto, seria ao mesmo tempo prejudicial para a instituição financeira e o próprio sistema financeiro.[199]

Até mesmo no âmbito das sociedades cooperativas de crédito, exceção à regra de formatação societária da instituição financeira na forma de sociedade anônima, a administração pelo sistema binário é realidade. A Lei nº 5.764, aplicável à espécie, estabelece a administração da cooperativa de crédito por diretoria ou conselho de administração, com fiscalização pelo conselho fiscal.[200] A Lei Complementar nº 130,

---

dições normais ou de estresse, a dimensão, a composição e a qualidade das exposições, considerando os riscos incorridos pela instituição. § 3º O reporte produzido pelos sistemas de informação de que trata o § 2º deve: I – refletir o perfil de riscos e a necessidade de liquidez da instituição; II – estar disponível, periodicamente e de forma adequada ao uso, para a diretoria e para o conselho de administração, quando existente; III – explicitar as deficiências ou as limitações das estimativas de risco e das premissas adotadas em modelos quantitativos e em cenários.

[197] BRASIL. CONSELHO MONETÁRIO NACIONAL. *Resolução nº 3.921, de 25 de novembro de 2010.* Dispõe sobre a política de remuneração de administradores das instituições financeiras e demais instituições autorizadas a funcionar pelo Banco Central do Brasil. Disponível em: <http://www.bcb.gov.br/pre/normativos/busca/normativo.asp?tipo=res&ano=2010&numero=3921>. Acesso em: 07/06/2018.

[198] Neste ponto, há quem afirme que uma das causas da crise econômica de 2008 foi justamente a assunção desmedida de riscos por agentes econômicos em nome da remuneração decorrente dos bônus por capital alcançado ao mercado, inexistindo uma estrutura de pagamentos que incentivasse condutas diligentes e mitigadoras de risco. Surgem, neste contexto, alternativas à remuneração de curto prazo vinculada ao capital emprestado, tais como o regime de *stock options*. Para mais: BEBCHUK, Lucian A.; SPAMANN, Holger. Regulating bankers' pay. *Harvard Law and Economics Discussion Paper n. 641*, 2010, disponível em: <https://ssrn.com/abstract=1410072>. Acesso em: 07/06/2018.

[199] PINHEIRO, Armando Castelar; SADDI, Jairo. *Direito, economia e mercados.* 4ª reimp. Rio de Janeiro: Elsevier, 2005. p. 139.

[200] Art. 47. A sociedade será administrada por uma Diretoria ou Conselho de Administração, composto exclusivamente de associados eleitos pela Assembléia Geral, com mandato nunca superior a 4 (quatro) anos, sendo obrigatória a renovação de, no mínimo, 1/3 (um terço) do Conselho de Administração. § 1º O estatuto poderá criar outros órgãos necessários à administração. § 2º A posse dos administradores e conselheiros fiscais das cooperativas de crédito e das agrícolas mistas com seção de crédito e habitacionais fica sujeita à prévia homologação dos respectivos órgãos normativos. Art. 48. Os órgãos de administração podem contratar gerentes técnicos ou comerciais, que não pertençam ao quadro de associados, fixando-lhes as atribuições e salários. Art. 49. Ressalvada

por sua vez, submete as cooperativas de crédito às disposições vinculadas às instituições financeiras e proferidas pelos órgãos reguladores, dentre as quais figuram muitas das disposições previstas neste trabalho e de cunho específico,[201] como a Resolução nº 4.434 do CMN, que estabelece a obrigatoriedade da instauração do organismo de administração completo, com diretoria, conselho de administração e conselho fiscal, e política adequada de governança corporativa às cooperativas de crédito.[202]

---

a legislação específica que rege as cooperativas de crédito, as seções de crédito das cooperativas agrícolas mistas e as de habitação, os administradores eleitos ou contratados não serão pessoalmente responsáveis pelas obrigações que contraírem em nome da sociedade, mas responderão solidariamente pelos prejuízos resultantes de seus atos, se procederem com culpa ou dolo. (BRASIL. *Lei nº 5.764, de 16 de dezembro de 1971*. Define a política nacional de cooperativismo, institui o regime jurídico das sociedades cooperativas, e dá outras providências. Disponível em: <http://www.planalto.gov.br/ccivil_03/Leis/L5764.HTM>. Acesso em: 07/06/2018).

201 Art. 12. O CMN, no exercício das competências que lhe são atribuídas pela legislação que rege o SFN, poderá dispor, inclusive, sobre as seguintes matérias: I – requisitos a serem atendidos previamente à constituição ou transformação das cooperativas de crédito, com vistas ao respectivo processo de autorização a cargo do Banco Central do Brasil; II – condições a serem observadas na formação do quadro de associados e na celebração de contratos com outras instituições; III – tipos de atividades a serem desenvolvidas e de instrumentos financeiros passíveis de utilização; IV – fundos garantidores, inclusive a vinculação de cooperativas de crédito a tais fundos; V – atividades realizadas por entidades de qualquer natureza, que tenham por objeto exercer, com relação a um grupo de cooperativas de crédito, supervisão, controle, auditoria, gestão ou execução em maior escala de suas funções operacionais; VI – vinculação a entidades que exerçam, na forma da regulamentação, atividades de supervisão, controle e auditoria de cooperativas de crédito; VII – condições de participação societária em outras entidades, inclusive de natureza não cooperativa, com vistas ao atendimento de propósitos complementares, no interesse do quadro social; VIII – requisitos adicionais ao exercício da faculdade de que trata o art. 9º desta Lei Complementar. § 1º O exercício das atividades a que se refere o inciso V do *caput* deste artigo, regulamentadas pelo Conselho Monetário Nacional – CMN, está sujeito à fiscalização do Banco Central do Brasil, sendo aplicáveis às respectivas entidades e a seus administradores as mesmas sanções previstas na legislação em relação às instituições financeiras. § 2º O Banco Central do Brasil, no exercício de sua competência de fiscalização das cooperativas de crédito, assim como a entidade que realizar, nos termos da regulamentação do CMN, atividades de supervisão local podem convocar assembléia geral extraordinária de instituição supervisionada, à qual poderão enviar representantes com direito a voz. (BRASIL. *Lei complementar nº 130, de 17 de abril de 2009*. Dispõe sobre o Sistema Nacional de Crédito Cooperativo e revoga dispositivos das Leis nºs 4.595, de 31 de dezembro de 1964, e 5.764, de 16 de dezembro de 1971. Disponível em: <http://www.planalto.gov.br/ccivil_03/leis/lcp/Lcp130.htm>. Acesso em: 07/06/2018).

202 Art. 26. As cooperativas de crédito devem observar política de governança corporativa aprovada pela assembleia geral, que aborde os aspectos de representatividade e participação, direção estratégica, gestão executiva e fiscalização e controle, e que contemple a aplicação dos princípios de segregação de funções na administração, remuneração dos membros dos órgãos estatutários, transparência, equidade, ética, educação cooperativista, responsabilidade corporativa e prestação de contas. Art. 27. A cooperativa de crédito clássica que detiver média dos ativos totais, nos três últimos exercícios sociais, igual ou superior a R$ 50.000.000,00 (cinquenta milhões de reais) e a cooperativa de crédito plena devem adotar estrutura administrativa integrada por conselho de administração e por diretoria executiva a ele subordinada. (BRASIL. CONSELHO MONETÁRIO NACIONAL. *Resolução nº 4.434, de 5 de agosto de 2015*. Dispõe sobre a constituição, a autorização para funcionamento, o funcionamento, as alterações estatutárias e o cancelamento de autorização para funcionamento das cooperativas de crédito e dá outras providências. Disponível em: <http://www.bcb.gov.br/pre/normativos/busca/normativo.asp?numero=4434&tipo=Resolu%C3%A7%C3%A3o&data=05/08/2015>. Acesso em: 07/06/2018).

Notória a preocupação do Estado com o mercado financeiro, tem-se de diversas formas e peculiaridades sua presença até mesmo como agente de mercado. Os bancos públicos são instituições financeiras "criadas pelo Estado como resultado de sua intervenção no domínio econômico por participação, sob diferentes regimes jurídicos", como sociedades de economia mista, empresas públicas ou autarquias. [203] Sob o aspecto da organização estrutural e decisória, em especial pela individualização dos cargos de gestão e sua divisão por áreas específicas, não se veem grandes diferenças do apresentado como regra geral neste trabalho.[204]

Na prática, pode-se dizer restrita a autonomia dos órgãos da administração, justamente porque frequentes as hipóteses de necessária deliberação colegiada e poderes de fiscalização decorrentes de lei ou estatuto de uns para outros. Da referida autonomia restrita, decorre como consequência lógica de eficiência a necessária estruturação de um funcionamento operacional homogêneo e voltado às melhores práticas de gestão, aumentando o valor de mercado dos empreendimentos.

Para além da estrutura organizacional propriamente dita, incidem sobre as instituições financeiras autorizadas a funcionar pelo BACEN normas que vão ao detalhe de estabelecer os requisitos e condições para tomar posse do cargo de administrador. A Resolução nº 4.122 de 2 de agosto de 2012 do CMN estabelece, em seus anexos e conforme art. 1º, inciso II, as "condições para o exercício de cargos em órgãos estatutários ou contratuais das instituições financeiras e demais instituições autorizadas a funcionar pelo Banco Central do Brasil". Dentre referidas condições, analisadas pelo BACEN e baseadas no interesse público de acordo com a redação do próprio regramento, conforme art. 2º do Anexo II, figuram as hipóteses de reputação ilibada, residência no País, não responder por processos criminais ou administrativos, entre outras.[205] [206]

---

[203] MIRAGEM, Bruno. *Direito bancário*. 2. ed. São Paulo: Revista dos Tribunais, 2018. p. 129.

[204] Admite-se, no entanto, profundas diferenças entre o regime de responsabilidade dos administradores de bancos públicos e instituições financeiras particulares quanto ao caráter de interesse público que rege a preservação patrimonial dos primeiros. A rigidez referida, contudo, se dá mais enfaticamente na seara penal.

[205] BRASIL. CONSELHO MONETÁRIO NACIONAL. *Resolução nº 4.122, de 2 de agosto de 2012*. Estabelece requisitos e procedimentos para constituição, autorização para funcionamento, cancelamento de autorização, alterações de controle, reorganizações societárias e condições para o exercício de cargos em órgãos estatutários ou contratuais das instituições que especifica. Disponível em: <http://www.bcb.gov.br/pre/normativos/busca/normativo.asp?tipo=Res&ano=2012&numero=4122>. Acesso em: 04/05/2018.

Art. 2º São condições para o exercício dos cargos referidos no art. 1º, além de outras exigidas pela legislação e pela regulamentação em vigor: I – ter reputação ilibada; II – ser residente no País, nos casos de diretor, de sócio-administrador e de conselheiro fiscal; III – não estar impedido por lei especial, nem condenado por crime falimentar, de sonegação fiscal, de prevaricação, de corrupção ativa ou passiva, de concussão, de peculato, contra a economia popular, a fé pública, a propriedade ou o Sistema Financeiro Nacional, ou condenado a pena criminal que vede, ainda que tem-

Comprovando a peculiaridade e especialidade da atividade, o art. 5º do Anexo II da Resolução 4.122, de 2012, estabelece expressamente também como condição para o exercício dos cargos de membro do conselho de administração, diretor ou sócio e administrador das instituições financeiras e autorizadas a operar pelo BACEN a "capacitação técnica compatível com as atribuições do cargo para o qual foi eleito ou nomeado", a qual deve ser comprovada com base na formação acadêmica, experiência profissional ou outros quesitos interpretados como relevantes pelo órgão regulador. Percebe-se que as condições correspondem a critérios objetivos, como residência e idoneidade, até critérios subjetivos e discricionários, como a dispensa excepcional no cumprimento das condições estabelecidas para exercício de cargos de administração, desde que motivada por interesse público conforme o art. 4º, e o indeferimento de pedidos em razão de "circunstância que possa afetar a reputação dos administradores", como estabelece o art. 5º.[207]

Também, a Resolução nº 4.538, de 24 de novembro de 2016, dispõe sobre a política de sucessão de administradores das instituições financeiras e demais instituições autorizadas a funcionar pelo BACEN, devendo, referidas instituições, estabelecer e implementar política sucessória adequada ao seu porte, com claros objetivos voltados à gestão mais eficiente.[208] [209]

---

porariamente, o acesso a cargos públicos; IV – não estar declarado inabilitado ou suspenso para o exercício de cargos de conselheiro fiscal, de conselheiro de administração, de diretor ou de sócio-administrador nas instituições referidas no art. 1º ou em entidades de previdência complementar, sociedades seguradoras, sociedades de capitalização, companhias abertas ou entidades sujeitas à supervisão da Comissão de Valores Mobiliários; V – não responder, nem qualquer empresa da qual seja controlador ou administrador, por protesto de títulos, cobranças judiciais, emissão de cheques sem fundos, inadimplemento de obrigações e outras ocorrências ou circunstâncias análogas; VI – não estar declarado falido ou insolvente; VII – não ter controlado ou administrado, nos 2 (dois) anos que antecedem a eleição ou nomeação, firma ou sociedade objeto de declaração de insolvência, liquidação, intervenção, falência ou recuperação judicial. Parágrafo único. Nos casos de eleitos ou nomeados que não atendam ao disposto no caput, incisos V a VII, o Banco Central do Brasil poderá analisar a situação individual dos pretendentes, com vistas a avaliar a possibilidade de aceitar a homologação de seus nomes.

[206] Ainda, a mesma Resolução nº 4.122, por força do art. 12 do Anexo II, incluído pela Resolução nº 4.656, de 26/04/2018, do CMN, garante poder fiscalizador ativo do BACEN quanto à manutenção do preenchimento dos requisitos impostos, eis que comporta disposição neste sentido: "O Banco Central do Brasil poderá determinar o afastamento de membros de órgãos estatutários ou contratuais com mandato em vigor caso sejam constatas, a qualquer tempo, circunstâncias preexistentes ou posteriores à sua eleição ou nomeação que caracterizem o descumprimento das condições previstas nos arts. 2º e 3º deste Regulamento Anexo II".

[207] BRASIL. CONSELHO MONETÁRIO NACIONAL. *Resolução nº 4.122, de 2 de agosto de 2012*. Estabelece requisitos e procedimentos para constituição, autorização para funcionamento, cancelamento de autorização, alterações de controle, reorganizações societárias e condições para o exercício de cargos em órgãos estatutários ou contratuais das instituições que especifica. Disponível em: <http://www.bcb.gov.br/pre/normativos/busca/normativo.asp?tipo=Res&ano=2012&numero=4122>. Acesso em: 04/05/2018.

[208] Art. 2º A política de sucessão de administradores deve ser compatível com a natureza, o porte, a complexidade, a estrutura, o perfil de risco e o modelo de negócio da instituição, de forma

Ao fim e ao cabo, as companhias e empreendimentos em geral, dentre os quais figuram as instituições financeiras, são dirigidos, inevitavelmente e até mesmo obviamente, por pessoas. Estas pessoas rotineiramente se deparam com situações em que devem tomar uma decisão que afetará o futuro da companhia e das demais pessoas. Como já alertou António Menezes Cordeiro, "o que façam ou deixem de fazer as sociedades, nas mais diversas circunstâncias, lícita ou ilicitamente, é obra dos administradores", motivo pelo qual, observados os contornos do regime jurídico sobre estes vigente, são responsáveis pelos resultados de suas ações e estão submetidos aos deveres de conduta expostos neste trabalho.[210]

2.2. O regime jurídico de responsabilização administrativo sancionatória do administrador de instituição financeira

O contexto decisório bancário e a estruturação da administração das instituições financeiras engloba complexo arcabouço regulatório e legal e, assim sendo, havendo deveres e obrigações, na sua violação, surgem hipóteses de responsabilização. O regime de responsabilização sancionatória aplicável aos administradores de instituições financeiras, no exercício e por conta de suas atividades, é compreendido pela responsabilidade nas esferas penal e administrativa sancionadora. Trata-se dos tipos penais vinculados à atividade financeira e das condutas passíveis de sanção administrativa também neste âmbito de atividade.

a assegurar que os ocupantes dos cargos da alta administração tenham as competências necessárias para o desempenho de suas funções. Parágrafo único. A instituição deve indicar expressamente em sua política de sucessão de administradores os cargos aos quais essa política se aplica. Art. 3º A política de sucessão de administradores deve abranger processos de recrutamento, de promoção, de eleição e de retenção de administradores, formalizados com base em regras que disciplinem a identificação, a avaliação, o treinamento e a seleção dos candidatos aos cargos da alta administração, considerando, no mínimo, os seguintes aspectos: I – condições para o exercício do cargo exigidas pela legislação e pela regulamentação em vigor; II – capacidade técnica; III – capacidade gerencial; IV – habilidades interpessoais; V – conhecimento da legislação e da regulamentação relativas à responsabilização de qualquer natureza por sua atuação; e VI – experiência. Art. 4º O conselho de administração é responsável por aprovar, supervisionar e controlar os processos relativos ao planejamento, à operacionalização, à manutenção e à revisão da política de sucessão de administradores. § 1º No caso de inexistência do conselho de administração, as responsabilidades mencionadas no caput devem ser atribuídas à diretoria da instituição. § 2º A política de sucessão de administradores das cooperativas de crédito deve ser aprovada pela assembleia geral.

209 BRASIL. CONSELHO MONETÁRIO NACIONAL. *Resolução nº 4.538, de 24 de novembro de 2016.* Dispõe sobre a política de sucessão de administradores das instituições financeiras e demais instituições autorizadas a funcionar pelo Banco Central do Brasil. Disponível em: <http://www.bcb.gov.br/pre/normativos/busca/normativo.asp?numero=4538&tipo=Resolu%C3%A7%C3%A3o&data=24/11/2016>. Acesso em: 05/04/2018.

210 CORDEIRO, António Menezes. *Manual de direito das sociedades*: I volume, das sociedades em geral. Coimbra: Almedina, 2004. p. 688.

Na esfera do direito penal, de forma breve por termos de recorte do presente trabalho, destaca-se a categoria denominada de Direito Penal Econômico[211], da qual fazem parte, como espécie, algumas condutas tipificadas intimamente relacionadas à ocupação do cargo de administrador de instituição financeira. Neste espectro, insere-se o crime de gestão fraudulenta ou temerária de instituição financeira, o qual, por correspondência de matéria, interessa muito ao presente trabalho.

Referidas condutas legalmente reprováveis, gestão temerária ou fraudulenta de instituição financeira, aparecem pela primeira vez em nosso arcabouço legislativo na Lei nº 1.521, de 26 de dezembro de 1951, mais especificamente art. 3º, inciso IX.[212] Com a vigência da Lei nº 7.492, de 16 de junho de 1986, conhecida como Lei dos Crimes do Colarinho Branco, referido tipo penal foi sobreposto por previsão específica exposta em seu artigo 4º.[213]

A Lei dos Crimes do Colarinho Branco tem publicação e vigência em um cenário em que se buscava uma resposta para a falta de efetividade e êxito da regulação administrativa sobre o setor financeiro, insuficiente para "estancar os abusos gerenciais, sendo recorrente a necessidade de aplicação de enormes recursos na contenção dos efeitos negativos que as manobras fraudulentas e/ou temerárias lançavam ao

[211] Importante frisar que a categoria de Direito Penal Econômico não representa, em total sentido, uma categoria autônoma penal por completo. Tal afirmação deve ser feita com parcimônia. O tema até a presente data toma atenção de grandes pensadores do Direito Penal, dentre os quais destacamos Andrei Zenkner Schmidt, o qual, tomando por base o objeto ilícito do tipo penal para definição de um crime econômico, relata que é mais fácil argumentar o que não é um crime econômico do que o é. Crime econômico, na visão do autor, não é aquele que envolve direito subjetivo patrimonial ou sujeito passivo que seja enquadrado como instituição de categoria financeira, trata-se o objeto do tipo de ilícito econômico a representação do isolamento categorial de cada uma das estratégias do Estado para o correto funcionamento da Economia e, assim sendo, "Falar-se em crimes econômicos, portanto, é falar-se na tutela das diversas dimensões da política econômica do Estado, e não na proteção conferida a direitos públicos subjetivos ou a direitos sociais [...] qualquer que seja a vítima ou o autor do crime". (SCHMIDT, Andrei Zenkner. A delimitação do Direito Penal Econômico a partir do objeto do ilícito. In: VILADIR, Celso Sanchez; PEREIRA, Flávia Rahal Bresser; DIAS NETO, Theodomiro (Coord.). *Direito penal econômico*: crimes financeiros e correlatos. São Paulo: Saraiva, 2011. p. 42/44).

[212] BRASIL. *Lei nº 1.521, de 26 de dezembro de 1951*. Altera dispositivos da legislação vigente sobre crimes contra a economia popular. Disponível em: <http://www.planalto.gov.br/ccivil_03/Leis/L1521.htm>. acesso em 04/06/2018.
Art. 3º. São também crimes desta natureza: [...] IX – gerir fraudulenta ou temerariamente bancos ou estabelecimentos bancários, ou de capitalização; sociedades de seguros, pecúlios ou pensões vitalícias; sociedades para empréstimos ou financiamento de construções e de vendas e imóveis a prestações, com ou sem sorteio ou preferência por meio de pontos ou quotas; caixas econômicas; caixas Raiffeisen; caixas mútuas, de beneficência, socorros ou empréstimos, caixas de pecúlios, pensão e aposentadoria; caixas construtoras; cooperativas; sociedades de economia coletiva, levando-as à falência ou à insolvência, ou não cumprindo qualquer das cláusulas contratuais com prejuízo dos interessados;

[213] *Idem*. Art. 4º Gerir fraudulentamente instituição financeira: Pena – Reclusão, de 3 (três) a 12 (doze) anos, e multa. Parágrafo único. Se a gestão é temerária: Pena – Reclusão, de 2 (dois) a 8 (oito) anos, e multa.

restante do *sistema*". Trata-se, segundo Luciano Feldens, a Lei dos Crimes do Colarinho Branco e os referidos tipos penais gestão temerária e fraudulenta de instituição financeira mais especificamente de uma "intervenção jurídico-penal" formatada como "instrumento de *reforço de tutela* tendente a assegurar a *normalidade do sistema financeiro*, resguardando os interesses da *coletividade* (depositantes e demais usuários), sua destinatária por disposição constitucional (art. 192 da CF/1988)".[214]

São referidas condutas crimes de "perigo abstrato, de tipo aberto, que tutela bem jurídico supraindividual, visando à ação ou omissão de administradores, diretores, gerentes e controladores de instituição financeira".[215] O perigo abstrato relatado significa a ponderada não necessidade de concretização da lesão para configuração do tipo, isto é, opera-se desde já seu enquadramento com uma "*situação de instabilidade na esfera de manifestação do bem jurídico*". Ponderada ausência de necessidade de concretização de lesão, contudo, não existe se não houver ao menos uma "*possibilidade não insignificante de lesão ao bem jurídico*".[216]

A hipótese do tipo de gestão fraudulenta de instituição financeira é de fácil compreensão, isto é, situação simulada ou conduzida em má-fé por agente que tem o condão de representar risco à estabilidade do mercado financeiro. Não é, todavia, tão factível a materialização da conduta tipificada da gestão temerária de instituição financeira.

Na completa visão de Luciano Feldens, para aferimento e classificação da conduta do possível agente como gestão temerária de instituição financeira é recorrer aos parâmetros de boa e adequada gestão do órgão regulador. Senão vejamos:

> Outrossim, ante a vagueza da redação do tipo, já houve robusto pronunciamento judicial acerca de sua inconstitucionalidade, por ofensa ao mandado constitucional de determinação taxativa (art. 5º, XXIX, da CF/88). A nosso ver, a *única* maneira de *salvar* o delito passaria por compreender que a ilicitude penal está, no caso, *estritamente vinculada* às diretrizes fixadas pela autoridade administrativa no gerenciamento do potencial de risco admitido na gestão de uma instituição financeira.
>
> Haveremos, assim, de vislumbrar a elementar *temerária* como um elemento normativo, para cuja adjudicação de sentido se faz necessário o recurso ao marco regulatório específico, sobretudo porque traduz uma valoração negativa de conduta que, antes de pertencer ao mundo do Direito, assenta-se como tal no âmbito do mercado financeiro. Não se trata, pois, de um juízo que se possa fazer sem a mediação ou, pelo menos, sem o

---

[214] FELDENS, Luciano. Gestão fraudulenta e temerária de instituição financeira: contornos identificadores do tipo. In: VILADIR, Celso Sanchez; PEREIRA, Flávia Rahal Bresser; DIAS NETO, Theodomiro (Coord.). *Direito penal econômico*: crimes financeiros e correlatos. São Paulo: Saraiva, 2011. p. 73.

[215] FORNACIARI, Gauthama. *Gestão Fraudulenta e temerária*: um estudo jurisprudencial. São Paulo: Saraiva, 2013. p. 27.

[216] FELDENS, *loc. cit.*, p. 76.

auxílio das diretrizes administrativas (econômico-financeiras) que visam a limitar o risco das diversas operações realizadas no âmbito das instituições financeiras.[217]

A afirmação reside no núcleo do presente trabalho, porém, mais voltada ao âmbito da responsabilidade civil, em especial de natureza subjetiva. Ante a especialidade da matéria e das atividades em questão, o aferimento da adequada gestão é intrínseco à análise do preenchimento e cumprimento dos requisitos e imposições regulatórias voltadas à estabilidade do sistema financeiro por meio do gerenciamento e controle dos riscos bancários.

Além das referidas condutas tipificadas, apresentam-se outros crimes vinculados – mais intensamente ou menos – à atividade de gestão da instituição financeira. Dentre estes há a operação irregular e desautorizada de instituição financeira, concessão de empréstimo vedado e violação de sigilo bancário, previstos respectivamente nos arts. 16, 17 e 18 da Lei dos Crimes do Colarinho Branco.[218]

Em outra seara figuram os processos administrativos sancionadores julgados pela autoridade reguladora. Trata-se de expedientes pelos quais, aplicando penalidades vinculadas à própria continuidade ou restrição da atividade empresarial, podem ver-se os condenados impedidos de exercer a profissão ou cargo de gestão, podendo ainda ser condenados ao pagamento de multa.

A responsabilidade administrativa ocupa lugar de destaque no cenário de regulação densa do sistema financeiro nacional. Trata-se da materialização das normas atinentes à conduta prudente dos agentes de mercado como forma de colaboração à regulação prudencial de responsabilidade e tutela do Estado.

Nesta linha, justamente é responsabilidade administrativa "aquela que decorre da violação de deveres inerentes à relação entre determi-

---

[217] FELDENS, Luciano. Gestão fraudulenta e temerária de instituição financeira: contornos identificadores do tipo. In: VILADIR, Celso Sanchez; PEREIRA, Flávia Rahal Bresser; DIAS NETO, Theodomiro (Coord.). *Direito penal econômico*: crimes financeiros e correlatos. São Paulo: Saraiva, 2011. p. 85.

[218] Art. 16. Fazer operar, sem a devida autorização, ou com autorização obtida mediante declaração (Vetado) falsa, instituição financeira, inclusive de distribuição de valores mobiliários ou de câmbio: Pena – Reclusão, de 1 (um) a 4 (quatro) anos, e multa. Art. 17. Tomar ou receber crédito, na qualidade de qualquer das pessoas mencionadas no art. 25, ou deferir operações de crédito vedadas, observado o disposto no art. 34 da Lei no 4.595, de 31 de dezembro de 1964: (Redação dada pela Lei nº 13.506, de 2017) Pena – Reclusão, de 2 (dois) a 6 (seis) anos, e multa. Parágrafo único. Incorre na mesma pena quem: I – em nome próprio, como controlador ou na condição de administrador da sociedade, conceder ou receber adiantamento de honorários, remuneração, salário ou qualquer outro pagamento, nas condições referidas neste artigo; II – de forma disfarçada, promover a distribuição ou receber lucros de instituição financeira. Art. 18. Violar sigilo de operação ou de serviço prestado por instituição financeira ou integrante do sistema de distribuição de títulos mobiliários de que tenha conhecimento, em razão de ofício: Pena – Reclusão, de 1 (um) a 4 (quatro) anos, e multa.

nada pessoa e o Estado-Administração". É relação de Direito Público que, contudo, faz uso direto das noções da teoria geral da responsabilidade civil e, subsidiariamente, das próprias normas do Código Civil. Trata-se de motivação comportamental no sentido de atender ao interesse público, "impondo aos indivíduos que se relacionam com o Estado deveres cujo descumprimento dá causa à sanção". Composta, via de regra, por sanções pecuniárias, como multa ou ressarcimento, advertências ou restrições de direitos, como a inabilitação para exercício de alguma atividade ou condição, interdição, apreensão, etc., "observa a finalidade de desestímulo à conduta infrativa de norma legal", em que pese seus reflexos patrimoniais.[219]

A estrutura de supervisão do Sistema Financeiro Nacional envolve o Conselho Monetário Nacional (CMN) e, em destaque, o Banco Central do Brasil (BACEN). O primeiro atua em campo de regulamentação e direcionamento, sendo o segundo responsável pela execução da política regulatória e condução e julgamento de expedientes administrativos sancionadores.

Referido arranjo regulatório binário, envolvendo o CMN e o BACEN, importante referir, é construção particularmente brasileira, fruto inclusive de combinações e reflexos de uma política de interesses. Segundo Fabiano Jantalia, referido arranjo apresenta grave disfunção, pois, embora seja o CMN "regulador de direito", o BACEN acaba atuando como "regulador de fato". Refere o autor que, desde a edição da lei nº 4.595/1964, "praticamente todas as resoluções do CMN em matéria de regulação bancária foram editadas por proposta do Banco Central", sendo assim aprovadas, salvo raríssimas exceções.[220]

O banco central é instrumento relativamente recente que acumula funções de suma importância para a supervisão do sistema financeiro. Na lição de Gustavo Henrique de Barroso Franco, a instituição banco central tem suas origens em expedientes pioneiros de 1668 e de 1694, respectivamente o *Sverige Riskbank*, da Suécia, e o Banco da Inglaterra. Contudo, desde lá, muita coisa mudou, em especial a partir da concessão do monopólio de emissão de moeda à autoridade reguladora, a qual se deu somente em 1897 e 1844 nos respectivos casos citados e, em momento anterior, nos bancos centrais já nascidos com referida concessão como no Império Austro-Húngaro, Dinamarca e Noruega,

[219] MIRAGEM, Bruno. *Direito civil*: responsabilidade civil. São Paulo: Saraiva, 2015. p. 76/77.

[220] JANTALIA, Fabiano. A construção da identidade institucional da regulação bancária brasileira: uma análise à luz da teoria do *path dependence*. *RDA – Revista de Direito Administrativo*, Rio de Janeiro, v. 276, p. 47-75, set-dez 2017. p. 56/57.

logo após o final das Guerras Napoleônicas. Gustavo Franco refere, no âmbito das funções e evolução do Banco Central, que:[221]

> O Banco Central é uma construção institucional recente, que surge gradualmente ao longo do século XIX em alguns países mais avançados, a partir de diferentes contextos e tradições, e amadurece no decorrer da segunda metade do século XX. Progressivamente, mas não sem retrocessos ocasionais, vão convergindo numa mesma instituição os papéis de estabelecimento bancário líder, banco do governo (sobretudo em tempos de guerra e de elevação da dívida pública), emissor da moeda nacional, depositário das reservas internacionais (lastro da moeda, quando havia conversibilidade), *clearing house* para os bancos, centro do sistema de pagamentos, banco dos bancos, emprestador de última instância e também regulador ou supervisor da atividade bancária, financeira e cambial. A evolução dos bancos centrais é parte integrante e inseparável da história da própria moeda, da organização e do funcionamento do sistema monetário.[222]

No Brasil, representa marco regulatório a Lei nº 4.595, de 1964, denominada comumente de "Lei Bancária". Referido expediente legislativo retirou o Banco do Brasil do papel de "regulador e fiscalizador do mercado financeiro e de autoridade cambial", com a criação do CMN e do próprio BACEN, executor das deliberações do primeiro, ambos figuras chave do que denominamos de Sistema Financeiro Nacional.[223]

Em específico, a Lei nº 13.506, de 13 de novembro de 2017, alterou o processo administrativo sancionador no âmbito de competência do BACEN e da CVM. As mudanças tornaram o procedimento mais eficiente.[224] A lei dispõe sobre as infrações, penalidades, medidas coercitivas e meios alternativos de solução de controvérsias aplicáveis às instituições financeiras, às demais instituições supervisionadas pelo BACEN e aos integrantes do Sistema de Pagamentos Brasileiro (SPB), estabelecendo também o rito processual a ser observado nos processos administrativos sancionadores. Também se aplica a lei em questão às pessoas físicas e jurídicas que exerçam, sem a devida autorização, atividade

[221] FRANCO, Gustavo H. B. *A moeda e a lei*: uma história monetária brasileira (1933-2013). Rio de Janeiro: Zahar, 2017. p. 285.

[222] *Ibidem*, p. 284.

[223] MATTOS FILHO, Ary Oswaldo. *Direito dos valores mobiliários*. Vol. 1. Tomo 1. Rio de Janeiro: FGV, 2015. p. 165.

[224] BRASIL. *Lei nº 13.506, de 13 de novembro de 2017*. Dispõe sobre o processo administrativo sancionador na esfera de atuação do Banco Central do Brasil e da Comissão de Valores Mobiliários; altera a Lei nº6.385, de 7 de dezembro de 1976, a Lei nº 4.131, de 3 de setembro de 1962, a Lei nº 4.829, de 5 de novembro de 1965, a Lei nº 6.024, de 13 de março de 1974, a Lei nº 7.492, de 16 de junho de 1986, a Lei nº 9.069, de 29 de junho de 1995, a Lei nº 9.613, de 3 de março de 1998, a Lei nº 10.214, de 27 de março de 2001, a Lei nº 11.371, de 28 de novembro de 2006, a Lei nº 11.795, de 8 de outubro de 2008, a Lei nº 12.810, de 15 de maio de 2013, a Lei nº 12.865, de 9 de outubro de 2013, a Lei nº 4.595, de 31 de dezembro de 1964, o Decreto nº 23.258, de 19 de outubro de 1933, o Decreto-Lei nº 9.025, de 27 de fevereiro de 1946, e a Medida Provisória nº 2.224, de 4 de setembro de 2001; revoga o Decreto-Lei nº 448, de 3 de fevereiro de 1969, e dispositivos da Lei nº 9.447, de 14 de março de 1997, da Lei nº 4.380, de 21 de agosto de 1964, da Lei nº 4.728, de 14 de julho de 1965, e da Lei nº 9.873, de 23 de novembro de 1999; e dá outras providências. Disponível em: <http://www.planalto.gov.br/ccivil_03/_ato2015-2018/2017/lei/L13506.htm>. Acesso em: 05/06/2018.

sujeita à supervisão do BACEN, conforme art. 2º, § 1º, I, prestem serviço de auditoria independente para as instituições financeiras e outras autorizadas a operar pelo BACEN, conforme art. 2º, § 1º, II, atuem como administradores, membros da diretoria, do conselho de administração, do conselho fiscal, do comitê de auditoria e de outros órgãos previstos no estatuto ou no contrato social de instituição financeira e outras autorizadas a operar pelo BACEN, conforme art. 2º, § 1º, III.

É vasto o rol de infrações previstas no texto legal,[225] destacando-se também as denominadas infrações graves. São consideradas graves

---

[225] Art. 3º Constitui infração punível com base neste Capítulo: I – realizar operações no Sistema Financeiro Nacional, no Sistema de Consórcios e no Sistema de Pagamentos Brasileiro em desacordo com princípios previstos em normas legais e regulamentares que regem a atividade autorizada pelo Banco Central do Brasil; II – realizar operações ou atividades vedadas, não autorizadas ou em desacordo com a autorização concedida pelo Banco Central do Brasil; III – opor embaraço à fiscalização do Banco Central do Brasil; IV – deixar de fornecer ao Banco Central do Brasil documentos, dados ou informações cuja remessa seja imposta por normas legais ou regulamentares; V – fornecer ao Banco Central do Brasil documentos, dados ou informações incorretos ou em desacordo com os prazos e as condições estabelecidos em normas legais ou regulamentares; VI – atuar como administrador ou membro de órgão previsto no estatuto ou no contrato social das pessoas mencionadas no caput do art. 2º desta Lei sem a prévia aprovação pelo Banco Central do Brasil; VII – deixar de adotar controles internos destinados a conservar o sigilo de que trata a Lei Complementar nº 105, de 10 de janeiro de 2001; VIII – negociar títulos, instrumentos financeiros e outros ativos, ou realizar operações de crédito ou de arrendamento mercantil, em preços destoantes dos praticados pelo mercado, em prejuízo próprio ou de terceiros; IX – simular ou estruturar operações sem fundamentação econômica, com o objetivo de propiciar ou obter, para si ou para terceiros, vantagem indevida; X – desviar recursos de pessoa mencionada no caput do art. 2º desta Lei ou de terceiros; XI – inserir ou manter registros ou informações falsos ou incorretos em demonstrações contábeis ou financeiras ou em relatórios de auditoria de pessoa mencionada no caput do art. 2º desta Lei; XII – distribuir dividendos, pagar juros sobre capital próprio ou, de qualquer outra forma, remunerar os acionistas, os administradores ou os membros de órgãos previstos no estatuto ou no contrato social de pessoa mencionada no caput do art. 2º desta Lei com base em resultados apurados a partir de demonstrações contábeis ou financeiras falsas ou incorretas; XIII – deixar de atuar com diligência e prudência na condução dos interesses de pessoa mencionada no caput do art. 2º desta Lei; XIV – deixar de segregar as atividades de pessoa mencionada no caput do art. 2º desta Lei das atividades de outras sociedades, controladas e coligadas, de modo a gerar ou contribuir para gerar confusão patrimonial; XV – deixar de fiscalizar os atos dos órgãos de administração de pessoa mencionada no caput do art. 2º desta Lei, quando obrigado a isso; XVI – descumprir determinações do Banco Central do Brasil, e seus respectivos prazos, adotadas com base em sua competência; XVII – descumprir normas legais e regulamentares do Sistema Financeiro Nacional, do Sistema de Consórcios e do Sistema de Pagamentos Brasileiro, cujo cumprimento caiba ao Banco Central do Brasil fiscalizar, inclusive as relativas a: a) contabilidade e auditoria; b) elaboração, divulgação e publicação de demonstrações contábeis e financeiras; c) auditoria independente; d) controles internos e gerenciamento de riscos; e) governança corporativa; f) abertura ou movimentação de contas de depósito e de pagamento; g) limites operacionais; h) meio circulante e operações com numerário; i) guarda de documentos e informações exigidos pelo Banco Central do Brasil; j) capital, fundos de reserva, patrimônios especiais ou de afetação, encaixe, recolhimentos compulsórios e direcionamentos obrigatórios de recursos, operações ou serviços; k) ouvidoria; l) concessão, renovação, cessão e classificação de operações de crédito e de arrendamento mercantil e constituição de provisão para perdas nas referidas operações; m) administração de recursos de terceiros e custódia de títulos e outros ativos e instrumentos financeiros; n) atividade de depósito centralizado e registro; o) aplicação de recursos mantidos em contas de pagamento; p) utilização de instrumentos de pagamento; q) relacionamento entre as pessoas mencionadas no caput do art. 2º desta Lei e seus clientes e usuários de serviços e de produtos financeiros. § 1º Constitui embaraço à fiscalização, para os fins deste Capítulo, negar ou dificultar o acesso a sistemas de dados e de informação e não exibir ou não fornecer documen-

aquelas infrações que venham a produzir ou ao menos possam produzir dano à liquidez, solvência ou higidez, ou, ainda, assumir risco incompatível com a estrutura patrimonial da instituição financeira, além das hipóteses de contribuição para a indisciplina no mercado financeiro e que afetem a estabilidade e funcionamento do Sistema Financeiro Nacional, conforme art. 4º da Lei nº 13.506.[226]

No âmbito das penalidades aplicáveis, conforme disposições do art. 5º da lei, estão submetidos os infratores à condenação e aplicação das seguintes sanções: admoestação pública, multa, proibição de prestar determinados serviços para instituições financeiras e demais autorizadas a operar pelo BACEN, proibição de realizar determinadas atividades ou modelos de operação no mercado financeiro, a inabilitação para atuar como administrador e para exercer cargo em órgão previsto em documento constitutivo da pessoa jurídica, assim como a cassação de autorização para funcionamento.

Mais especificamente, por força do art. 6º, a pena de admoestação consistirá em publicação da decisão condenatória, a qual conterá pelo menos o nome do apenado, a conduta ilícita praticada e a sanção imposta. A publicação deverá se dar por meio do sítio eletrônico do BACEN, além de outras formas de publicação, todas às custas do apenado.

Quanto à pena de multa, forte no art. 7º, I, da Lei nº 13.506, esta não excederá 0,5% da receita e serviços e de produtos financeiros apurada no ano anterior ao da consumação da infração, ou, no caso de ilícito continuado, da consumação da última infração, mediante critérios de cálculo estabelecidos na lei ou em normas editadas pelo órgão regulador, ou, R$ 2.000.000.000,00 (dois bilhões de reais). A penalidade de multa, também, no caso de falência, liquidação extrajudicial ou qualquer outra forma de concurso de credores do apenado será subordinada. Havendo créditos oriundos de ação civil pública movida em benefício de clientes e outros credores do apenado ou do Fundo Garantidor de Crédito

tos, papéis e livros de escrituração, inclusive em meio eletrônico, nos prazos, nas formas e nas condições estabelecidos pelo Banco Central do Brasil, no exercício da atividade de fiscalização que lhe é atribuída por lei. § 2º É vedado às instituições financeiras: I – emitir debêntures e partes beneficiárias; e II – adquirir bens imóveis não destinados ao próprio uso, exceto os recebidos em liquidação de empréstimos de difícil ou duvidosa solução ou quando expressamente autorizadas pelo Banco Central do Brasil, observada a norma editada pelo Conselho Monetário Nacional.

[226] Art. 4º Constituem infrações graves aquelas infrações que produzam ou possam produzir quaisquer dos seguintes efeitos: I – causar dano à liquidez, à solvência ou à higidez ou assumir risco incompatível com a estrutura patrimonial de pessoa mencionada no caput do art. 2º desta Lei; II – contribuir para gerar indisciplina no mercado financeiro ou para afetar a estabilidade ou o funcionamento regular do Sistema Financeiro Nacional, do Sistema de Consórcios, do Sistema de Pagamentos Brasileiro ou do mercado de capitais; III – dificultar o conhecimento da real situação patrimonial ou financeira de pessoa mencionada no caput do art. 2º desta Lei; IV – afetar severamente a finalidade e a continuidade das atividades ou das operações no âmbito do Sistema Financeiro Nacional, do Sistema de Consórcios ou do Sistema de Pagamentos Brasileiro.

(FGC) ou de outros mecanismos de ressarcimento aprovados pelo BACEN, estes preferirão aos créditos oriundos da aplicação de multa.

A pena de inabilitação implicará o impedimento para atuar em cargos cujo exercício depende da autorização do BACEN, conforme art. 8º da lei. As penas de cassação e inabilitação só serão aplicadas no caso de ocorrência de infração grave, sendo que as penas de inabilitação não excederão o prazo máximo de 20 (vinte) anos. Aplicada a pena de cassação da autorização de funcionamento, importante referir, permanecerá a instituição financeira apenada em funcionamento sob supervisão do BACEN enquanto mantiver operações passivas privativas às instituições financeiras, àquelas sob supervisão do BACEN e integrantes do SPB, conforme art. 9º da Lei nº 13.506.

Os critérios de fixação da penalidade, segundo o art. 10 da Lei nº 13.506, são diversos. Figuram dentre os critérios a gravidade e a duração da infração, o grau de lesão ou o perigo de lesão ao Sistema Financeiro Nacional e suas estruturas, à instituição financeira ou a terceiros, assim como o valor da operação e a vantagem auferida ou pretendida pelo infrator, a sua capacidade econômica, a reincidência e a sua eventual colaboração com o BACEN para a apuração da infração.

Referido texto legal também inova ao possibilitar ao BACEN a celebração de Termo de Compromisso com o infrator, ao seu juízo de conveniência e oportunidade, desde que devidamente fundamentado. Visando a atender ao interesse público, pode da colaboração resultar o arquivamento ou não instauração do processo administrativo em qualquer fase anterior à decisão de primeira instância, desde que também haja a cessação da prática sob investigação ou os seus efeitos lesivos, corrigindo as irregularidades apontadas e indenizando os prejuízos, inclusive com obrigatório recolhimento de contribuição pecuniária arbitrada nos termos do art. 10 da lei.

As hipóteses de responsabilização do administrador de instituição financeira na esfera sancionatória são penas pessoais restritivas de liberdade e limitadoras da autonomia privada, colaborando às boas práticas, diligência e conduta responsável dos administradores. Ocorre que, também, existem casos em que a conduta do administrador transcendente a esfera pessoal sancionatória, adentrando no cenário de necessária reparação da própria instituição ou de terceiros.

2.3. O regime jurídico de responsabilidade civil do administrador de instituição financeira

Como já referido, por imposição legal, as instituições financeiras privadas em sua quase totalidade devem, obrigatoriamente, por força do art. 25 da Lei nº 4.595, de 1964, vestir a roupagem de sociedade anônima.[227] Até mesmo aquelas que não impositivamente precisam, todavia, devem, por força do art. 7º, § 1º, II, do Anexo I da Resolução 4.122 do CMN,[228] prever em seu ato constitutivo, expressamente, que a sociedade será regida pela Lei das Sociedades Anônimas de forma subsidiária. Portanto, inegavelmente, tratar da responsabilidade civil do administrador de instituição financeira é, primeiramente, tratar da responsabilidade civil do administrador de sociedade anônima no Brasil.

No ano de 1600, havia pluralidade de frotas navais comerciárias operando de portos holandeses.[229] O risco que permeava a atividade marítima fez com que, aos poucos, os navegadores aceitassem investimentos externos, reduzindo o seu próprio capital investido na atividade e, portanto, seu risco.[230] Neste período, especificamente em 1602, atuando de forma estratégica na proteção de seus interesses frente às potências marítimas Portugal e Espanha, o governo holandês propôs e realizou a união de todas as referidas frotas navais, criando a *Verenigde Nederlandsche Geoctroyeerde Oostindische Compagnie (V.O.C.)*, ou, em tradução livre, Companhia das Índias Orientais, entidade comercial que unificou não só as frotas navais, mas a própria política nacional de navegação, criando um império já definido como "um Estado dentro do Estado".[231]

O modelo de investimento anterior – frotas esparsas – pressupunha a devolução do capital investido em determinado período de tempo, usualmente o tempo da viagem a ser realizada. Referida fórmula era insuficiente para atender as pretensões de superação das potên-

[227] BRASIL. *Lei nº 4.595, de 31 de dezembro de 1964.* Dispõe sobre a Política e as Instituições Monetárias, Bancárias e Creditícias, Cria o Conselho Monetário Nacional e dá outras providências. Disponível em: <http://www.planalto.gov.br/ccivil_03/leis/L4595.htm>. Acesso em 22/09/2017.

[228] Neste sentido, dispõe a norma regulatória: "Art. 7º No prazo de 180 (cento e oitenta) dias a contar do recebimento da manifestação favorável do Banco Central do Brasil a respeito do cumprimento das condições previstas no art. 6º, os interessados deverão: [...] § 1º O estatuto ou contrato social da pessoa jurídica de que trata o caput, inciso I, deverá conter, expressamente, cláusula estabelecendo que: [...] II – a sociedade será regida subsidiariamente pela lei das sociedades anonimas, nos termos do art. 1.053, parágrafo único, da Lei nº 10.406, de 10 de janeiro de 2002 (Código Civil), quando não organizada sob a forma de sociedade anônima. [...]". (BRASIL. CONSELHO MONETÁRIO NACIONAL. *Resolução nº 4.122, de 2 de agosto de 2012.* Estabelece requisitos e procedimentos para constituição, autorização para funcionamento, cancelamento de autorização, alterações de controle, reorganizações societárias e condições para o exercício de cargos em órgãos estatutários ou contratuais das instituições que especifica. Disponível em: <https://www.bcb.gov.br/pre/normativos/busca/downloadNormativo.asp?arquivo=/Lists/Normativos/Attachments/49128/Res_4122_v5_P.pdf>. Acesso em 19/07/2018).

[229] BRAUDEL, Fernand. *Civilização material, economia e capitalismo*: séculos XV-XVIII. 3 vol. Tradução Telma Costa. São Paulo: Martins Fontes, 1996. p. 194, e FERGUSON, Niall. *The ascent of money*. London: Penguin Books, 2009. p. 129.

[230] FERGUSON, *loc. cit.*, p. 129.

[231] BRAUDEL, *loc. cit.*, p. 194.

cias marítimas rivais, motivo pelo qual também foi alterada.[232] Referido evento representou, inequivocamente, situação ímpar no transcurso histórico e evolução do conceito de investimento coletivo e de captação de recursos. Trata-se, segundo Niall Ferguson,[233] da criação da sociedade anônima e do próprio mercado de ações, uma vez que a ausência de liquidação de dividendos no período anteriormente aprazado ocasionou na necessidade de comercialização dos títulos pelos detentores para ter acesso ao retorno de seu investimento.[234]

As sociedades anônimas são, por certo, o tipo societário mais adequado e efetivo ao exercício eficiente e produtivo de atividade empresarial organizada. Esse tipo societário está previsto em nosso ordenamento sob regramento complexo, trata-se da Lei nº 6.404, de 1976, a Lei das Sociedades por Ações ou, somente, Lei Acionária. Em especial, aquelas companhias cujas ações estão admitidas à livre negociação, ou seja, aquelas que detêm capital aberto, ocupam lugar com ainda mais destaque neste cenário de regramento complexo e regulação recorrente, uma vez que são compostas, a princípio, de capital da grande população representada pelo acionista minoritário e o investidor de capital poupança.

O modelamento legislativo das sociedades anônimas se dá, em um primeiro momento, no *Code de Commerce* de 1807. Por certo, também se mostra referido expediente como a primitiva legislação sobre a responsabilidade dos administradores. Sob a sua perspectiva, "os administradores operavam como mandatários da sociedade e situavam-se numa área de irresponsabilidade" por conta de dois motivos, na valiosa lição de António Menezes Cordeiro: "a necessidade de demarcar a figura das sociedades anónimas das anteriores sociedades coloniais, com feições juspublicísticas e a conveniência em repartir na sociedade tudo quanto os administradores fizessem". A violação do mandato pelos administradores só poderia gerar uma reação da assembleia geral, no entanto, detinham também os administradores o controle total da assembleia, gerando cenário de potenciais danos para os minoritários e isenção de responsabilidade.[235]

Contudo, a noção antiga da natureza da ocupação do administrador foi há muito abandonada. Atualmente, é possível afirmar que os administradores de sociedades anônimas não são vistos como "simples mandatários encarregados de executar as decisões tomadas pelos acio-

[232] FERGUSON, Niall. *The ascent of money*. London: Penguin Books, 2009. p. 129.

[233] *Ibidem*, p. 128 e 132.

[234] *Ibidem*, p. 132/134.

[235] CORDEIRO, António Menezes. *Manual de direito das sociedades*: I volume, das sociedades em geral. Coimbra: Almedina, 2004. p. 749.

nistas; eles mesmos tomam as suas próprias decisões, principalmente em matéria de gestão, e devem por elas assumir as consequências".[236]

A análise da responsabilidade dos administradores de sociedades anônimas pressupõe três premissas: primeiro, existe interesse público na fiscalização e regulação das sociedades anônimas de capital aberto, pelo caráter de poupança popular dos valores envolvidos; segundo, os poderes dos administradores, na condição de órgãos da sociedade que são, decorrem da legislação aplicável, e não de contrato e, terceiro, a especialização e separação de competências cada vez mais constante das funções de administradores de sociedades deve, no exame da extensão da sua responsabilidade, também ser considerada.[237]

Da segunda premissa exposta, decorre o entendimento de que a "responsabilidade dos administradores não decorre do inadimplemento ou infração contratual", sendo, contudo, extracontratual, isto é, proveniente de ato ilícito, de violação de dever.[238] Neste cenário, existem critérios distintos de definição da responsabilidade civil dos administradores: o sintético e o analítico. O primeiro trabalha com a ideia de previsão legal abrangente, com utilização das cláusulas gerais; o segundo, por sua vez, trabalha com a ideia de taxatividade das hipóteses de responsabilidade dos administradores com base na previsão legal. A Lei nº 6.404/1976 adota, segundo Marcelo Vieira Von Adamek, critério misto de imputação de responsabilidade ao administrador, tendente à maior adoção ao critério sintético.[239]

Os autores do projeto da Lei das S.A., Alfredo Lamy Filho e José Luiz Bulhões Pedreira, com precisão, já elencaram a seção atinente aos deveres e responsabilidade dos administradores como a "seção da maior importância no Projeto porque procura fixar os padrões de comportamento dos administradores, cuja observância constitui a verdadeira defesa da minoria e torna efetiva a imprescindível responsabilidade social do empresário".[240] As normas atinentes aos deveres e responsabilidades dos administradores na legislação brasileira, isto é, aquelas expostas no Capítulo XII, Seção IX, da Lei nº 6.404, de 1976, aplicam-se aos diretores e conselheiros, ambos em conjunto denominados de administradores.

---

[236] ADAMEK, Marcelo Vieira von. *Responsabilidade civil dos administradores S/A (e as ações correlatas)*. São Paulo: Saraiva, 2009. p. 193.

[237] EIZIRIK, Nelson; GAAL, Ariádna; PARENTE, Flávia; HENRIQUES, Marcus de Freitas. *Mercado de capitais* – regime jurídico. 3. ed. Rio de Janeiro: Renovar, 2011. p. 492.

[238] *Ibidem*, p. 493.

[239] ADAMEK, *loc. cit.*, p. 207 e 209.

[240] LAMY FILHO, Alfredo; PEDREIRA, José Luiz Bulhões. *A lei das S.A.* Rio de Janeiro: Renovar, 1992.

A Lei das S.A. fixou deveres gerais a serem observados pelo administrador, sendo apurada sua responsabilização mediante ausência de observância destes mesmos deveres gerais. O artigo 158 estabelece que o "administrador não é pessoalmente responsável pelas obrigações que contrair em nome da sociedade e em virtude de ato regular de gestão". A mesma norma, ainda, refere que o administrador responderá civilmente pelos prejuízos a que der causa quando agir, "dentro de suas atribuições ou poderes, com culpa ou dolo" ou "com violação da lei ou do estatuto".

Calixto Salomão Filho recorda que o art. 154 da Lei das Sociedades Anônimas,[241] no momento em que impõe como "orientação do comportamento dos administradores" certos deveres, "faz alusão à persecução do bem público", "dá a ideia que o objetivo é o interesse de todos".[242] São eles: o dever de diligência (art. 153); (ii) dever de dar cumprimento às finalidades das atribuições do cargo (art. 154); (iii) dever de lealdade (art. 155); (iv) deveres próprios sobre conflito de interesses (art. 156); (v) dever de sigilo (art. 155, §§ 1º e 4º); (vi) dever de informar (art. 157); e (vii) dever geral de vigilância (art. 158, §§ 1º e 4º).[243] Além dos deveres expressos, há deveres específicos – aqueles aplicáveis a hipóteses determinadas, como no caso das instituições financeiras –, deveres implícitos – aqueles derivados de preceitos gerais de normas ou princípios societários, como cumprir os estatutos e deliberações válidas tomadas em assembleia –, deveres individuais e vinculados à pessoa do administrador e deveres frente à companhia – aqueles destinados a saciar um dever geral de lealdade societária.[244] [245]

Na medida em que não há responsabilidade civil do administrador sem apuração de sua culpa ou violação clara de um dos deveres de conduta referidos, tem-se em nosso ordenamento fixação de responsabilidade civil extracontratual de natureza subjetiva no âmbito dos administradores de sociedades anônimas. Referida natureza de responsabilidade civil, como será melhor aprofundado neste trabalho, reflete a vontade do legislador em estabelecer instrumentos de incentivo de conduta sadia e preventiva.

[241] Art. 154. O administrador deve exercer as atribuições que a lei e o estatuto lhe conferem para lograr os fins e no interesse da companhia, satisfeitas as exigências do bem público e da função social da empresa.[...]

[242] SALOMÃO FILHO, Calixto. Sociedade Anônima: Interesse público e privado. In: *Interesse Público*, Porto Alegre, Notadez, ano 5, n. 20, p. 80, jul./ago. 2003.

[243] ADAMEK, Marcelo Vieira von. *Responsabilidade civil dos administradores S/A (e as ações correlatas)*. São Paulo: Saraiva, 2009. p. 119/120.

[244] Em que pese os vínculos legais de diligência e lealdade sejam entre administrador e companhia, impõe-se sua extensão ao sócio, por exemplo, por ser indiretamente interesse da companhia

[245] ADAMEK, *loc. cit.*, p. 120.

Como referido, espera-se conduta prudente não só da diretoria, mas também dos membros do conselho de administração e fiscal, se houver. Em que pese não exerçam os conselheiros qualquer ato de gestão externa ou representação da companhia, tal como fazem diretores, estão sujeitos ao mesmo regramento de responsabilização nas hipóteses em que atuarem no escopo de suas atividades com dolo, culpa ou violação da lei ou do estatuto.

Importante mencionar, o administrador não responderá pelos atos ilícitos de outros administradores, exceto nos casos em que com estes atos for conivente, deixar de descobri-los por negligência ou, ainda, tendo conhecimento deste, deixar de impedir sua prática, como preceitua o art. 158, § 1º, da Lei das S.A. Ainda, a consignação de divergência, por parte de um administrador, da decisão que justificaria sua responsabilização em ata de reunião do órgão da administração, dando-se o mesmo aos casos em que ausente registro em ata, mas encaminhada comunicação por escrito ao conselho fiscal ou assembleia geral, isenta o de responsabilidade.[246]

Também, aqueles administradores que exercem seus cargos em sociedades anônimas de capital fechado se sujeitam à responsabilidade solidária pelos prejuízos causados pelo descumprimento dos deveres previstos em lei ou pelo estatuto, mesmo se o atendimento a referidos deveres não lhes caiba especificamente, por força do art. 158, § 2º, da Lei das S.A.[247] Ocorre exatamente o contrário nas companhias de capital aberto, sendo neste caso responsável o administrador somente pelos deveres vinculados à sua atividade em específico, exceto nos casos em que esse toma conhecimento de não cumprimento destes deveres por seu predecessor ou outro administrador vinculativamente responsável, conforme art. 158, § 3º, da Lei das S.A.[248]

Trata-se, assim como no caso de previsão legal de faculdade de constituição do conselho de administração em sociedades anônimas de capital fechado, de situação em que a legislação buscou abarcar no conjunto de suas regras normas compatíveis com estruturas organizacio-

[246] [...] § 1º O administrador não é responsável por atos ilícitos de outros administradores, salvo se com eles for conivente, se negligenciar em descobri-los ou se, deles tendo conhecimento, deixar de agir para impedir a sua prática. Exime-se de responsabilidade o administrador dissidente que faça consignar sua divergência em ata de reunião do órgão de administração ou, não sendo possível, dela dê ciência imediata e por escrito ao órgão da administração, no conselho fiscal, se em funcionamento, ou à assembléia-geral. [...]

[247] [...] § 2º Os administradores são solidariamente responsáveis pelos prejuízos causados em virtude do não cumprimento dos deveres impostos por lei para assegurar o funcionamento normal da companhia, ainda que, pelo estatuto, tais deveres não caibam a todos eles. [...]

[248] [...] § 3º Nas companhias abertas, a responsabilidade de que trata o § 2º ficará restrita, ressalvado o disposto no § 4º, aos administradores que, por disposição do estatuto, tenham atribuição específica de dar cumprimento àqueles deveres. [...]

nais de maior ou menor escala. Em uma sociedade anônima de capital fechado, com negócios em menor dimensão, os diretores – rotineiramente em pequenos números – têm por força do cenário, inclusive, ciência das atividades dos demais no exercício de sua gestão, salvo pontuais exceções ou atividades escusas. Afirmar o mesmo em um quadro diretivo de uma sociedade anônima de capital aberto, com negócios em maior dimensão, quadro diretivo plural e composto necessariamente por competências especificas seria desproporcional.

Alguns atos irregulares de gestão dirão respeito à companhia, sendo atos irregulares internos, tal como a manutenção de registros contábeis paralelos ou o desvio de recursos da sociedade. Também, porém, existem os atos irregulares externos, os quais, por suas características de formação e consequências lógicas, imputam prejuízos a terceiros, tal como contratação estranha ao objeto da companhia cujo cumprimento não seja possível. Nos casos internos, responderá perante a companhia o administrador e, quanto aos atos externos, responderá perante a sociedade – se esta houver reparado o dano – ou, perante o terceiro diretamente.[249]

A responsabilidade civil recairá sobre o administrador, diretor(es) ou membro(s) do Conselho de administração da companhia, caso haja, por parte destes, desvio de suas funções e conduta danosa à própria companhia ou a qualquer terceiro. No âmbito das instituições financeiras, por tudo já exposto no capítulo, se sobressai a possibilidade de causar vastos danos à própria instituição ou a terceiros por parte do administrador que prove uma gestão temerária e pouco atenta aos riscos bancários.

No âmbito processual, a ação movida pela companhia contra o administrador é peculiar pela própria natureza do vínculo entre estes, porém, aquela movida por acionista ou terceiro eventualmente atingido pelo dano seria uma ação indenizatória comum.[250] Cabe à sociedade anônima mover, a princípio, a ação de responsabilidade civil do administrador após deliberação social, isto é, decisão tomada em assembleia geral, ordinária ou extraordinária, válida e regular. Deliberado o ajuizamento da ação de responsabilidade dos administradores, estes ficam impossibilitados de seguir no seu cargo de pronto, cabendo aos seus sucessores o ajuizamento da ação. Ocorre que se a diretoria não proceder na propositura desta ação por período maior de três meses

[249] GONÇALVES NETO, Alfredo de Assis. *Manual das companhias, ou, sociedades anônimas*. 3. ed. São Paulo: Revista dos Tribunais, 2013. p. 218/219.

[250] *Ibidem*, p. 220.

da data da deliberação, poderá qualquer acionista promovê-la.[251] Caso decida-se em assembleia por não ajuizar a ação, ainda assim, ela pode ser proposta por acionistas que representem pelo menos 5% das ações de emissão da companhia, por previsão legal expressa.[252]

Ocorre que, referidas ações de responsabilidade, em nosso ordenamento, como refere Marcelo Vieira Von Adamek, "têm pouco se prestado a conformar a conduta dos administradores da companhia aos deveres de seus cargos". Essa afirmativa abriga como fundamentos diversas razões: podem decorrer das "características da população brasileira, de suas instituições e do nosso mercado acionário", das regras da lei acionária no ponto ou, ainda, das "próprias limitações inerentes ao sistema de responsabilidade civil".[253]

António Menezes Cordeiro, também, ratifica a triste realidade narrada para além da realidade brasileira, atestando que a morosidade das ações judiciais e o efeito negativo da publicidade afastam ainda mais a prática das ações de responsabilidade, motivo pelo qual se fala mais em destituição do administrador do que em sua responsabilidade. Em principal, o sistema de responsabilidade civil dos administradores esbarra muitas vezes na desproporcionalidade entre a dimensão das sociedades anônimas e os danos que por estas podem ser causados e o patrimônio singular de um administrador, podendo tornar inócuo o intuito de ressarcimento da responsabilização.[254]

Em reforço, no âmbito do mercado financeiro, o administrador de banco não é o controlador, pelo menos via de regra. Isto significa dizer que, como alerta Ivo Waisberg, sequer a imputação de responsabilidade objetiva à sua pessoa representaria avanço, não resolvendo qualquer problema "nem mesmo do ponto de vista do ressarcimento, pois o patrimônio deles não se faz diante dos débitos da empresa".[255]

Na contramão, o próprio administrador, por óbvio, teme referidas hipóteses. A solução ofertada pelo mercado é antiga: trata-se do seguro. É crescente a difusão dos seguros de responsabilidade civil para

[251] Art. 159. Compete à companhia, mediante prévia deliberação da assembléia-geral, a ação de responsabilidade civil contra o administrador, pelos prejuízos causados ao seu patrimônio. [...] § 3º Qualquer acionista poderá promover a ação, se não for proposta no prazo de 3 (três) meses da deliberação da assembléia-geral. [...]

[252] [...] § 4º Se a assembléia deliberar não promover a ação, poderá ela ser proposta por acionistas que representem 5% (cinco por cento), pelo menos, do capital social. [...]

[253] ADAMEK, Marcelo Vieira von. *Responsabilidade civil dos administradores S/A (e as ações correlatas)*. São Paulo: Saraiva, 2009. p. 507/508.

[254] CORDEIRO, António Menezes. *Manual de direito das sociedades*: I volume, das sociedades em geral. Coimbra: Almedina, 2004. p. 767.

[255] WAISBERG, Ivo. *Responsabilidade civil dos administradores de bancos comerciais: regimes especiais*: intervenção, liquidação extrajudicial, regime de administração temporária – RAET. São Paulo: Revista dos Tribunais, 2002. p. 144.

administradores, denominados de *Directors & Officers Liability Insurance*, ou, alternativamente, *D&O Insurance*.[256] Logicamente, como será melhor abordado neste trabalho, a eleição do contrato de seguro como solução traz por outro lado alguns problemas, como por exemplo a questão do risco moral – *moral hazard* –, tendo em vista que a própria existência do seguro acaba por mitigar em parte os efeitos preventivos decorrentes do temor do dever de indenizar, os quais acabam por induzir os agentes à adoção de condutas diligentes que afastam sua responsabilização.

Por sua vez, o administrador de instituições financeiras, especificamente, submete-se a dois regimes jurídicos de responsabilidade civil: um atinente à normalidade negocial, e outro, mais peculiar, envolve a responsabilidade civil dos administradores de instituição financeira em regimes especiais. São três as intervenções especiais: a intervenção, a liquidação e o regime de administração especial temporária (RAET). A primeira tem caráter cautelar, com assunção do BACEN por meio de um interventor da gestão direta da instituição, com suspensão das atividades e destituição dos administradores. A segunda, por sua vez, é definitiva, aplicada quando o cenário é de impossibilidade de recuperação da instituição financeira, consistindo na venda dos ativos e pagamento dos credores. A terceira, por fim, não interrompe e nem suspende as atividades, operando-se, no entanto, a perda do mandato por parte dos administradores.[257]

A Lei nº 6.024,[258] a qual dispõe sobre os regimes especiais de intervenção, estabelece em seu art. 39 que os administradores responderão, a qualquer tempo, salvo prescrição extintiva, pelos atos que tiverem praticado ou omissões que tiverem incorrido. No art. 40,[259] por sua vez, determina que os administradores de instituições financeiras respondem solidariamente pelas obrigações assumidas pela própria instituição durante a sua gestão até o seu finalmente cumprimento, circunscrevendo-se essa solidariedade ao montante dos prejuízos causados.

---

[256] Para mais: LACERDA, Maurício Andere Von Bruck. *O seguro dos administradores no Brasil*: O D&O insurance brasileiro. Curitiba: Juruá, 2013 e FARIA, Clara Beatriz Lourenço de. *O seguro D&O e a proteção ao patrimônio dos administradores*. 2. ed. São Paulo: Almedina, 2015.

[257] SADDI, Jairo. Regimes especiais de liquidação e intervenção extrajudicial nas instituições financeiras. In: COELHO, Fábio Ulhoa (Coord.). *Tratado de direito comercial*, vol. 8: títulos de crédito, direito bancário, agronegócio e processo empresarial. São Paulo: Saraiva, 2015.

[258] BRASIL. *Lei nº 6.024, de 13 de março de 1974*. Dispõe sobre a intervenção e a liquidação extrajudicial de instituições financeiras, e dá outras providências. Disponível em: <http://www.planalto.gov.br/ccivil_03/Leis/L6024.htm>. Acesso em: 04/06/2018.

[259] Art. 40. Os administradores de instituições financeiras respondem solidariamente pelas obrigações por elas assumidas durante sua gestão, até que se cumpram. Parágrafo único. A responsabilidade solidária se circunscreverá ao montante e dos prejuízos causados.

Admitindo a existência de entendimento em sentido contrário, Ivo Waisberg é ferrenho defensor da corrente que atribui a responsabilidade subjetiva ao administrador pelos seus atos. O autor enumera, dentre suas razões, a inexistência de especificidade da norma de responsabilização, isto é, a inexistência de previsão expressa da natureza objetiva, incidindo a regra geral de responsabilidade subjetiva ao caso, assim como a afirmativa de que aquele que desfruta do risco proveito da atividade não é o administrador, mas sim o acionista, em especial o controlador.[260] No tocante à natureza da responsabilidade civil do administrador de instituição financeira por força do artigo 40, sem expectativa de esgotamento do tema, acompanhamos o entendimento de Bruno Miragem no sentido de que se trata de responsabilidade civil de natureza subjetiva, porém, com presunção de culpa do administrador, cabendo-lhe o ônus de demonstrar sua diligência.[261]

Independente da natureza da responsabilidade, a lei é rígida. Estabelece, no ato da decretação do regime especial, a indisponibilidade imediata dos bens dos administradores, antes mesmo de apurada a sua culpa.[262] Sua culpa, por sinal, é apurada em inquérito movido pelo BACEN e, também, em posterior ação de responsabilidade cuja legitimidade de ajuizamento e condução é do Ministério Público.

Arnoldo Wald recorda que a democratização crescente de bancos tem provocado a inegável distinção prática entre administradores profissionais e diretores controladores, na medida em que as sociedades fechadas vêm perdendo cada vez mais espaço. Neste sentido, reflete

---

260 WAISBERG, Ivo. *Responsabilidade civil dos administradores de bancos comerciais*: regimes especiais: intervenção, liquidação extrajudicial, regime de administração temporária – RAET. São Paulo: Revista dos Tribunais, 2002. p. 139 e 143.

261 MIRAGEM, Bruno. *Direito Bancário*. São Paulo: Revista dos Tribunais, 2013. p. 561.

262 Art. 36. Os administradores das instituições financeiras em intervenção, em liquidação extrajudicial ou em falência, ficarão com todos os seus bens indisponíveis não podendo, por qualquer forma, direta ou indireta, aliená-los ou onerá-los, até apuração e liquidação final de suas responsabilidades. § 1º A indisponibilidade prevista neste artigo decorre do ato que decretar a intervenção, a extrajudicial ou a falência, atinge a todos aqueles que tenham estado no exercício das funções nos doze meses anteriores ao mesmo ato. § 2º Por proposta do Banco Central do Brasil, aprovada pelo Conselho Monetário Nacional, a indisponibilidade prevista neste artigo poderá ser estendida: a) aos bens de gerentes, conselheiros fiscais e aos de todos aqueles que, até o limite da responsabilidade estimada de cada um, tenham concorrido, nos últimos doze meses, para a decretação da intervenção ou da liquidação extrajudicial; b) aos bens de pessoas que, nos últimos doze meses, os tenham a qualquer título, adquirido de administradores da instituição, ou das pessoas referidas na alínea anterior desde que haja seguros elementos de convicção de que se trata de simulada transferência com o fim de evitar os efeitos desta Lei. § 3º Não se incluem nas disposições deste artigo os bens considerados inalienáveis ou impenhoráveis pela legislação em vigor. § 4º Não são igualmente atingidos pela indisponibilidade os bens objeto de contrato de alienação, de promessa de compra e venda, de cessão de direito, desde que os respectivos instrumentos tenham sido levados ao competente registro público, anteriormente à data da decretação da intervenção, da liquidação extrajudicial ou da falência.

Wald, talvez seja o momento de o legislador repensar algumas normas rígidas de responsabilidade neste campo.[263]

No entanto, tal rigidez pode ser vista por alguns como benéfica. Eduardo Salomão Neto entende que a dureza das regras de responsabilidade dos administradores de instituições financeiras nos regimes especiais é uma virtude do mercado financeiro brasileiro:

> Os regimes especiais são marcados por regras bastante estritas quanto a responsabilidade e sua efetivação, [...]. É comum a crítica a tais regras por sua dureza, mas esta nos parece sua grande virtude. Em nenhum outro campo de atividades o fracasso ou a desonestidade são tratados pela lei tão severamente. Como veremos, a severidade recai no ponto culturalmente mais sensível em nossa época tão ligada a valores materiais: o patrimônio. Será talvez por isso, ao menos em parte, que o sistema financeiro do Brasil é comparativamente limpo de aventuras e aventureiros: os riscos da informalidade são muito maiores do que em outro setores.[264]

Fazendo uso de uma interpretação teleológica da lei e das normas regulatórias que visam à proteção do sistema financeiro, admitindo que neste rol de normas encontram-se aquelas referentes à responsabilidade civil dos administradores de bancos, não se pode chegar à conclusão diversa da que a natureza subjetiva da responsabilidade civil em pauta é o modelo ideal. Se o intuito da norma fosse unicamente reparar os danos, por certo que a natureza objetiva seria o adequado. Todavia, o que o complexo de regras de proteção do sistema financeiro busca é justamente regrar a conduta dos agentes de forma a evitar o dano, motivo pelo qual a averiguação de culpa no caso de responsabilização do administrador é peça chave desta racionalidade.[265]

Tal afirmação comprova que se vivencia nova etapa evolutiva na responsabilidade civil, "a de inclusão nesse sistema dos princípios da precaução e da prevenção, não como consequência da sanção que não funciona, mas como forma de dissuadir todos aqueles que lidam com atividades de maior ou menor risco". Trata-se de tarefa árdua que extrapola os limites de uma ideologia de reparação de danos.[266] Em que pese tenham as ações de responsabilidade se mostrado pouco eficientes por conta de diversos motivos, tais como a difícil comprovação do

---

[263] WALD. Arnoldo. O papel pioneiro do direito bancário. *Revista de direito bancário e do mercado de capitais*, São Paulo, Vol. 29, p. 359-371, jul.-set. 2005. p. 9.

ROCHA, Lademir Gomes da. Aspectos regulatórios e jurídicos dos mecanismos garantidores de crédito. *Revista da Procuradoria-Geral do Banco Central*, Brasília, Vol. 1, n. 9, p. 51-71, jun. 2015. p. 53).

[264] SALOMÃO NETO, Eduardo. *Direito bancário*. 2. ed. São Paulo: Atlas, 2014. p. 720/721.

[265] WAISBERG, Ivo. *Responsabilidade civil dos administradores de bancos comerciais*: regimes especiais: intervenção, liquidação extrajudicial, regime de administração temporária – RAET. São Paulo: Revista dos Tribunais, 2002. p. 144.

[266] LOPEZ, Teresa Ancona. *Princípio da precaução e evolução da responsabilidade civil*. São Paulo: Quartier Latin, 2010. p. 87.

dano e do nexo de causalidade, a importância do tema e os efeitos que emanam da sua própria existência são inegáveis.

Existentes referidas regras, existirá o olhar atento dos administradores à sua conduta de modo a evitar sua aplicação, independente de qualquer exame de sua eficiência. Motivo pelo qual, após suas pertinentes críticas quanto à incapacidade funcional do regime de responsabilidade civil dos administradores, finaliza Menezes Cordeiro afirmando que "[a]pesar desta perda de importância relativa, a responsabilidade dos administradores mantém-se como instituto dogmaticamente rico e potencialmente operacional".[267]

[267] CORDEIRO, António Menezes. *Manual de direito das sociedades*: I volume, das sociedades em geral. Coimbra: Almedina, 2004. p. 767.

3. Os deveres de conduta dos administradores de bancos na concessão de crédito

O debate acerca da governança corporativa dos bancos foi, segundo Andrea Polo, polarizado ao longo do tempo. Dividiu-se entre aqueles que acreditam na governança corporativa dos bancos de forma idêntica ou similar aos demais empreendimentos, havendo, na contramão, aqueles que defendem a especialidade da atividade bancária e a consequente especialidade da governança corporativa destes empreendimentos (e a sua necessária regulação pelo Estado), com o qual nos alinhamos. Outrora os adeptos da segunda linha de pensamento baseavam suas razões em questões como o caráter opaco das operações financeiras, sendo difícil tarefa a avaliação de valor e controle de riscos dos bancos pelos agentes de mercado externos. Todavia, atualmente, referida linha de argumentos apresentou alteração em seu objeto, abordando temas como o núcleo deste trabalho: os deveres fiduciários dos administradores de bancos.[268]

São dois os métodos em potencial de aferimento da boa conduta dos administradores neste cenário. O primeiro corresponde à previsão e aplicação de normas representativas de expectativas de conduta (*standard*), como se deu na Lei das S.A., e a segunda por meio de um exame comparativo entre as condutas dos administradores de uma

[268] Neste sentido: "*On the one hand, some authors state the specificity of banks: the common mechanisms of corporate governance, which are valid for firms in general, are not equally valid in banking and this legitimates the regulatory authorities to influence, or even dominate, the corporate governance of banks in place of private monitors. They justify this on a variety of different grounds in the course of time. The traditional argument is the grater opacity of banks: bank assets are extremely difficult for outsiders to value and, consequently, market mechanisms cannot adequately control bank managers and shareholders. Today, the authors who underline the uniqueness of banks seem to have switched their attention to such different aspects as the need for an expanded set of fiduciary duties for bank directors and the empirical differences in the governance-relevant variables between banking and manufacturing firms.*" (POLO, Andrea. Corporate governance of banks: the current state of the debate. *SSRN*. 2007. Disponível em: <https://papers.ssrn.com/sol3/papers.cfm?abstract_id=958796>. Acesso em: 10/05/2018. p. 12).

companhia e outros que preencham os requisitos legais, cenário abandonado pela prática.[269]

A opção pelo estabelecimento de deveres fiduciários – na condição de "padrões de conduta gerais e abstratos, verdadeiras cláusulas-gerais a serem contrastadas com sua atuação específica em cada caso concreto" – como critério de pertinência da atividade do administrador é uma conclusão quase lógica, considerando o dinamismo e pluralidade de eventos experimentados pelos administradores na rotina empresarial. Aliás, é claro o resultado inútil e desastroso que decorreria da tentativa de regular a matéria por previsão de "preceitos rígidos e específicos para cada um dos múltiplos acontecimentos da vida negocial".[270]

Os deveres de conduta impostos à instituição financeira e, por consequência, aos seus administradores, no exercício de suas atividades, podem ser divididos em três categorias: "deveres de identificação, mensuração e prevenção de riscos"; "deveres de gestão negocial considerando os dados obtidos e adoção de decisões em que o juízo de discricionariedade do gestor observe os riscos identificados (*business judgement rule*)" e, por fim, "dever de transparência, considerando a importância de tornar públicas, além de reportar periodicamente ao Banco Central, as providências adotadas".[271] Ao presente trabalho, mais interessam as primeiras duas categorias propostas.

Ainda, os deveres de conduta dos administradores de instituições financeiras podem ser sistematizados quanto às suas fontes e objetos, isto é, se advém de norma legal ou regulatória e se tem direcionamento à própria sociedade – e esta perante o sistema financeiro – ou aos tomadores de crédito. Podem, ainda, referidos deveres de conduta apresentar maximização por decorrência da especialidade da atividade bancária, gerando deveres qualificados de diligência, lealdade e de informar, por exemplo.

A concessão de crédito é ato bancário típico, podendo ainda se dar de forma direta ou indireta. Referidos deveres emanam de normas

---

[269] Desta forma é a constatação de Albert S. Bolles: *"There are two ways of regarding the duty, care or attention required of a board of directors. One way is to set up an abstract standard or rule and apply this to the board of a particular bank, whose conduct is the subject of legal inquiry. The other way is to compare their conduct with that of another board which fulfills the legal requirements. The law employs both methods; with what results we shall soon know."* (BOLLES, Albert S. The duty and liability of bank directors. *The Yale Law Journal*, v. 12, n. 5, mar. 1903, p. 287-305, disponível em: <www.jstor.org/stable/782050>. Acesso em 15/06/2018. p. 288).

[270] ADAMEK, Marcelo Vieira von. *Responsabilidade civil dos administradores S/A (e as ações correlatas)*. São Paulo: Saraiva, 2009. p. 113.

[271] MIRAGEM, Bruno. Mercado, fidúcia e banca: uma introdução ao exame do risco bancário e da regulação prudencial do sistema financeiro na perspectiva do crédito. In: ESTEVEZ, A. F.; JOBIM, M. F. *Estudos de direito empresarial*: homenagem aos 50 anos de docência do professor Peter Walter Ashton. São Paulo: Saraiva, 2012. p. 476/477.

aplicáveis tanto à época da formulação de uma política de concessão de crédito e apetite pelo risco quanto na sua execução. Os administradores, diretores ou conselheiros, com poder deliberativo e fiscalizatório na estrutura bancária, devem observar alguns deveres de conduta mitigadores de risco de crédito e voltados à estabilidade do sistema sempre que exercerem a peculiar atividade de concessão de crédito.

3.1. As boas práticas de governança corporativa e a concessão de crédito como atividade típica bancária

A concessão de crédito é qualificada como atividade bancária típica. Orlando Gomes refere que contratos bancários são instrumentos de negócio envolvendo em um dos polos obrigacionais "empresa autorizada a exercer atividades próprias de banco". Se a função é creditícia, e os negócios vinculados aos contratos foram realizados no exercício da atividade mercantil bancária, são chamados de operações bancárias. As operações bancárias, por sua vez, dividem-se em operações bancárias principais ou típicas e operações bancárias acessórias. Denomina-se de operações bancárias típicas aquelas vinculadas ao cumprimento da função creditícia dos bancos, dividindo-se ainda em operações ativas e passivas, sendo as primeiras aquelas em que o banco aplica a disponibilidade financeira na concessão de crédito, e as passivas aquelas em que o banco assume a posição de devedor, como quando recebe depósitos.[272]

Com base nestas premissas, ao presente trabalho mais interessa a operação bancária típica ativa, isto é, a concessão de crédito ao tomador propriamente dita. Como já referido, a estrutura de tomada de decisões e o seu contexto no segmento bancário são complexos. Acreditamos que a atividade típica de concessão de crédito, sob o ponto de vista do presente trabalho, pode ser dividida entre a formulação de uma política de concessão de crédito e a sua execução, incidindo sobre ambos os cenários alguns deveres de conduta a serem observados.

A política[273] de concessão de crédito comporta a regra diretiva de todas as condutas adotadas pela instituição financeira e seus prepostos, sendo mensurada e estabelecida pelo conselho de administração, em

[272] GOMES, Orlando. *Contratos*. 12. ed. Rio de Janeiro: Forense, 1993. p. 360/361.

[273] Segundo José Pereira da Silva "[p]olíticas, em administração de empresas, são instrumentos que determinam padrões de decisão para resoluções de problemas semelhantes. Determinado problema que surge ocasionalmente pode exigir uma tomada de decisão singular, segundo suas peculiaridades, não sendo possível estabelecer-se políticas. Quando, entretanto, tratar-se de fatos repetitivos, recomenda-se a adoção de uma política de resolução." (SILVA, José Pereira da. *Gestão e análise de risco de crédito*. 6. ed. São Paulo: Atlas, 2008. p. 80).

conduta mais estratégica do que comissiva, na linha da Resolução nº 4.557 do CMN.[274] A política de crédito, cuja formulação é reservada aos escalões hierárquicos mais altos da instituição financeira, serve como "orientação nas decisões de crédito". Orienta, porém, não representa a concessão do crédito direta. Tem como pontos principais de conteúdo: as "normas legais; a definição estratégica do banco; os objetivos a serem alcançados; a forma de decisão e de delegação de poder; os limites de crédito; a análise de crédito; a composição e a formalização dos processos; a administração e o controle de crédito".[275]

A concessão direta de crédito ao tomador é chancelada pela diretoria da instituição financeira e, obviamente, por fins de volume, organização e dinamismo, executada por prepostos das mais diversas qualidades delegados nesta função com suas respectivas alçadas. Neste espectro, podem ser eleitas alçadas individuais em consonância com o cargo do administrador ou gestor; alçadas conjuntas, comportando a decisão de pluralidade de indivíduos em um mesmo ato e a partir daí percebe-se o aumento do conteúdo econômico final da permissão ou, ainda, alçadas colegiadas, representadas por decisões tomadas em

---

[274] Art. 48. Compete ao conselho de administração, para fins do gerenciamento de riscos e do gerenciamento de capital: I – fixar os níveis de apetite por riscos da instituição na RAS e revisá-los, com o auxílio do comitê de riscos, da diretoria e do CRO; II – aprovar e revisar, com periodicidade mínima anual: a) as políticas, as estratégias e os limites de gerenciamento de riscos de que trata o art. 7º, inciso I; b) as políticas e as estratégias de gerenciamento de capital de que trata o art. 40, inciso I; c) o programa de testes de estresse de que trata o art. 7º, inciso VII; d) as políticas para a gestão de continuidade de negócios de que trata o art. 7º, inciso IX; e) o plano de contingência de liquidez, de que trata o art. 38, inciso II; f) o plano de capital de que trata o art. 40, inciso IV; g) o plano de contingência de capital de que trata o art. 40, inciso V, e; h) a política de divulgação de informações de que trata o art. 56; III – assegurar a aderência da instituição às políticas, às estratégias e aos limites de gerenciamento de riscos; IV – assegurar a correção tempestiva das deficiências da estrutura de gerenciamento de riscos e da estrutura de gerenciamento de capital; V – aprovar alterações significativas, em decorrência dos riscos de que trata o art. 7º, inciso V, nas políticas e nas estratégias da instituição, bem como em seus sistemas, rotinas e procedimentos; VI – autorizar, quando necessário, exceções às políticas, aos procedimentos, aos limites e aos níveis de apetite por riscos fixados na RAS; VII – promover a disseminação da cultura de gerenciamento de riscos na instituição; VIII – assegurar recursos adequados e suficientes para o exercício das atividades de gerenciamento de riscos e de gerenciamento de capital, de forma independente, objetiva e efetiva; IX – estabelecer a organização e as atribuições do comitê de riscos, observado o disposto nesta Resolução; X – garantir que a estrutura remuneratória adotada pela instituição não incentive comportamentos incompatíveis com os níveis de apetite por riscos fixados na RAS; XI – assegurar que a instituição mantenha níveis adequados e suficientes de capital e de liquidez. Art. 49. Na inexistência do conselho de administração, aplicam-se à diretoria da instituição as competências a ele atribuídas por esta Resolução. Art. 50. Compete à diretoria da instituição conduzir, em conformidade com as políticas e estratégias de que trata o art. 7º, inciso I, as atividades que impliquem a assunção de riscos. (BRASIL. CONSELHO MONETÁRIO NACIONAL. *Resolução nº 4.557, de 23 de fevereiro de 2017*. Dispõe sobre a estrutura de gerenciamento de riscos e a estrutura de gerenciamento de capital. Disponível em: <http://www.bcb.gov.br/pre/normativos/busca/normativo.asp?tipo=Resolu%C3%A7%C3%A3o&data=2017&numero=4557>. Acesso em: 04/05/2018).

[275] SILVA, José Pereira da. *Gestão e análise de risco de crédito*. 6. ed. São Paulo: Atlas, 2008. p. 80 e 86.

forma de comitês ou outros órgãos compostos por administradores ou gestores em geral.[276]

O âmbito de aplicação dos deveres de conduta na concessão do crédito ultrapassa, portanto, a esfera contratual. Emanando-se para além da esfera negocial e de execução do contrato, tem vigência no próprio cotidiano da atividade bancária e, em destaque, no momento da formulação e alteração da política de crédito que orientará os administradores e gestores ao encontro do esperado a título de comportamento negocial e apetite por riscos da instituição financeira. Em que pese seja observada a alçada em termos de valor da operação, deve ainda a política de crédito ser atendida quanto aos critérios de mensuração do risco de crédito da operação.

O crédito bancário pode ser compreendido como ferramenta de antecipação de riquezas ainda não experimentadas ou adquiridas pelo tomador. Trata-se da "antecipação do poder de compra baseado na confiança do credor de que o devedor irá pagar sua dívida já estipulada em moeda em data futura pré-estabelecida".[277]

A especialidade da atividade bancária, já enfrentada neste trabalho no primeiro capítulo, se sobressai neste ponto. Ao mesmo tempo em que a concessão de crédito bancário é ferramenta essencial para o desenvolvimento econômico e social, possibilitando a otimização da atividade empresarial e produção de riquezas, além da suavização do consumo ao longo dos anos, caminha lado a lado com o risco de crédito e os prejuízos decorrentes de sua consumação.[278]

O conceito de risco de crédito já foi enfrentado neste trabalho. Para além do superficial entendimento que expressa o núcleo de sua compreensão, perdas decorrentes de possível inadimplência, o risco de crédito apresenta cenários subsidiários previstos no art. 21 da Resolução nº 4.557 do CMN.[279] Obrigações coligadas, fixadas em moeda

---

[276] SILVA, José Pereira da. *Gestão e análise de risco de crédito*. 6. ed. São Paulo: Atlas, 2008. p. 87.

[277] WALD, Arnoldo; WAISBERG, Ivo. Legislação, jurisprudência e contratos bancários. In: FONTES, Marcos Rolim Fernandes; WAISBERG, Ivo (coord.). *Contratos bancários*. São Paulo: Quartier Latin, 2006. p. 39.

[278] PINHEIRO, Armando Castelar; SADDI, Jairo. *Direito, economia e mercados*. 4ª reimp. Rio de Janeiro: Elsevier, 2005. p. 435.

[279] Art. 21. Para fins desta Resolução, define-se o risco de crédito como a possibilidade de ocorrência de perdas associadas a: I – não cumprimento pela contraparte de suas obrigações nos termos pactuados; II – desvalorização, redução de remunerações e ganhos esperados em instrumento financeiro decorrentes da deterioração da qualidade creditícia da contraparte, do interveniente ou do instrumento mitigador; III – reestruturação de instrumentos financeiros; ou IV – custos de recuperação de exposições caracterizadas como ativos problemáticos, nos termos do art. 24. § 1º Para fins do gerenciamento do risco de crédito, considera-se: I – contraparte: o tomador de recursos, o garantidor e o emissor de título ou valor mobiliário adquirido; II – reestruturação de instrumentos financeiros: renegociação que implique a concessão de vantagens à contraparte em decorrência da deterioração da sua qualidade creditícia ou da qualidade creditícia do intervenien-

estrangeira, possibilidade de perdas associadas à reestruturação de instrumentos financeiros ou custos de recuperação de exposição da instituição aos definidos pela norma como ativos problemáticos são, dentre outras previstas no art. 24 da norma regulatória, outras de suas várias formas de expressão.

A própria estrutura de gerenciamento do risco de crédito, com indicação de diretor específico para tanto, estabelece a necessidade de observância da prudência e pertinência da política de concessão de crédito.[280] Na medida em que a Resolução nº 4.557, de 23 de fevereiro

---

te ou do instrumento mitigador. § 2º As vantagens mencionadas no § 1º, inciso II, incluem aquelas formalizadas nos instrumentos financeiros originais ou em novos instrumentos utilizados para liquidação ou refinanciamento daqueles. § 3º A definição de risco de crédito inclui: I – o risco de crédito da contraparte, entendido como a possibilidade de perdas decorrentes do não cumprimento de obrigações relativas à liquidação de operações que envolvam fluxos bilaterais, incluindo a negociação de ativos financeiros ou de derivativos; II – o risco país, entendido como a possibilidade de perdas relativas ao não cumprimento de obrigações associadas a contraparte ou instrumento mitigador localizados fora do País, incluindo o risco soberano, em que a exposição é assumida perante governo central de jurisdição estrangeira; III – o risco de transferência, entendido como a possibilidade de ocorrência de entraves na conversão cambial de valores recebidos fora do País associados a operação sujeita ao risco de crédito; IV – a possibilidade de ocorrência de desembolsos para honrar garantias financeiras prestadas de que trata a Resolução nº 4.512, de 28 de julho de 2016; V – a possibilidade de perdas associadas ao não cumprimento de obrigações nos termos pactuados por interveniente, provedor do instrumento mitigador ou mandatário de cobrança; VI – o risco de concentração, entendido como a possibilidade de perdas associadas a exposições significativas: a) a uma mesma contraparte; b) a contrapartes com atuação em um mesmo setor econômico, região geográfica ou segmento de produtos ou serviços; c) a contrapartes cujas receitas dependam de um mesmo tipo de mercadoria (commodity) ou atividade; d) a instrumentos financeiros cujos fatores de risco, incluindo moedas e indexadores, são significativamente relacionados; e) associadas a um mesmo tipo de produto ou serviço financeiro; e f) cujo risco é mitigado por um mesmo tipo de instrumento. (BRASIL. CONSELHO MONETÁRIO NACIONAL. *Resolução nº 4.557, de 23 de fevereiro de 2017*. Dispõe sobre a estrutura de gerenciamento de riscos e a estrutura de gerenciamento de capital. Disponível em: <http://www.bcb.gov.br/pre/normativos/busca/normativo.asp?tipo=Resolu%C3%A7%C3%A3o&data=2017&numero=4557>. Acesso em: 04/05/2018).

280 Art. 23. A estrutura de gerenciamento de que trata o art. 7º deve prever, adicionalmente, para o risco de crédito: I – o gerenciamento de exposições com características semelhantes, tanto em nível individual quanto em nível agregado, abrangendo aspectos como fontes significativas do risco de crédito, identificação da contraparte ou do interveniente, forma de agregação das exposições e uso de instrumento mitigador; II – políticas que estabeleçam critérios para a identificação dos fatores de risco significativos para fins do gerenciamento do risco de concentração; III – mecanismos para o gerenciamento do risco de crédito de: a) instrumentos classificados na carteira de negociação mencionada no art. 26; b) instrumentos classificados na carteira bancária mencionada no art. 26, § 2º; IV – gerenciamento do risco de crédito das exposições não contabilizadas no balanço patrimonial da instituição; V – utilização de informações relevantes e consistentes para avaliação e mensuração do risco de crédito; VI – estimação, segundo critérios consistentes e passíveis de verificação, das perdas esperadas associadas ao risco de crédito, bem como comparação dos valores estimados com as perdas efetivamente observadas; VII – critérios para reavaliação da qualidade creditícia de contrapartes, intervenientes e instrumentos mitigadores; VIII – observada a regulamentação contábil em vigor, mecanismos para que os níveis de provisionamento sejam suficientes em face das perdas esperadas de que trata o inciso VI; IX – avaliação adequada quanto à retenção de riscos em operações de venda ou de transferência de ativos financeiros; X – estabelecimento de limites para exposição ao risco de concentração de que trata o art. 21, § 3º, inciso VI; XI – políticas e procedimentos, claramente documentados, para monitorar o endividamento total da contraparte, considerando todos os fatores de risco, incluindo aquele associado a exposições em moeda estrangeira não protegidas por hedge; XII – critérios e procedimentos, claramente defini-

de 2017, do CMN, estabelece a necessidade de criação de uma estrutura de gerenciamento contínuo e integrado de riscos e de capital, devendo haver nesta estrutura, conforme art. 7º, inciso VI, definição clara dos "papéis e responsabilidades para fins do gerenciamento de riscos, claramente documentados, que estabeleçam atribuições ao pessoal da instituição em seus diversos níveis, incluindo os prestadores de serviços terceirizados", está, claramente, tratando de incentivo às boas práticas de governança corporativa.[281]

---

dos e documentados, acessíveis aos envolvidos nos processos de concessão e de acompanhamento de operações sujeitas ao risco de crédito, incluindo: a) análise prévia, realização e repactuação de operações sujeitas ao risco de crédito; b) coleta e documentação das informações necessárias para a completa compreensão do risco de crédito envolvido nas operações; c) avaliação periódica do grau de suficiência dos instrumentos mitigadores; d) detecção de indícios e prevenção da deterioração da qualidade creditícia da contraparte; e) tratamento das exceções aos limites e aos níveis de apetite por risco de crédito fixado na RAS; f) cobrança e recebimento de créditos; g) recuperação de exposições caracterizadas como ativos problemáticos, nos termos do art. 24; XIII – critérios, claramente definidos e documentados, para que o conselho de administração delibere sobre a assunção de exposição a risco de crédito: a) que exceda o limite de concentração, em valor absoluto ou proporcional ao Patrimônio de Referência (PR), estabelecido nas políticas de gerenciamento de riscos; b) incompatível com o perfil de riscos da instituição ou com os produtos e serviços por ela oferecidos; XIV – sistema de classificação das exposições conforme a natureza da operação e o risco de crédito, mediante critérios consistentes e passíveis de verificação, considerando aspectos como: a) situação econômico-financeira, bem como outras informações cadastrais atualizadas da contraparte e do interveniente, quando existente; b) utilização de instrumentos que proporcionem efetiva mitigação do risco de crédito associado à operação; c) período de atraso no cumprimento das obrigações financeiras nos termos pactuados; XV – critérios e procedimentos para identificação, monitoramento e controle de exposição caracterizada como ativo problemático, nos termos do art. 24; XVI – documentação e armazenamento de informações referentes às perdas associadas ao risco de crédito, incluindo aquelas relacionadas à reestruturação, nos termos do art. 21, § 1º, inciso II, e à recuperação de crédito; XVII – sistemas de informação capazes de identificar e agregar, de forma contínua, as exposições sujeitas ao risco de concentração definido no art. 21, § 3º, inciso VI. § 1º A estimativa da perda esperada, de que trata o caput, inciso VI, deve considerar: I – a classificação da exposição segundo o disposto no caput, inciso XIV; II – o ambiente macroeconômico corrente e alterações previstas no curto prazo; III – a probabilidade de que a exposição seja caraterizada como ativo problemático; IV – a expectativa de recuperação do crédito, incluindo concessão de vantagens, custos de execução e prazos. § 2º A estimativa de perda esperada deve ser revista semestralmente ou: I – mensalmente, caso a exposição apresente atraso no pagamento de encargos ou amortizações; II – imediatamente, diante da caracterização da exposição como ativo problemático. § 3º Os relatórios gerenciais de que trata o art. 7º, inciso X, devem abordar os seguintes aspectos adicionais relativamente ao risco de crédito: I – o reporte segregado por jurisdição das exposições sujeitas ao risco país e ao risco de transferência, conforme definidos no art. 21, § 3º, incisos II e III; II – a avaliação e a expectativa de desempenho das exposições ao risco de crédito, abordando sua classificação e as respectivas provisões; III – as exposições sujeitas ao risco de concentração definido no art. 21, § 3º, inciso VI. IV – informações relativas às exposições significativas caracterizadas como ativos problemáticos, incluindo características, histórico e perspectivas de recuperação; V – informações sobre execução de mitigadores e exposições em reestruturação (BRASIL. CONSELHO MONETÁRIO NACIONAL. *Resolução nº 4.557, de 23 de fevereiro de 2017.* Dispõe sobre a estrutura de gerenciamento de riscos e a estrutura de gerenciamento de capital. Disponível em: <http://www.bcb.gov.br/pre/normativos/busca/normativo.asp?tipo=Resolu%C3%A7%C3%A3o&data=2017&numero=4557>. Acesso em: 04/05/2018).

[281] Art. 7º A estrutura de gerenciamento de riscos deve prever: I – políticas e estratégias para o gerenciamento de riscos, claramente documentadas, que estabeleçam limites e procedimentos destinados a manter a exposição aos riscos em conformidade com os níveis fixados na RAS; II – processos efetivos de rastreamento e reporte tempestivo de exceções às políticas de gerenciamento de riscos, aos limites e aos níveis de apetite por riscos fixados na RAS; III – sistemas, roti-

É cada vez mais frequente o enfrentamento do tema das boas práticas de governança corporativa, seja na esfera acadêmica, seja na regulatória. A definição do conceito de governança corporativa é terreno vasto. O Instituto Brasileiro de Governança Corporativa (IBGC), organização referência no tema no Brasil, demonstra claramente a preocupação da moderna companhia com os interesses que lhe circundam. Segundo o IBGC, trata-se a Governança Corporativa de "sistema pelo qual as empresas e demais organizações são dirigidas, monitoradas e incentivadas, envolvendo os relacionamentos entre sócios, conselho de administração, diretoria, órgãos de fiscalização e controle e demais partes interessadas". Também, em seu conceito, o IBGC esclarece que "boas práticas de governança corporativa convertem princípios básicos em recomendações objetivas, alinhando interesses com a finalidade de preservar e otimizar o valor econômico de longo prazo da organização", aumentando, assim, o seu acesso a recursos de terceiros e "contribuindo para a qualidade da gestão da organização, sua longevidade e o bem comum".[282]

---

nas e procedimentos para o gerenciamento de riscos; IV – avaliação periódica da adequação dos sistemas, rotinas e procedimentos de que trata o inciso III; V – políticas, processos e controles adequados para assegurar a identificação prévia dos riscos inerentes a: a) novos produtos e serviços; b) modificações relevantes em produtos ou serviços existentes; c) mudanças significativas em processos, sistemas, operações e modelo de negócio da instituição; d) estratégias de proteção (hedge) e iniciativas de assunção de riscos; e) reorganizações societárias significativas; e f) alteração nas perspectivas macroeconômicas; VI – papéis e responsabilidades para fins do gerenciamento de riscos, claramente documentados, que estabeleçam atribuições ao pessoal da instituição em seus diversos níveis, incluindo os prestadores de serviços terceirizados; VII – programa de testes de estresse, conforme definido no art. 11; VIII – avaliação contínua da efetividade das estratégias de mitigação de riscos utilizadas, considerando, entre outros aspectos, os resultados dos testes de estresse; IX – políticas e estratégias, claramente documentadas, para a gestão de continuidade de negócios; X – relatórios gerenciais tempestivos para a diretoria da instituição, o comitê de riscos, e o conselho de administração, quando existente, versando sobre: a) valores agregados de exposição aos riscos de que trata o art. 6º e seus principais determinantes; b) aderência do gerenciamento de riscos aos termos da RAS e às políticas e aos limites mencionados no caput, inciso I; c) avaliação dos sistemas, das rotinas e dos procedimentos, de que trata o caput, inciso IV, incluindo eventuais deficiências da estrutura de gerenciamento de riscos e ações para corrigi-las; d) ações para mitigação dos riscos e avaliação da sua eficácia; e) grau de disseminação da cultura de gerenciamento de riscos no âmbito da instituição; e f) premissas e resultados de testes de estresse. § 1º As políticas para gerenciamento de riscos de que trata o caput, inciso I, devem dispor sobre: I – autorizações necessárias e ações apropriadas e tempestivas da diretoria da instituição e, quando cabível, do conselho de administração, em caso de exceções às políticas, aos procedimentos, aos limites e aos termos da RAS; II – instrumentos, serviços financeiros e estratégias de proteção (hedge) com uso previsto pela instituição, em conformidade com os termos da RAS. § 2º Os sistemas de que trata o caput, inciso III, incluem sistemas de informação adequados para avaliar, mensurar e reportar, em condições normais ou de estresse, a dimensão, a composição e a qualidade das exposições, considerando os riscos incorridos pela instituição. § 3º O reporte produzido pelos sistemas de informação de que trata o § 2º deve: I – refletir o perfil de riscos e a necessidade de liquidez da instituição; II – estar disponível, periodicamente e de forma adequada ao uso, para a diretoria e para o conselho de administração, quando existente; III – explicitar as deficiências ou as limitações das estimativas de risco e das premissas adotadas em modelos quantitativos e em cenários.

[282] INSTITUTO BRASILEIRO DE GOVERNANÇA CORPORATIVA. *Código das melhores práticas de governança* corporativa. 5. ed. Disponível em: <http://www.ibgc.org.br/index.php/publicacoes/codigo-das-melhores-praticas>. Acesso em: 20/01/2018. p. 20.

A *corporate governance*, traduzida para o português justamente como governança corporativa, não é definível em termos jurídicos estritos, posto que corresponde a "um conjunto de máximas válidas para uma gestão de empresas responsável e criadora de riqueza a longo prazo, para um controlo de empresas para a transparência", abrangendo regras jurídicas societárias como a prestação de contas, regras gerais de ordem civil e deveres acessórios, princípios e normas de gestão de natureza econômica e, também, postulados morais e de bom-senso.[283] Trata-se, como muitos outros temas, de matéria da qual apropria-se o Direito por uma questão de utilidade, utilização e até mesmo necessidade.

Andrea Polo recorda que uma das concepções mais reproduzidas de governança corporativa vem da lição de Andrei Shleifer e Robert W. Vishny, no sentido de que a governança corporativa abrange os meios pelos quais os investidores e fornecedores de recursos financeiros para companhias asseguram-se do retorno de seus investimentos.[284] No entanto, os escândalos e falhas no mercado corporativo renovaram os interesses que circundam a pesquisa do tema da governança corporativa nas décadas de 1990 e 2000. A tendência global de privatização, presença de investidores institucionais, incentivo às economias privadas como a previdência privada, desregulação e integração de mercados de capitais levou a um ambiente de aumento da importância da governança corporativa por um modelo privado e baseado em eficiência de mercado de investimento.[285]

A governança corporativa é prática que envolve e atinge muitas fronteiras, porém, em especial e sob a perspectiva da análise econômica do direito, exerce força contrária ao conflito de agência (*agency theory*) natural e inerente à própria natureza das sociedades anônimas. Ocorre que "a dispersão da propriedade da sociedade anônima entre inúmeros acionistas e a possibilidade de livre transferência das ações resul-

[283] CORDEIRO, António Menezes. *Manual de direito das sociedades*: I volume, das sociedades em geral. Coimbra: Almedina, 2004. p. 695.

[284] SHLEIFER, Andrei; VISHNY, Robert W.; A survey of corporate governance. *Journal of finance*, Vol. LII, N. 02, jun 1997, disponível em: <https://scholar.harvard.edu/files/shleifer/files/surveycorpgov.pdf>. Acesso em: 10/05/2018. p. 737.

[285] "[...] The recent scandals and corporate failures in the United States and in Europe have led to a renewed interest in research of corporate governance. Scandals are simply manifestations of a number of structural reasons why corporate governance has become a central issue in the last two decades: the worldwide wave of privatization; pension fund reform and the growth of private savings; deregulation and the integration of capital markets (Becht, Bolton, and Röell 2003). In this new environment, the increased importance of the private, market-based investment process calls for a better corporate governance. The literature has underlined the impact of corporate governance on economic development. [...]." (POLO, Andrea. Corporate governance of banks: the current state of the debate. SSRN. 2007. Disponível em: <https://papers.ssrn.com/sol3/papers.cfm?abstract_id=958796>. Acesso em: 10/05/2018. p. 2).

taram na existência de um hiato entre a propriedade da companhia e a gestão dessa propriedade". Trata-se de cenário em que, por força de sua própria natureza, viu-se gerada uma divergência entre interesses do titular da propriedade e do agente que sobre ela exerce gestão.[286]

A complexidade e opacidade da atividade bancária torna muito difícil para acionistas e depositantes monitorarem os administradores de bancos. Da mesma forma, referida opacidade, como refere Andrea Polo, torna igualmente difícil controlar alterações de apetite por risco, havendo divergência de incentivos no ponto entre os depositantes e os administradores e acionistas, na medida em que os primeiros em nada se beneficiam com a maior tomada de riscos e têm muito a perder com o desaprumo financeiro da instituição. Como se não bastasse, tal cenário torna complexa a mitigação de efeitos do conflito de agência nos bancos com uso de instrumentos contratuais e, ainda, reduz duas grandes forças criadas pela concorrência: a tomada de controle e o mercado de produto.[287]

Ocorre que, como alerta Calixto Salomão Filho, a expressão *governança corporativa* é muitas vezes empregada atendendo um determinado *modismo*. Salomão Filho fundamenta que esta constatação surge ao presenciar no caso duas características essenciais do *modismo*: "uma padronização de gostos e opiniões em torno de certos parâmetros básicos, permitindo a liberdade de escolha e pensamento para os incautos a ele sujeitos, apenas no interior desses padrões" e, também, "como consequência necessária da primeira característica, são marcados pela superficialidade das análises, que não conseguem desprender-se de chavões e frases padrões". Destas duas características decorre a sensação de uma discussão pueril, pela "limitada gama de conhecimentos da qual parte e à qual leva, e por sua natureza efêmera".[288]

---

286 FREITAS, Bernardo Vianna; QUEIROZ, Júlio Antônio Nunes. Conflito de agência nas sociedades anônimas: uma análise sob a perspectiva da teoria dos jogos. In: WALD, Arnoldo; GONÇALVES, Fernando; SOARES DE CASTRO, Moema Augusta (coord.); FREITAS, Bernardo Vianna; CARVALHO, Mário Tavernard Martins de (org.). *Sociedades anônimas e mercado de capitais*. São Paulo: Quartier Latin, 2011. p. 139.

287 *"The greater opacity in banking makes it very difficult for diffuse debt and equity holders to monitor bank managers. It also makes it harder for debt holders to control banks from risk shifting: controlling owners have the incentive to increase the bank's risk profile, on the contrary, debt holders do not benefit from any upside potential from risk taking but do on the downside if the bank goes bankrupt. Moreover, the opacity of banks makes it more difficult to design contracts that align the interests of managers and shareholders and makes it easier for insiders to exploit outside investors. Finally, it reduces the two competitive forces: product market and takeover (the greater informational asymmetries between insiders and potential buyers and the long regulatory approval make takeovers rare in banking)."*. (POLO, Andrea. Corporate governance of banks: the current state of the debate. *SSRN*. 2007. Disponível em: < https://papers.ssrn.com/sol3/papers.cfm?abstract_id=958796>. Acesso em: 10/05/2018. p. 4/5).

288 SALOMÃO FILHO, Calixto. *O novo direito societário*. 4. ed. São Paulo: Malheiros, 2011. p. 89.

O conteúdo central do alerta se dá quanto ao modismo que permeia a afirmativa de que, em matéria de governança corporativa, "os sistemas tendem a unificar-se em torno de uma estrutura *eficiente*, caracterizada pela preocupação exclusiva com os acionistas e pela dispersão societária". Entende Calixto Salomão Filho, em valiosa lição, ser uma afirmação complexa de ser veiculada com segurança, em especial pelas características e particularidades das estruturas societárias utilizadas e eventual confusão entre sua função e forma.[289]

Excessos podem ser cometidos, contudo está mantida a importância do tema da governança corporativa. Aliás, António Menezes Cordeiro afirma que a matéria da administração das sociedades, em que pese sua inegável importância, é pouco estudada, situação que "tende a mudar, perante o influxo representado pela responsabilidade dos administradores e por uma exigência crescente de desempenho, representada pelo universo, algo ambíguo, da *corporate governance*".[290]

Referida importância é ainda mais inegável no âmbito das instituições financeiras, carregando a governança corporativa expectativa de grandeza por parte dos reguladores nacionais e principalmente internacionais. O próprio *Bank for International Settlements* (BIS), cuja importância já foi referida neste trabalho, publicou, no ano de 2015, os Princípios de Governança Corporativa para Bancos,[291] documento que comporta treze princípios basilares para a efetiva governança corporativa bancária, dentre os quais figura a noção de responsabilidade da administração em estabelecer uma sadia cultura empresarial e manter-se atenta à assunção de riscos pela instituição, isto é, bem definir o apetite da instituição ao risco de forma lucrativa e ao mesmo tempo responsável.[292]

Na lição de Paulo Câmara, "[e]m que pese não seja uníssono o entendimento de que a governança da instituição financeira tem interferência direta no cenário de crise, por certo que a sua importância é inegável". É o cenário de crise justamente um grande mecanismo de incentivo aos questionamentos e avaliação da "consistência da governança societária da instituição financeira", tal como se deu após a crise de 2007/2008 em que muito se falou nas figuras clássicas da governança corporativa como "a estrutura e remuneração dos administradores".[293]

---

289 SALOMÃO FILHO, Calixto. *O novo direito societário*. 4. ed. São Paulo: Malheiros, 2011. p. 90.

290 CORDEIRO, António Menezes. *Manual de direito das sociedades*. I volume, das sociedades em geral. Coimbra: Almedina, 2004. p. 688.

291 Tradução livre de: *Corporate governance principles for banks*.

292 BANK FOR INTERNATIONAL SETTLEMENTS. *Corporate governance principles for banks*, jul. 2015. Disponível em: <https://www.bis.org/bcbs/publ/d328.pdf>. Acesso em: 04/06/2018.

293 CÂMARA, Paulo. O governo societário dos bancos – em particular, as novas regras e recomendações sobre remuneração na banca. In: CÂMARA, Paulo; MAGALHÃES, Manuel (coord.). *O novo direito bancário*. Coimbra: Almedina, 2012. p. 142.

No Brasil, a preocupação, por parte da autoridade reguladora, na promoção da governança corporativa dentre as instituições financeiras é patente. Além das normas regulatórias já referidas que vão ao encontro da afirmativa, chama atenção a Resolução nº 4.595, de 28 de agosto de 2017. Referida norma regulatória impõe a instauração de política de conformidade, tradução dada para o termo *compliance* pela norma, das instituições autorizadas a funcionar pelo BACEN. A norma regulatória aumenta as atribuições do conselho de administração, conforme seu art. 9º,[294] e busca complementar a eficiência da governança corporativa da instituição, estabelecendo um órgão administrativo estratégico e independente que visa, principalmente, à redução do risco de conformidade.[295]

As boas práticas de governança corporativa nos bancos afetam o valor de sua avaliação em mercado, o seu custo de capital, sua performance e, também, seu apetite por riscos. Também, na medida em que os bancos atuam ativamente na governança corporativa de muitas companhias e empreendimentos, seja na posição de credores, acionistas ou favorecidos em posição contratual, a sua própria governança corporativa exercida em bom nível é crucial para o crescimento e o desenvolvimento da economia.[296] [297]

No ano de 2015, o *Committee of Sponsoring Organizations of the Treadway Commission (COSO)*, uma organização privada norte-americana sem fins lucrativos patrocinada pelas associações norte-americanas de contadores, auditores internos, executivos financeiros e outras profissões de relevância, com objetivos de estudar o gerenciamento de risco empresarial, controles internos e de fraudes, publicou, por meio

---

294 Art. 9º O conselho de administração deve, além do previsto no art. 4º desta Resolução: I – assegurar: a) a adequada gestão da política de conformidade na instituição; b) a efetividade e a continuidade da aplicação da política de conformidade; c) a comunicação da política de conformidade a todos os empregados e prestadores de serviços terceirizados relevantes; e d) a disseminação de padrões de integridade e conduta ética como parte da cultura da instituição; II – garantir que medidas corretivas sejam tomadas quando falhas de conformidade forem identificadas; e III – prover os meios necessários para que as atividades relacionadas à função de conformidade sejam exercidas adequadamente, nos termos desta Resolução.

295 BRASIL. CONSELHO MONETÁRIO NACIONAL. *Resolução nº 4.595, de 28 de agosto de 2017*. Dispõe sobre a política de conformidade (compliance) das instituições financeiras e demais instituições autorizadas a funcionar pelo Banco Central do Brasil. Disponível em: <http://www.bcb.gov.br/pre/normativos/busca/normativo.asp?numero=4595&tipo=Resolu%C3%A7%C3%A3o&data=28/8/2017>. Acesso em: 05/06/2018.

296 POLO, Andrea. Corporate governance of banks: the current state of the debate. *SSRN*. 2007. Disponível em: <https://papers.ssrn.com/sol3/papers.cfm?abstract_id=958796>. Acesso em: 10/05/2018. p. 2.

297 Neste sentido, também: "Nalguns casos, os Bancos saíram até do seu papel tradicional de intermediários de pagamentos, de intermediários financeiros no mercado de valores mobiliários e de distribuidores de crédito, para participar mais estreitamente na gestão de empresas". (VEIGA, Vasco Soares da. *Direito bancário*. 2. ed. Coimbra: Almedina, 1997. p. 35).

do *Institute of Internal Auditors*, um roteiro de promoção de controles internos baseado em um modelo de três linhas de defesa. Referido modelo, buscando eficiência no gerenciamento de riscos e estruturas de controle, baseia-se na ideia de uma primeira linha de defesa composta por controles de gerenciamento e indicadores efetivos de controle interno; uma segunda linha com política eficiente de *compliance*, gestão integrada de riscos, controle financeiro e responsabilidades bem delineadas dos administradores e colaboradores; e, por fim, uma terceira linha baseada no procedimento de auditoria interna.[298] Segundo André Almeida Rodrigues Martinez e Carlos Fernando dos Santos Lima, as três linhas de defesa podem ser resumidas em governança corporativa, gerenciamento de riscos e *compliance*.[299]

Claro que as normas de governança das instituições financeiras devem, ainda, atender a uma máxima de proporcionalidade. Nesta seara, a aplicação do princípio da proporcionalidade, como assim é denominado pela doutrina, serve para "calibrar a intensidade das restrições ao princípio de autonomia empresarial bancária, em função da dimensão, organização interna e natureza, âmbito e complexidade das atividades desenvolvidas". Presta-se à determinação de "menores exigências em termos de governação para bancos de menor dimensão, menor risco e menor complexidade".[300]

Os contornos do contexto decisório da concessão de crédito refletem cenário complexo. Dividida a atividade bancária típica entre a formulação da política de crédito e a efetiva concessão, ambas se dão sob estrutura organizacional e de governança que sofrem a incidência de deveres de conduta inerentes à atividade de concessão de crédito.

Segundo Thierry Bonneau, tais obrigações que orbitam a relação de instituições financeiras e seus clientes na concessão de crédito são divididos entre aquelas voltadas à proteção do interesse público geral, com uma ideia de supervisão bancária, e aquelas direcionadas à proteção do próprio cliente. Tais grupos coexistem, mesmo com um aparente conflito ou incompatibilidade, quando, por exemplo, há dever de sigilo dos dados bancários do cliente e dever de informar à autoridade reguladora das peculiaridades de cada operação. Como bem refere o

---

298 COMMITTEE OF SPONSORING ORGANIZATIONS OF THE TREADWAY COMISSION. *Leveraging COSO across the three lines of defense*. 2015. Disponível em: <https://www.coso.org/Documents/COSO-2015-3LOD.pdf>. Acesso em: 04/06/2018.

299 MARTINEZ, André Almeida Rodrigues; LIMA, Carlos Fernando dos Santos. *Compliance bancário*: um manual descomplicado. São Paulo: Quartier Latin, 2018. p. 35.

300 CÂMARA, Paulo. O governo societário dos bancos – em particular, as novas regras e recomendações sobre remuneração na banca. In: CÂMARA, Paulo; MAGALHÃES, Manuel (coord.). *O novo direito bancário*. Coimbra: Almedina, 2012. p. 149.

autor, tal coexistência se baseia na limitação desta proteção individual em favor do interesse público.[301]

Trata-se de vínculo obrigacional de expectativa de conduta protetiva por parte dos administradores frente à própria instituição financeira, o sistema financeiro e terceiros. Assim, passamos ao exame mais detalhado de referidos deveres de conduta.

3.2. Os deveres de conduta legais e regulatórios frente à própria instituição financeira

Os administradores, na formulação da política de concessão de crédito e na concessão efetiva do crédito aos tomadores, devem, numa esfera primária, atender a alguns deveres de conduta, derivados da lei e das normas regulatórias, voltados à sua própria relação com a sociedade e, consequentemente, com o mercado. São deveres de conduta que, também previstos na legislação societária geral, têm seus limites e conteúdo amplificados pela especialidade da atividade bancária.

A publicação do ano de 2015 do *Bank for International Settlements* (BIS)/Comitê de Basileia, referente aos princípios da governança corporativa dos bancos, reflete a tendência dos instrumentos regulatórios prudenciais: a alocação de deveres fiduciários aos agentes de mercado da atividade bancária, criando incentivos para que haja atuação global e estrutural no sentido de promoção da estabilidade do sistema financeiro. Os órgãos da administração das instituições bancárias, refere o BIS em sua publicação, são responsáveis pela estratégia do negócio e sua robustez financeira, tomando decisões chave no cotidiano empresarial e promovendo a organização interna estrutural e de governança da instituição financeira, promovendo sua política de *compliance* e controle de riscos. Referidas estruturas devem compreender responsabilidades e funções claras entre os gestores, inclusive entre os próprios administradores, com conotação especial àqueles incumbidos do

[301] Neste sentido: "*Obligations qui gouvernent l'action des établissements de crédit dans l'accomplissement des opérations de clientèle, certaines ont pour ojectif la protection de l'intérêt général, et relèvent de ce fait de l'idée de police bancaire (473) que l'on peut définir comme l'ensemble des règles qui permettent d'assurer l'assainissement des opérations de clientèle alors que d'autres au contraire sont orientées vers la clientèle, afin de la protéger. L'articulation de ces deux séries d'obligations peut paraître difficile. Ainsi, par exemple, l'établissement de crédit est tenu à la fois par une obligation de secret et par une obligation de s'informer sur le client e d'informer les autorités publiques. L'information ainsi entendue n'est-elle pas contraire au secret ? En réalite, les devoirs des établissements de crédito envers la clientèle trouvent leur limite dans la protection d'un intérêt supérieur quis est celui du public. Les préoccupations de police bancaire viennent donc, selon les cas, restreindre ou aménager la portée des obligations reconnues au profit de la clientèle*". (BONNEAU, Thierry. *Droit bancaire*. 8. ed. Paris: Montchrestien, 2009. p. 315).

controle de riscos, atuando sempre com atenção aos deveres de cuidado e lealdade que devem empregar em suas atividades.[302]

A Lei das S.A. estabelece, como já visto neste trabalho, deveres de conduta aplicáveis aos administradores. No exercício da atividade de concessão de crédito, o administrador de instituição financeira está submetido a estes e outros deveres, em especial aqueles vinculados a identificação, mensuração e prevenção de riscos e diligência na adoção de condutas negociais, harmonizando prudência e rentabilidade por assunção de riscos.

Deveres gerais estabelecidos na legislação de forma abstrata, conforme cada empreendimento e tipo de questão negocial, moldam-se aos seus contornos para aferimento adequado da pertinência da conduta. No caso das instituições financeiras não é diferente. Deveres clássicos encontram nesta seara amplificação de seus limites.

A noção de diligência, em sentido jurídico, refere-se ao "adequado emprego de energias e meios úteis para realização de um fim determinado". Em esfera objetiva, representa o "padrão de conduta exigido no exercício de uma atividade", sendo, em uma concepção subjetiva, vinculado aos ideais de esforço, dedicação, cuidado, zelo e atenção no exercício da atividade.[303]

Optou o legislador brasileiro, no caso do dever de diligência, pela adoção de um *standard* de conduta abstrato baseado na notória figura do homem ativo e probo, referindo no art. 153 da Lei das S.A. que "o administrador da companhia deve empregar, no exercício de suas funções, o cuidado e diligência que todo homem ativo e probo costuma empregar na administração dos seus próprios negócios". Claramente o texto legal aproxima-se do critério do *bonus pater familias*, o que foi muito criticado na doutrina, tendo em vista que em terras estrangeiras optou-se por conceitos mais arrojados, como na Itália, onde é feita alusão "à diligência requerida pela natureza de sua função e de sua específica competência (art. 2.392 CC Itália)"; na Alemanha, onde

---

[302] *"23. The board has ultimate responsibility for the bank's business strategy and financial soundness, key personnel decisions, internal organisation and governance structure and practices, and risk management and compliance obligations. The board may delegate some of its functions, though not its responsibilities, to board committees where appropriate.*

24. The board should establish and be satisfied with the bank's organisational structure. This will enable the board and senior management to carry out their responsibilities and facilitate effective decision-making and good governance. This includes clearly laying out the key responsibilities and authorities of the board itself and of senior management and of those responsible for the risk management and control functions.

25. The members of the board should exercise their 'duty of care' and 'duty of loyalty' to the bank under applicable national laws and supervisory standards.". (BANK FOR INTERNATIONAL SETTLEMENTS. *Corporate governance principles for banks*, jul. 2015. Disponível em: <https://www.bis.org/bcbs/publ/d328.pdf>. Acesso em: 04/06/2018. p. 8).

[303] RIBEIRO, Renato Ventura. *Dever de diligência dos administradores de sociedades.* São Paulo: Quartier Latin, 2006. p. 207/208.

se espera a adoção de critério da diligência de diretor de empresa consciencioso (AktG de 1965, § 93); em Portugal, a diligência de um gestor criterioso e ordenado (art. 64), e na argentina, a lealdade e diligência de um bom homem de negócios. Nos Estados Unidos,[304] diz-se que "a regra mais justa e satisfatória é o grau de cuidado e diligência que um diretor ordinariamente prudente deveria razoavelmente exercer numa posição semelhante sob circunstâncias similares".[305]

Contudo, há na doutrina quem refira que deve ser afastado do exame de culpa do administrador o critério do homem médio. Há, na verdade, necessária rigorosidade no exame da culpa "levando-se em conta todo seu nível de preparação, de profissional altamente qualificado, para partindo desse *standard* de pessoa mais bem preparada para a função específica exigir-lhe o comportamento adequado, a diligência e perícia que sua condição enseja".[306]

A título comparativo, com ressalvas,[307] em Portugal existem códigos de conduta, os quais são normas editadas por órgãos de representação da classe profissional bancária, aprovados pelo Banco de Portugal ou Comissão do Mercado de Valores Mobiliários, com "conteúdo marcadamente deontológico e revestem a natureza de comandos gerais e abstractos, susceptíveis de serem impostos coercitivamente", não podendo, contudo, ultrapassar os limites legais impostos e nem contrariar o texto legal que permitiu a sua criação. Não são leis, mas constituem fontes imediatas de direito e representam "atividade para-administrativa". Dentre referidas normas há disposição expressa acerca do dever de diligência de um gestor criterioso e ordenado, além de punição pela

---

304 Há quem entenda, todavia, que o modelo utilizado no Brasil aproxima-se do norte-americano. Neste sentido: "Depreende-se da leitura do referido artigo que o dever de diligência prescrito pelo legislador consubstancia-se em padrões de comportamento amplos, flexíveis e capazes de abranger as mais diversas situações, conforme as circunstâncias e especialidade do caso concreto. Pode-se afirmar, portanto, que, seguindo o modelo norte-americano, a Lei Societária brasileira define condutas-tipo a serem observadas pelo administrador no desempenho de suas funções". (QUATTRINI, Larissa Teixeira. *Os deveres dos administradores de sociedades anônimas abertas: estudo de casos.* São Paulo: Saraiva, 2014. p. 27).

305 ADAMEK, Marcelo Vieira von. *Responsabilidade civil dos administradores S/A (e as ações correlatas).* São Paulo: Saraiva, 2009. p. 121/123.

306 WAISBERG, Ivo GORNATI, Gilberto. *Direito bancário*: contratos e operações bancárias. 2. ed. São Paulo: Saraiva, 2016. p. 211.

307 Ressalvas de tempo e espaço, não sendo uma tentativa de uso das ferramentas de direito comparado, pois como Tullio Ascarelli já alertou para que o trabalho de direito comparado não seja um amontoado de noções, algumas premissas devem ser observadas: é indispensável analisar o sistema jurídico em seu conjunto, como um todo; a disciplina de um instituto jurídico não decorre somente das normas que diretamente lhe regulam, mas também daqueles atinentes à sua qualificação jurídica; ao lado da legislação, deve-se também analisar a jurisprudência, a prática contratual e a técnica jurídica com que é interpretada a espécie jurídica em análise; devem também ser investigadas as denominadas pelo autor de "premissas implícitas" do tema, quais sejam as características econômicas, históricas, sociais, doutrinárias deste. (ASCARELLI, Tullio. *Problemas das sociedades anônimas e direito comparado.* São Paulo: Saraiva & CIA Livraria Acadêmica, 1945. p. 8/14).

inobservância de limites prudenciais que venha a resultar em grave prejuízo para o equilíbrio financeiro da instituição.[308] [309]

Especificamente no âmbito da atividade de concessão de crédito, espera-se da instituição financeira e dos seus administradores cuidado na formulação de sua política de crédito e da análise da pertinência da concessão. Não pelo viés da preocupação com o tomador do crédito – o que também é admitido –, mas sim pela noção de que a concessão de crédito de forma irresponsável pode afetar a própria instituição financeira, seus acionistas e o sistema financeiro como um todo.

Neste ponto, há que se ter extremo cuidado para escapar da caricata afirmação de que o ideal é "emprestar dinheiro para quem não precisa". Por certo que o risco de crédito é inerente à concessão de crédito. Não há que se falar em concessão de crédito sem que por parte do tomador haja um *animus* no sentido de antecipar riqueza com diversos fins ou objetivos, dentre os quais potencialmente regularizar um cenário financeiro desastroso.

Acreditamos, portanto, que a concretização do *standard* do dever de diligência no âmbito das instituições financeiras na concessão de crédito reflete cenário amplo. O cuidado com o qual devem os administradores das instituições financeiras proceder ao estudar a concessão do crédito, como refere Bruno Miragem, remete-se a um interesse generalizado na estabilidade e cumprimento do ajuste:

> Registre-se, afinal, que há um dever geral das instituições financeiras de diligência, que importa no dever de promoção da coleta de informações da forma mais ampla possível, em relação aos seus clientes, antes da tomada de decisão sobre a contratação da operação bancária/financeira, bem como para prevenir a ocorrência de crimes financeiros,

---

[308] Art. 75º. Critério de Diligência. Os membros dos órgãos de administração das instituições de crédito, bem como as pessoas que nelas exerçam cargos de direcção, gerência, chefia ou similares, devem proceder nas suas funções com a diligência de um gestor criterioso e ordenado, de acordo com o princípio da repartição de riscos e da segurança das aplicações, e tendo em conta o interesse dos depositantes, dos investidores e dos demais credores. Art. 211º. Infracções especialmente graves. São puníveis com coima de 500 000$ a 500 000 000$ ou de 200 000$ a 200 000 000$, consoante seja aplicada a ente colectivo ou a pessoa singular, as infrações adiante referidas: [...] *h*) A inobservância de relações e limites prudenciais constantes do nº 2 do artigo 96º, sem prejuízo do nº 3 do mesmo artigo, bem como dos artigos 97º, 98º, 100º, 101º, 109º, 112º e 113º, ou de outros determinados em norma geral pelo Ministro das Finanças ou pelo Banco de Portugal nos termos do artigo 99º, quando dela resulte ou possa resultar grave prejuízo para o equilíbrio financeiro da entidade em causa; [...] *j*) A violação das normas sobre crédito concedido a detentores de participações qualificadas constantes dos nºs 1, 2 e 3 do artigo 109º; *l*) Os actos dolosos de gestão ruinosa, em detrimento de depositantes, investidores e demais credores, praticados pelos membros do órgãos sociais; *m*) A prática, pelos detentores de participações qualificadas, de actos que impeçam ou dificultem de forma grave, uma gestão sã e prudente da entidade em causa; [...] (PORTUGAL. BANCO DE PORTUGAL. *Regime geral das instituições de crédito e sociedades financeiras*. Aprovado pelo Decreto-Lei nº 298/91, de 31 de dezembro, com alterações. Disponível em: <https://www.bportugal.pt/sites/default/files/anexos/legislacoes/rgicsf.pdf>. Acesso em: 15/11/2018).

[309] VEIGA, Vasco Soares da. *Direito bancário*. 2. ed. Coimbra: Almedina, 1997. p. 36/37.

> especialmente a ocultação e lavagem de capitais. Não há dúvida que um dos principais instrumentos de redução/prevenção de riscos no setor financeiro é o acesso, a organização e o uso de informações, tanto na perspectiva do cliente bancário (na qualidade de tomador do crédito), quanto das próprias instituições bancárias e financeiras (em relação à decisão dos clientes de realização de depósitos/investimentos, ou mesmo do investidor do mercado de capitais que confia na solvência e regularidade da conduta da instituição). Tal dever é reconhecido em nível internacional, cabendo aos entes reguladores e de supervisão do sistema financeiro, no âmbito nacional, exigir seu cumprimento.[310]

A Resolução nº 2.682 do CMN determina que as instituições financeiras devem classificar as operações de crédito em ordem crescente de risco (níveis AA; A; B; C; D; E; F; G; H).[311] Também, determina a provisão que deve ser feita face aos créditos de liquidação duvidosa, apontando percentual sobre o valor da operação de acordo com o risco. Neste mesmo dispositivo, aponta que a provisão não deve ser inferior ao apontado, sem prejuízo da responsabilidade dos administradores das instituições pela constituição de provisão em montantes suficientes em face de perdas prováveis na realização dos créditos.[312] Aliás, a

---

310 MIRAGEM, Bruno. *Direito Bancário*. São Paulo: Revista dos Tribunais, 2013. p. 193.

311 "O *rating* é uma avaliação de risco. [...]. o *rating* é apresentado por meio de um código ou classificação que fornece uma graduação do risco. [...] Do ponto de vista dos bancos, há cada vez mais uma preocupação maior com a avaliação do risco dos clientes. Cada banco, na qualidade de depositário dos recursos dos agentes econômicos ofertadores de fundos, necessita avaliar cuidadosamente a capacidade de pagamento dos tomadores de recursos. Do lado das autoridades monetárias, é necessário a busca da solidez do sistema financeiro para assegurar um funcionamento saudável da economia e evitar o elevado custo social de qualquer impacto negativo sobre o chamado risco sistêmico. Do lado da comunidade financeira internacional, desde o início do funcionamento do chamado Comitê de Basiléia, vem havendo uma preocupação internacional com a liquidez dos sistemas financeiros. A graduação do risco do cliente possibilita ao banco relativa uniformidade da identificação do risco de crédito do cliente e, conseqüentemente, na determinação do prêmio a ser cobrado pelo risco, bem como na exigência de garantias. Isso dará maior segurança e agilidade nos negócios, ao mesmo tempo que possibilita maior proteção dos recursos dos depositantes. Auxilia também no direcionamento das estratégias de negócios do banco. Do ponto de vista das autoridades monetárias, possibilita maior eficácia na fiscalização do sistema, especialmente na determinação do provisionamento necessário sobre a carteira de recebíveis dos bancos. Isso reduz o risco sistêmico."(SILVA, José Pereira da. *Gestão e análise de risco de crédito*. 6. ed. São Paulo: Atlas, 2008. p. 62).

312 Art. 6º A provisão para fazer face aos créditos de liquidação duvidosa deve ser constituída mensalmente, não podendo ser inferior ao somatório decorrente da aplicação dos percentuais a seguir mencionados, sem prejuízo da responsabilidade dos administradores das instituições pela constituição de provisão em montantes suficientes para fazer face a perdas prováveis na realização dos créditos: I – 0,5% (meio por cento) sobre o valor das operações classificadas como de risco nível A; II – 1% (um por cento) sobre o valor das operações classificadas como de risco nível B; [...] Art. 13. O Banco Central do Brasil poderá baixar normas complementares necessárias ao cumprimento do disposto nesta Resolução, bem como determinar: [...] II – provisionamento adicional, em função da responsabilidade do devedor junto ao Sistema Financeiro Nacional; [...] (BRASIL. CONSELHO MONETÁRIO NACIONAL. *Resolução nº 2.682, de 21 de dezembro de 1999*. Dispõe sobre critérios de classificação das operações de crédito e regras para constituição de provisão para créditos de liquidação duvidosa. Disponível em: <https://www.bcb.gov.br/pre/normativos/busca/normativo.asp?tipo=Res&ano=1999&numero=002682>. Acesso em: 07/06/2018).

própria classificação equivocada da qualidade da operação de crédito configura conduta passível de sanção administrativa.[313]

Nesse sentido, são inúmeras as decisões de processos administrativos sancionadores, julgados pelo Conselho de Recursos do Sistema Financeiro Nacional (CRSFN), referindo a vinculação da "boa técnica bancária" ao dever de diligência. Boa técnica bancária, por sinal, segundo referido arcabouço jurisprudencial, está atrelada ao cumprimento de princípios de seletividade, garantia e liquidez, critérios a serem analisados à época da concessão do crédito.[314]

---

[313] RECURSOS VOLUNTÁRIOS. Sistema Financeiro Nacional. Operações de crédito. Falta de observância dos princípios de boa gestão, de liquidez, seletividade e garantia, no deferimento de operações de crédito. Irregularidade na classificação de risco das operações de crédito. Estratégia declarada de aumentar a base de capital por meio da emissão de dívidas subordinadas. É irregular a emissão de Letras Financeiras, na modalidade de dívida subordinada, sem prévia autorização do Banco Central do Brasil. Realização de pagamentos sem evidências da efetiva prestação de serviços. Contabilização irregular de receitas de "comissão de estruturação" sobre operações crédito. Elevação artificial do resultado por meio de simulações de concessões/cessões de créditos. Obrigação legal de fiscalizar os atos da diretoria, por parte dos membros do conselho de administração. Provimentos parciais e desprovimentos. (BRASIL. CONSELHO DE RECURSOS DO SISTEMA FINANCEIRO NACIONAL. Acórdão/CRSFN 74/2018. Recorrentes: Massa Falida do Banco BVA S/A; Antonio Carlos Conversano; Antonio Luiz de Oliveira Pinto Pascoal; Benedito Ivo Lodo Filho; Carlos Jorge Moreno Yasaka; Cristine Basseto Cruz; Edison Gandolfi; Edson Vicente Sivieri; Fabio Augusto Guimarães Ferreira dos Santos; Hermes Xavier dos Santos; Jorge Ribeiro da Silva Caldas Neto; José Augusto Ferreira dos Santos; Luiz Rodolfo Palmeira Vasconcellos; Robson Luiz de Souza Brandão. Recorrido: Banco Central do Brasil. Conselheiro Relator: Waldir Quintiliano da Silva. Brasília, 24 de abril de 2018. Disponível em: <https://www.bcb.gov.br/crsfn/ementasacordaos.html>. Acesso em 04/07/2018).

[314] Neste sentido: RECURSOS VOLUNTÁRIOS E DE OFÍCIO – Infringência à boa técnica bancária (inobservância aos princípios de seletividade, garantia e liquidez) – Realização de operações com clientes possuidores de restrições cadastrais, sem ficha cadastral incompleta e emitentes de cheques sem a necessária provisão de fundos – Admissão de saques além do limite em contas de empréstimos ou *a descoberto* em contas de depósito – Renovação de empréstimos com incorporação de juros e encargos de transação anterior e com abatimento do saldo devedor e falta de nota promissória e borderô de desconto – Acolhimento, como garantia, de notas de empenho de responsabilidade de governo estadual correspondentes a compromissos assumidos com fornecedores, empreiteiras de obras ou prestadores de serviço – Ausência de medidas judiciais de cobrança relativamente a operações vencidas – Descumprimento da determinação de transferir para *Créditos em liquidação* de adiantamento a depositante com limite ultrapassado – Falta de provisão de créditos inadimplidos – Irregularidades, inclusive de natureza grave, caracterizadas – Provimento parcial aos apelos trazidos por integrantes do conselho de administração. (BRASIL. CONSELHO DE RECURSOS DO SISTEMA FINANCEIRO NACIONAL. Acórdão/CRSFN 8265/07. Recorrentes: Antonio Damião de Aguiar Ferreira; Essen Pinheiro Filho; Evandro da Silva Pereira; Geraldo Vidal da Silva; João Augusto Barbosa Monteiro; José Antônio dos Santos Guedes. Recorrido: Banco Central do Brasil. Conselheiro Relator: Fabio Martins Faria. Brasília, 22 de novembro de 2007. Disponível em: <https://www.bcb.gov.br/crsfn/ementasacordaos.html>. Acesso em 04/07/2018)

RECURSO(S) VOLUNTÁRIO(S) E DE OFÍCIO – Cooperativa de crédito – Empréstimo – Condução de negócios em desacordo com as normas de boa gestão e segurança operacional – Concessão sem observância aos princípios de seletividade, garantia, liquidez e diversificação de riscos e com taxas de juros privilegiadas a filiados, bem como participação de administradores com interesse oposto ao da instituição – Elaboração, publicação e remessa de demonstrativos contábeis com informações inexatas – Concessão de empréstimo a entidade com fim de permitir à beneficiária realizar subscrição de quotas-parte do capital social da empestadora – Descumprimento dos deveres legais e estatutários do conselho de administração de verificação do estado econômico-financeiro da cooperativa e do desenvolvimento das operações e das atividades em geral, bem

Referidos princípios ou ideais a serem perseguidos na concessão de crédito – seletividade, garantia e liquidez – representam manifestação do que se busca demonstrar no presente trabalho: existem deveres fiduciários a serem observados pelos administradores na concessão de crédito. Referem-se, respectivamente, à seleção criteriosa do tomador do crédito, exigência de garantia de cumprimento da obrigação e disponibilidade do capital, seus frutos e garantia eventualmente concedida em atenção ao risco de liquidez. São diversas faces do dever de diligência na concessão de crédito.

É clara a maximização do dever de diligência ante a especialidade da atividade bancária. Inclusive, evidenciando a aplicabilidade do dever de diligência também no âmbito da formulação da política de con-

---

como de determinação de medidas corretivas – Violação dos deveres legais e estatutários do conselho fiscal de fiscalizar a administração da cooperativa, bem como de analisar os demonstrativos contábeis, com ciência ao conselho de administração e à assembleia geral de práticas ilícitas incorridas – Caracterização das infrações, inclusive as de natureza grave – Razões recursais acolhidas em parte – Apelos voluntários a que se nega provimento ou se dá provimento parcial – Recurso de ofício improvido – Arquivamento do processo quanto à matéria objeto da subida compulsória. (BRASIL. CONSELHO DE RECURSOS DO SISTEMA FINANCEIRO NACIONAL. Acórdão/CRSFN 11005/12. Recorrentes: Cooperativa Central de Crédito da Bahia Ltda; Alexandre Teixeira de Cerqueira; Cergio Tecchio; David Gonçalves de Souza; Derivaldo Novaes de Carvalho; Iomário Silveira Amorim; Ivo Azevedo de Brito; Lauro Costa Setúbal; Reinaldo Lopes de Oliveira; Valcyr Ameida Rios. Recorrido: Banco Central do Brasil. Conselheiro Relator: Nelson Alves de Aguiar Júnior. Brasília, 25 de setembro de 2012. Disponível em: <https://www.bcb.gov.br/crsfn/ementasacordaos.html>. Acesso em 04/07/2018).

RECURSOS VOLUNTÁRIOS E DE OFÍCIO – Inobservância à boa gestão e à boa técnica bancária por desrespeito aos princípios de seletividade, garantia e liquidez – Publicação de demonstrações financeiras em desacordo com as normas constantes do Plano Contábil das Instituições do Sistema Financeiro Nacional-Cosif – Omissão no exercício da fiscalização da gestão dos diretores da área de crédito – Irregularidades caracterizadas – Configuração de transferência qualificada de controle acionário – Apelos a que se nega provimento. (BRASIL. CONSELHO DE RECURSOS DO SISTEMA FINANCEIRO NACIONAL. Acórdão/CRSFN 8397/08. Recorrentes Voluntários: Clemente de Faria; Gilberto de Andrade Faria; Inês Maria Neves Faria. Recorrido: Banco Central do Brasil. Recorrente de Ofício: Banco Central do Brasil. Recorridos Banco Bandeirantes S.A. (atual UNICARD Banco Múltiplo S.A.); Ricardo Xavier Bartels; Sérgio Luiz Ferreira. Conselheiro Relator: Raul Jorge de Pinho Curro. Brasília, 29 de julho de 2008. Disponível em: <https://www.bcb.gov.br/crsfn/ementasacordaos.html>. Acesso em 04/07/2018).

RECURSO(S) VOLUNTÁRIO(S) E DE OFÍCIO – Cooperativa de crédito – Realização de operações em desacordo com as normas de boa gestão e segurança operacional (concessão de empréstimos sem observância dos princípios de seletividade e diversificação de risco) – Descumprimento do dever do conselho fiscal de fiscalizar assídua e minuciosamente a administração da sociedade – Razões de defesa acolhidas em parte – Irregularidades, inclusive de natureza grave, caracterizadas – Apelo de um dos indiciados provido por ilegitimidade passiva (conselheiro não empossado) – Demais recursos improvidos – Arquivamento confirmado quanto à matéria objeto de subida obrigatória. (BRASIL. CONSELHO DE RECURSOS DO SISTEMA FINANCEIRO NACIONAL. Acórdão/CRSFN 11278/14. Recorrentes Voluntários: Carlos Di Tommaso; Lázaro Augusto de Mattos Neto; Luis Brasil da Costa Faggiano; Mario Hiroyuki Egami; Sidney Tommasi Garzi; Tito César dos Santos Nery. Recorrido: Banco Central do Brasil. Recorrente de Ofício: Banco Central do Brasil. Recorridos: Alamir Natucci Rizzo; Amadeu José Pinto. Ângelo Rinaldo Rossi; Edgar Figueiredo Bartolomei; Gelson Eduardo Bucheroni; Maria Luiza Rodrigues de Andrade Machado; René de Oliveira Magrini. Conselheiro Relator: Nelson Alves de Aguiar Júnior. Brasília, 03 de junho de 2014. Disponível em: <https://www.bcb.gov.br/crsfn/ementasacordaos.html>. Acesso em 04/07/2018).

cessão de crédito, não somente no ato da concessão, a própria norma regulatória destaca que os critérios e procedimentos de classificação de operações de crédito devem ser documentados e mantidos à disposição da autoridade reguladora.[315]

Inclusive, importante referir que os deveres de conduta aplicáveis não têm natureza contratual.[316] Trata-se de obrigações decorrentes de previsão legal expressa aplicável à rotina da administração da sociedade, não dependendo do gatilho da negociação ou celebração de contrato.[317]

Quanto às estruturas de gerenciamento integrado de riscos bancários, a norma regulatória aplicável, Resolução nº 4.557, do CMN, é clara ao apontar a necessidade de indicação de um diretor responsável por tais práticas preventivas e mitigadoras de risco. Gerenciar riscos, estabelecer limites para a realização de operações bancárias e outras atitudes esperadas são, sim, deveres de conduta impostos aos administradores de instituições financeiras por norma regulatória.[318]

A legislação societária brasileira[319] também estabelece o dever de lealdade do administrador. Em termos gerais, representa o víncu-

---

[315] Art. 10. As instituições devem manter adequadamente documentadas sua política e procedimentos para concessão e classificação de operações de crédito, os quais devem ficar à disposição do Banco Central do Brasil e do auditor independente. Parágrafo único. A documentação de que trata o *caput* deste artigo deve evidenciar, pelo menos, o tipo e os níveis de risco que se dispõe a administrar, os requerimentos mínimos exigidos para a concessão de empréstimos e o processo de autorização. (BRASIL. CONSELHO MONETÁRIO NACIONAL. *Resolução nº 2.682, de 21 de dezembro de 1999.* Dispõe sobre critérios de classificação das operações de crédito e regras para constituição de provisão para créditos de liquidação duvidosa. Disponível em: < https://www.bcb.gov.br/pre/normativos/busca/normativo.asp?tipo=Res&ano=1999&numero=002682>. Acesso em: 07/06/2018).

[316] Também, mesmo que fosse atribuída natureza contratual a referidos deveres, há entendimento de que, por força da solidariedade constitucional, é aberto "um novo campo de eficácia do contrato em exame [mútuo bancário], que não é proveniente da vontade de seus criadores, mas sim da aplicação de valores jurídicos [...] voltados a tutela da confiança". (BENACCHIO, Marcelo. Responsabilidade civil do banco por concessão abusiva de crédito. In: FONTES, Marcos Rolim Fernandes; WAISBERG, Ivo (Coord.). *Contratos Bancários*. São Paulo: Quartier Latin, 2006. p. 430).

[317] Tratando-se, aliás, de deveres de conduta de natureza contratual, assim como de contrato de mútuo bancário, importante recordar a lição de Pontes de Miranda no sentido de que referido contrato é de natureza real. Portanto, o contrato exige o elemento "entrega da coisa" para ser perfectibilizado, isto é, a efetiva concessão e entrega do valor pecuniário "não é elemento necessário à validade do contrato, nem à sua eficácia; é elemento necessário à sua existência", uma vez que "Sem a entrega da coisa, não há ainda mútuo. O suporte fático do negócio jurídico é insuficiente". (MIRANDA, Francisco Cavalcanti Pontes de. *Tratado de direito privado*: parte especial tomo XLII. 3. ed. São Paulo: Revista dos Tribunais, 1984. p. 8).

[318] Art. 62. As instituições mencionadas no art. 3º devem designar perante o Banco Central do Brasil diretor responsável pela estrutura simplificada de gerenciamento contínuo de riscos. Parágrafo único. Para fins da responsabilidade de que trata o caput, admite-se que o diretor indicado desempenhe outras funções na instituição, exceto as que configurem conflito de interesses. (BRASIL. CONSELHO MONETÁRIO NACIONAL. *Resolução nº 4.557, de 23 de fevereiro de 2017.* Dispõe sobre a estrutura de gerenciamento de riscos e a estrutura de gerenciamento de capital. Disponível em: < http://www.bcb.gov.br/pre/normativos/busca/normativo.asp?tipo=Resolu%C3%A7%C3%A3o&data=2017&numero=4557>. Acesso em: 04/05/2018).

[319] Art. 155. O administrador deve servir com lealdade à companhia e manter reserva sobre os seus negócios, sendo-lhe vedado: I – usar, em benefício próprio ou de outrem, com ou sem prejuízo

lo do administrador em relação aos objetivos e interesses da própria sociedade e seus acionistas.[320] Na doutrina pátria, há quem defenda que referido dever tem como função precípua enfraquecer a prática do *insider trading*, isto é, o uso de informações privilegiadas obtidas em razão do cargo em benefício próprio ou de terceiro e, mesmo que indiretamente, detrimento da sociedade.[321] Também, há referência ao fato de que espera-se do administrador, em decorrência desta lealdade, a não "usurpação e negligência no aproveitamento de oportunidades da companhia".[322]

Bem da verdade, são duas notórias faces do dever de lealdade em perspectiva comparada. Os professores da *London School of Economics*, Carsten Gerner-Beuerle, Philipp Paech e Edmund Philipp Schuster são autores de trabalho sobre os deveres de conduta e responsabilidade dos administradores, promovido a pedido da *European Comission*, em que analisaram exaustiva e comparativamente alguns temas afeitos ao presente trabalho. Em especial quanto ao dever de lealdade, referiram que nos sistemas de *common law* há certa identidade entre as noções do conteúdo deste dever relacionadas a dois pontos centrais: a contratação com partes relacionadas, onde também é abrangido o uso de informação privilegiada, e o aproveitamento e não usurpação das oportunidades comerciais da companhia pelo administrador, o que acreditamos ser também verdade no cenário analisado por este trabalho.[323]

---

para a companhia, as oportunidades comerciais de que tenha conhecimento em razão do exercício de seu cargo; II – omitir-se no exercício ou proteção de direitos da companhia ou, visando à obtenção de vantagens, para si ou para outrem, deixar de aproveitar oportunidades de negócio de interesse da companhia; III – adquirir, para revender com lucro, bem ou direito que sabe necessário à companhia, ou que esta tencione adquirir. § 1º Cumpre, ademais, ao administrador de companhia aberta, guardar sigilo sobre qualquer informação que ainda não tenha sido divulgada para conhecimento do mercado, obtida em razão do cargo e capaz de influir de modo ponderável na cotação de valores mobiliários, sendo-lhe vedado valer-se da informação para obter, para si ou para outrem, vantagem mediante compra ou venda de valores mobiliários. § 2º O administrador deve zelar para que a violação do disposto no § 1º não possa ocorrer através de subordinados ou terceiros de sua confiança. § 3º A pessoa prejudicada em compra e venda de valores mobiliários, contratada com infração do disposto nos §§ 1º e 2º, tem direito de haver do infrator indenização por perdas e danos, a menos que ao contratar já conhecesse a informação. § 4º É vedada a utilização de informação relevante ainda não divulgada, por qualquer pessoa que a ela tenha tido acesso, com a finalidade de auferir vantagem, para si ou para outrem, no mercado de valores mobiliários.

320 Importante referir, no entanto, que referido dever de lealdade frente aos interesses dos acionistas não se dá de forma individualizada, isto é, não há dever do administrador frente a cada acionista enquanto indivíduo, mas quanto à totalidade destes em razão da categoria que ocupam. (ADAMEK, Marcelo Vieira Von. *Responsabilidade civil dos administradores S/A (e as ações correlatas)*. São Paulo: Saraiva, 2009. p. 154).

321 QUATTRINI, Larissa Teixeira. *Os deveres dos administradores de sociedades anônimas abertas*: estudo de casos. São Paulo: Saraiva, 2014. p. 85/87.

322 ADAMEK, Marcelo Vieira Von. *Responsabilidade civil dos administradores S/A (e as ações correlatas)*. São Paulo: Saraiva, 2009. p. 155.

323 Em maior conteúdo: "*The duty of loyalty, broadly understood, addresses conflicts of interest between the director and the company. Particularly in common law, it has a long tradition as a distinct and*

Por certo que a problemática central das hipóteses de violação ou não do dever de lealdade reside na subjetividade da avaliação sobre quais seriam as oportunidades da companhia. Tratando-se de instituições financeiras e concessão de crédito, optamos por restringir a análise do que seriam oportunidades da companhia no sentido de que seriam estas, justamente, as hipóteses de concretização da atividade bancária típica. Cenários em que há um tomador interessado – ou um mercado para tanto – e a oportunidade de lhe alcançar crédito.

Assim sendo, é possível sugerir um conflito, pelo menos aparente, no entendimento de que não poderia o administrador deixar de fornecer crédito, e com isso gerar lucro para a sociedade. Ocorre que, por tudo já visto, ser leal à instituição financeira é justamente zelar pela sua integridade financeira e somente alcançar crédito quando apurado risco aceitável.

Ademais, a especialidade da atividade de concessão de crédito e seus impactos impôs ao legislador que criasse tipificação específica para os casos em que a instituição financeira e o administrador venham a inobservar a existência de conflito de interesses. Isto se dá porque existe presunção[324] de que o crédito concedido à parte relacionada, isto é, pessoa física ou jurídica com vínculo direto ou indireto com a instituição financeira por seus administradores ou controladores, é indevido.[325]

---

comprehensive duty that encompasses a variety of situations where the interests of the director are, or may potentially be, in conflict with the interests of the company. In other legal traditions, a fiduciary position of directors is less accentuated and the duty to avoid conflicts of interest and not to profit from the position on the board of companies is less pronounced. Neverthless, the social conflicts that the common law duty of loyalty is intended to address are identical and are recognized in most jurisdictions as in need of regulatory intervention. The most important such conflicts are: (1) related-party transactions (self-dealing), i.e. transactions between the company and the director, either directly or indirectly; and, (2) corporate opportunities, i.e. the exploitation of information that 'belongs' to the company, in particular information that is of commercial interest to the company. Most other aspects associated with the expectation that the director act loyal towards the company […] can be related to these two main applcations of the duty of loyalty." (GERNER-BEUERLE, Carsten; PAECH, Philipp; SCHUSTER, Edmund Philipp. *Study on Directors' Duties and Liability*. Londres, 2013. Disponível em: <http://eprints.lse.ac.uk/50438/1/__Libfile_repository_Content_Gerner-Beuerle,%20C_Study%20on%20directors%E2%80%99%20duties%20and%20liability(lsero).pdf>. Acesso em: 07/11/2018. p. xi)

324 Referida presunção, importante referir, adota natureza de presunção absoluta por previsão legal expressa de vedação. Contudo, analisada a operação em questão e preenchidos requisitos de exceção também previstos em lei, como por exemplo a compatibilidade da operação com critérios normais de mercado, pode-se afastar a noção prévia de proibição compulsória.

325 Art. 34. É vedado às instituições financeiras realizar operação de crédito com a parte relacionada. [ ] § 3º Considera-se parte relacionada à instituição financeira, para efeitos deste artigo, I – seus controladores, pessoas físicas ou jurídicas, nos termos do art. 116 da Lei nº 6.404, de 15 de dezembro de 1976; II – seus diretores e membros de órgãos estatutários ou contratuais; III – o cônjuge, o companheiro e os parentes, consanguíneos ou afins, até o segundo grau, das pessoas mencionadas nos incisos I e II deste parágrafo; IV – as pessoas físicas com participação societária qualificada em seu capital; e V – as pessoas jurídicas: a) com participação qualificada em seu capital; b) em cujo capital, direta ou indiretamente, haja participação societária qualificada; c) nas quais haja controle operacional efetivo ou preponderância nas deliberações, independentemente

É possível dizer que, no âmbito das instituições financeiras, referido dever de lealdade é maximizado. Não deve ser leal o administrador somente à instituição financeira e seus acionistas, mas também ao sistema financeiro como um todo, promovendo estabilidade, o que acaba por fazer justamente quando alimenta esse ciclo benéfico e recíproco de ser leal à própria instituição. Portanto, de forma mais assertiva, quando deixa de ser leal o administrador à instituição financeira também o faz frente ao sistema financeiro.

Neste ponto, há que se referir objeto constante do intuito regulatório sob o prisma do interesse público: a proporcionalidade entre assunção de riscos e remuneração dos agentes do mercado financeiro, gerando o denominado *moral hazard*, ou, em tradução consagrada, risco moral. A expressão, originária da literatura de seguros, é afeita à economia, análise econômica do direito e, atualmente, ao domínio público em geral.[326] Traduzida como risco moral, representava o cenário em que o segurado, por conta da cobertura e resguardo, reduzia os "cuidados normais em relação ao interesse protegido", havendo pouco que pudesse o segurador fazer.[327]

O risco moral tem relação íntima com o cenário de assimetria informativa, manifestando-se "quando uma parte, capaz de afetar o risco

da participação societária; e d) que possuírem diretor ou membro de conselho de administração em comum. § 4º Excetuam-se da vedação de que trata o *caput* deste artigo, respeitados os limites e as condições estabelecidos em regulamentação: I – as operações realizadas em condições compatíveis com as de mercado, inclusive quanto a limites, taxas de juros, carência, prazos, garantias requeridas e critérios para classificação de risco para fins de constituição de provisão para perdas prováveis e baixa como prejuízo, sem benefícios adicionais ou diferenciados comparativamente às operações deferidas aos demais clientes de mesmo perfil das respectivas instituições; II – as operações com empresas controladas pela União, no caso das instituições financeiras públicas federais; III – as operações de crédito que tenham como contraparte instituição financeira integrante do mesmo conglomerado prudencial, desde que contenham cláusula contratual de subordinação, observado o disposto no inciso V do art. 10 desta Lei, no caso das instituições financeiras bancárias; IV – os depósitos interfinanceiros regulados na forma do inciso XXXII do *caput* do art. 4º desta Lei; V – as obrigações assumidas entre partes relacionadas em decorrência de responsabilidade imposta a membros de compensação e demais participantes de câmaras ou prestadores de serviços de compensação e de liquidação autorizados pelo Banco Central do Brasil ou pela Comissão de Valores Mobiliários e suas respectivas contrapartes em operações conduzidas no âmbito das referidas câmaras ou prestadores de serviços; e VI – os demais casos autorizados pelo Conselho Monetário Nacional. § 5º Considera-se também realizada com parte relacionada qualquer operação que caracterize negócio indireto, simulado ou mediante interposição de terceiro, com o fim de realizar operação vedada nos termos deste artigo. § 6º O Conselho Monetário Nacional disciplinará o disposto neste artigo, inclusive a definição de operação de crédito, de limites e de participação qualificada. (BRASIL. *Lei nº 4.595, de 31 de dezembro de 1964*. Dispõe sobre a política e as Instituições Monetárias, Bancárias e Creditícias, Cria o Conselho Monetário Nacional e dá outras providências. Disponível em: <http://www.planalto.gov.br/CCivil_03/leis/L4595.htm#art34>. Acesso em: 24/11/2018.

326 ROWELL, David; CONNELLY, Luke B. A History of the term "Moral Hazard". *The journal of risk and insurance*. 2012, vol. 79, No. 4. Disponível em: <https://www.researchgate.net/publication/256040292_A_History_of_the_Term_'Moral_Hazard'>. Acesso em: 24/11/2018.

327 YAZBEK, Otavio. *Regulação do mercado financeiro e de capitais*. 2. ed. Rio de Janeiro: Elsevier, 2009. p. 40

associado a uma atividade, não pode ter seu comportamento observado".[328] Ainda, configura-se presente quando as consequências da assimetria de informação incentivam "a prática de condutas oportunistas ou a assunção de maiores riscos porque se percebe a possibilidade de transferência de responsabilidades ou custos a terceiros sem que haja sanções proporcionais correspondentes".[329]

A assimetria informacional foi primeiramente tratada no clássico artigo de George A. Akerlof. O autor tomou como exemplo o mercado americano de carros usados, campo em que a assimetria informacional é tão intensa que a falta de equilíbrio poderia resultar no afastamento de veículos de boa qualidade do mercado. A precificação linear e média de todos os veículos usados, bons ou ruins, pelo valor médio destes bens, acaba por criar desincentivo aos proprietários de bons veículos usados para sua venda e, assim, restariam somente à venda carros usados ruins (*lemons*).[330]

Pode a assimetria informacional, em graus elevados, levar ao fenômeno da seleção adversa, quando a falta de informação é tão grande que os custos do negócio se elevam ao ponto de que o negócio não é sequer vantajoso para uma parte conscienciosa ou está fadado ao fracasso em sentido amplo, podendo qualificar um determinado cenário ou mercado como ineficiente.

Marlos Lopes Godinho Erling define que se verifica a seleção adversa quando a falta de informação adequada impede que seja atribuído adequado preço em um determinado mercado "por falta de compreensão quanto à diferenciação de produtos ou serviços nele oferecidos", tomando quanto à manifestação de seleção adversa no sistema bancário pertinente exemplo: "a diminuição de taxas de juros de empréstimos tende a atrair, com maior intensidade, os maus pagadores, pois os bons pagadores não têm o costume de assumir dívidas e, se assumem, tendem a pagar pontualmente".[331]

Segundo Manoel Gustavo Neubarth Trindade, a assimetria informacional é gênero do qual o risco moral e a seleção adversa são espécies. Refere-se aos problemas decorrentes de cenários em que uma das partes detém maior carga informacional acerca dos bens ou interesses envolvidos na transação ou, ainda, a respeito das condutas adotadas

---

328 RIBEIRO, Ivan César. *Os megabancos e as crises financeiras*: uma análise teórica e jurimétrica da regulação e do direito concorrencial. São Paulo: Almedina, 2015. p. 97.

329 ERLING, Marlos Lopes Godinho. *Regulação do sistema financeiro nacional*: desafios e propostas de aprimoramento institucional. São Paulo: Almedina, 2015. p. 285.

330 AKERLOF, George A. The Market for "Lemons": Quality Uncertainty and the Market Mechanism. *The Quarterly Journal of Economics*, Vol. 84, n. 3, Aug. 1970. p. 489.

331 ERLING, *loc. cit.*, p. 286.

por cada um. Por tais características, seria "impossível ou muito custoso" averiguar a pertinência da conduta ou qualidade dos bens da outra parte, "ou mesmo monitorar o seu desempenho, permitindo que uma das partes possa se valer desta circunstância para obter, inadvertidamente, vantagens às custas da outra".[332]

No âmbito da relação bancária, cenário claro de risco moral se manifesta na "combinação entre a responsabilidade limitada e a alavancagem financeira", na medida em que, por exemplo, em um cenário de responsabilidade limitada determinado agente optaria certamente pelo investimento em grau mais rentável e concomitantemente arriscado, consciente de que não responderia por prejuízo superior ao que responsabilizou-se previamente.[333] É possível correlacionar este cenário, inclusive, com a recorrente situação em que instituições financeiras em crise são socorridas por governos ou instrumentos de proteção em rede, como fundos garantidores. Os acionistas e controladores da instituição financeira, quando fazem determinado investimento, podem acreditar que em eventual insucesso drástico terão seu prejuízo partilhado com os agentes acima referidos, porém, no seu sucesso, gozarão dos lucros sozinhos.[334] [335]

Outrossim, manifesta-se o fenômeno do risco moral no tocante à remuneração dos administradores, em especial porque muitas vezes atrelada ao volume de venda ou avaliação de transações em um determinado período de tempo. Neste sentido, os administradores receberiam bônus vultosos e vasta receita pouco se importando com o risco das operações que lhe encaminharam ao preenchimento de suas metas.

Como medida mitigatória do risco moral consagrou-se o plano de *stock options*, isto é, remuneração dos administradores com opções de compra de ações da instituição por preço determinado e futuro, criando mecanismo de incentivo para que o administrador busque a

---

332 TRINDADE, Manoel Gustavo Neubarth. *Direito contratual como redutor das falhas de mercado*. 2013. Dissertação (Dissertação de Mestrado em Direito) – Faculdade de Direito, Universidade Federal do Rio Grande do Sul. p. 71.

333 RIBEIRO, Ivan César. *Os megabancos e as crises financeiras*: uma análise teórica e jurimétrica da regulação e do direito concorrencial. São Paulo: Almedina, 2015. p. 65/66.

334 BEBCHUK, Lucian A.; SPAMANN, Holger. Regulating bankers' pay. *Harvard Law and Economics Discussion Paper n. 641*, 2010, disponível em: <https://ssrn.com/abstract=1410072>. Acesso em:16/11/2018. p. 10.

335 Importante referir que o *moral hazard* "fundamenta a ideia do *too big to fail*, pois instituições financeiras sistemicamente importantes compreendem sua importância para o sistema e, por isso, tendem a assumir mais riscos, pois sabem que a probabilidade de socorro do Estado (*bailout*) em momentos de maior instabilidade financeira é grande, isto é, sentem-se mais seguras a assumir maiores riscos financeiros". (ERLING, Marlos Lopes Godinho. *Regulação do sistema financeiro nacional*: desafios e propostas de aprimoramento institucional. São Paulo: Almedina, 2015. p. 285).

valorização dos papeis da sociedade, vinculando-o ao resultado da instituição.[336]

O próprio arcabouço regulatório já aborda referida questão. A Resolução nº 4.595, de 28 de agosto de 2017, estabelece expressamente que a remuneração dos responsáveis pelas atividades relacionadas à *compliance* deve ser estipulada de forma independente de qualquer desempenho ou resultado, evitando, além do risco moral, o denominado pela melhor doutrina de conflito de agência (*Agency Theory*), situação em que existem intenções antagônicas entre representante e representado.[337]

Também, especial lugar ocupa o dever de informar. Na definição inicial de Ricardo Negrão, o dever de informar encontra fortalecimento no direito dos sócios de fiscalizar os negócios sociais da companhia, o que se mostraria presente até mesmo em pequenas sociedades de capital fechado.[338] O princípio da publicidade legal, fonte originária do dever de informar e também fonte da necessidade de transparência por parte das companhias, "deve ser compreendido de forma abrangente. Contempla, de modo geral, as providências que visam tornar conhecidos fatos e atos jurídicos que interessam aos acionistas e a terceiros".[339]

O dever de informar está previsto na Lei Acionária e nesta encontra-se presente em pluralidade de dispositivos, tal como "o acesso do acionista aos documentos da administração, autorizando-o a pedir e receber a relação dos acionistas, a obter certidões dos livros sociais etc.", além de também estar presente no direito do acionista de "no decorrer das assembleias gerais para bem conhecer a matéria que é objeto de deliberação e, ainda, pela via do conselho fiscal, autorizando qualquer de seus membros solicitar o que lhe convier para fundamentar

---

336 BEBCHUK, Lucian A.; SPAMANN, Holger. Regulating bankers' pay. *Harvard Law and Economics Discussion Paper n. 641*, 2010, disponível em: <https://ssrn.com/abstract=1410072>. Acesso em:16/11/2018. p. 17/18.

337 Art. 8º A política de remuneração dos responsáveis pelas atividades relacionadas à função de conformidade deve ser determinada independentemente do desempenho das áreas de negócios, de forma a não gerar conflito de interesses. (BRASIL. CONSELHO MONETÁRIO NACIONAL. *Resolução nº 4.595, de 28 de agosto de 2017*. Dispõe sobre a política de conformidade (compliance) das instituições financeiras e demais instituições autorizadas a funcionar pelo Banco Central do Brasil. Disponível em: <http://www.bcb.gov.br/pre/normativos/busca/normativo.asp?numero=4595&tipo=Resolu%C3%A7%C3%A3o&data=28/8/2017>. Acesso em: 05/06/2018).

338 NEGRÃO, Ricardo. *Manual de Direito Comercial e de Empresa*. v. 1. 8. ed. São Paulo. Saraiva, 2011. p. 493.

339 GALIZZI, Gustavo Oliva. Publicar, divulgar, disponibilizar e comunicar:anotações sobre o princípio da publicidade legal na legislação societária brasileira. In: WALD, A.; GONÇALVES, F.; CASTRO, M. A. S. (coord.); FREITAS, B. V.; CARVALHO, M. T. M. (org.). *Sociedades Anônimas e Mercado de Capitais* – Homenagem ao prof. Osmar Brina Corrêa-Lima. São Paulo: Quartier Latin, 2011. p. 402-3.

seu parecer ou providência".[340] Paulo Fernando Campos Salles de Toledo[341] classifica os desdobramentos do dever de informar em três modalidades diferentes: *"a) dever de declaração no termo de posse; b) dever de revelação à assembleia geral ordinária; c) dever de comunicação e divulgação"*, apontando que as primeiras disciplinam a proteção ao acionista da companhia, e a última disciplina a proteção ao próprio mercado de valores mobiliários.

No âmbito da atividade financeira, referido dever de informar encontra maximização tanto quanto ao tomador, como será visto no subcapítulo a seguir, quanto frente à sociedade, sistema financeiro e órgão regulador. Neste sentido, há previsão expressa em norma regulatória para que o Banco Central do Brasil tenha à sua disposição documentação referente à política interna do banco, assim como no caso de levantamento de depósitos para o Fundo Garantidor de Crédito, entre outros.[342]

Eduardo Salomão Neto refere que as normas do CMN e do BACEN, mesmo que resultantes de autorização legislativa e, portanto, com força de lei, não resultam na nulidade do contrato bancário, mas sim à sanção voltada à instituição financeira e/ou seus administradores.

---

340 GONÇALVES NETO, Alfredo de Assis. *Manual das companhias, ou, Sociedades anônimas*. 3. ed. São Paulo: Revista dos Tribunais, 2013. p. 213.

341 TOLEDO, Paulo Fernando Campos Salles de. *O Conselho de Administração na Sociedade Anônima:* estrutura, funções e poderes, responsabilidade dos administradores. 2. ed. São Paulo: Atlas, 1999. p. 63.

342 Art. 14. A documentação e os registros relativos aos mecanismos de controle, procedimentos, testes e trilhas de auditoria devem ser mantidos à disposição do Banco Central do Brasil pelo prazo mínimo de cinco anos. (BRASIL. CONSELHO MONETÁRIO NACIONAL. *Resolução nº 4.474, de 31 de março de 2016*. Dispõe sobre a digitalização e a gestão de documentos digitalizados relativos às operações e às transações realizadas pelas instituições financeiras e pelas demais instituições autorizadas a funcionar pelo Banco Central do Brasil, bem como sobre o procedimento de descarte das matrizes físicas dos documentos digitalizados e armazenados eletronicamente. Disponível em: <http://www.bcb.gov.br/pre/normativos/busca/normativo.asp?numero=4474&tipo=Resolu%C3%A7%C3%A3o&data=31/3/2016>).

Art. 3º Como condição para dispor da garantia especial de que trata o Capítulo IV do Regulamento, as instituições associadas devem recolher ao FGC contribuição especial equivalente a 0,03% a.m. (três centésimos por cento ao mês) do montante dos saldos dos Depósitos a Prazo com Garantia Especial (DPGE) do FGC. [...] § 8º Ficam vedados: I – o resgate total ou parcial dos depósitos a prazo de que trata este artigo antes dos respectivos vencimentos, excetuados os casos em que, mediante concordância expressa do depositante e da instituição depositária, o resgate seja necessário para cumprimento de limites operacionais, cisão, fusão, incorporação, mudança de objeto social, transferência de controle ou para cancelamento de autorização para funcionamento da instituição depositária; e II – a captação de novos DPGE quando atingido o limite fixado no art. 4º. § 9º A documentação comprobatória das razões que fundamentaram o resgate antecipado de que trata o § 8º, inciso I, deste artigo, deve ser mantida na instituição financeira depositária, à disposição do Banco Central do Brasil, pelo prazo mínimo de 5 (cinco) anos. [...] (BRASIL. CONSELHO MONETÁRIO NACIONAL. *Resolução nº 4.222 de 23 de maio de 2013*. Altera e consolida as normas que dispõem sobre o estatuto e o regulamento do Fundo Garantidor de Créditos (FGC). Disponível em: <https://www.bcb.gov.br/pre/normativos/busca/normativo.asp?tipo=Res&ano=2013&numero=4222>).

Como exemplo, o autor cita as vedações à celebração de operações que não atendam a critérios de seletividade, garantia, liquidez e diversificação ou a concessão de crédito sem a constituição de um título adequado, conforme estabelece a Resolução nº 1.559, de 1988, do Conselho Monetário Nacional. Mesmo que nestes casos materialize-se a violação às regras de cunho administrativo regulatório, não há que se falar em nulidade do ato, mas unicamente em eventual sanção ao administrador, como advertência, multa, suspensão do exercício de cargos, cassação de autorização de funcionamento ou penas criminais. Ocorre que, segundo o autor, em que pese não anulem o contrato, tais infrações às normas regulatórias, servem estas de parâmetro para aplicação da legislação consumerista no tocante à imposição de desvantagem exagerada ao consumidor.[343]

Desta forma, prestar-se-iam também as normas regulatórias para aferimento de culpa ou basilar entendimento de configuração de dever de indenizar? Entendemos que, frente ao tomador do crédito não, no entanto, frente a um terceiro prejudicado sim. Destarte, percebe-se a importância da compreensão destes deveres de conduta dos administradores no âmbito da concessão de crédito, uma vez que a sua maximização, por inúmeras variáveis, poderá, ainda, ser considerada no aferimento de culpa ou não do mesmo pelo regime da responsabilidade civil subjetiva aplicável à espécie.

Vistos os deveres de conduta dos administradores de instituições financeiras frente à própria sociedade, seus acionistas e órgão regulador, em contexto prioritariamente societário, passamos ao exame dos deveres de conduta dos administradores frente ao próprio tomador de crédito. Trata-se de tema sempre atual, com especial destaque contemporâneo frente ao grande endividamento da sociedade de consumo.

3.3. Os deveres de conduta legais e regulatórios frente ao tomador de crédito

Dentre os deveres de conduta a serem observados pela instituição financeira estão aqueles direcionados diretamente à clientela. São normas inseridas em um contexto de supervisão comportamental, pois buscam "regular o comportamento das instituições internamente e o comportamento destas para com os seus clientes, introduzindo-se neste âmbito as normas de protecção dos consumidores".[344] Trata-se de

[343] SALOMÃO NETO, Eduardo. *Direito bancário*. 2. ed. São Paulo: Atlas, 2014. p. 193/194.

[344] MONTEIRO, Joana Pinto. O desenvolvimento recente da supervisão bancária comportamental. In: CÂMARA, Paulo; MAGALHÃES, Manuel (coord.). *O novo direito bancário*. Coimbra: Almedina, 2012. p. 234.

deveres de conduta que, neste âmbito, contexto contratual e consumerista entre a instituição financeira e o tomador de crédito,[345] se aplicam e decorrem de normas específicas, cláusulas gerais como a boa-fé ou exigências regulatórias.

Isto se dá porque, como refere Bruno Miragem, os deveres de proteção à clientela, derivados principalmente da presumível natureza consumerista da relação entre instituição financeira e tomador do crédito, escapam a bilateralidade contratual e manifestam-se em prol da proteção da estabilidade e mitigação do risco de crédito. Neste sentido:

> A base dos deveres de conduta estabelecidos não se restringe aos interesses imediatos da instituição financeira ou do tomador do crédito, senão abrange o sistema financeiro como um todo. Trata-se da fidúcia que se constitui como base do sistema e que é causa da exigência de comportamentos positivos, tanto nas relações entre as instituições financeiras e sua clientela, quanto entre as instituições financeiras entre si e na relação estabelecida entre elas e o Estado, por intermédio do órgão regulador. Esses deveres de fidúcia se manifestam mediante um mandamento de redução da assimetria informativa entre os agentes de mercado, de modo a permitir a adoção de decisões racionais na condução de seus respectivos negócios. E não há como desconhecer que daí resulta um ciclo de incentivo a comportamentos em conformidade com os deveres instituídos, por parte de todos os envolvidos, o que dá causa à redução do risco de crédito, ao menos em relação aos fatores diretamente associados ao dever de informação das partes.[346]

Segundo Joana Pinto Monteiro, não se trata de uma afirmação hipotética, mas sim de uma conclusão retirada da análise da realidade. A proteção do consumidor é a proteção do sistema financeiro. A crise de 2007/2008 demonstrou os efeitos nocivos de operações não informadas por meio da desastrosa cadeia de securitizações de títulos de alto risco com conteúdo financeiro individual de relativo baixo valor.[347] Senão vejamos:

> A crise financeira internacional em que vivemos veio realçar que a existência de uma atuação não informada dos clientes bancários pode pôr em risco a estabilidade financeira, acentuando as falhas no funcionamento dos mercados. Neste sentido, começou-se

[345] "No caso da atividade bancária, três deveres se destacam na relação entre a instituição financeira e seu cliente: os deveres de segurança, fidúcia e boa-fé." (MIRAGEM, Bruno. *Direito civil: responsabilidade civil*. São Paulo: Saraiva, 2015. p. 783).

[346] MIRAGEM, Bruno. *Direito Bancário*. São Paulo: Revista dos Tribunais, 2013. p. 190.

[347] A temática que envolve a crise do *subprime* é suficiente para inúmeros trabalhos, não sendo possível esgotá-la ou mencionar todas as teorias a ela vinculadas nesta pesquisa. Embasando a afirmação da autora, acreditamos ser pertinente referir o período inicial da crise, consubstanciado com a derrubada das taxas de juros para aquisição imobiliária como forma de fomento do mercado e acesso do crédito à camada menos favorecidas da população norte-americana, além do crescimento de um setor para-bancário envolvido na securitização de referidos título de alto risco, sem, muitas vezes, analisar individualmente ou até com mínima atenção o risco de crédito envolvido. Para mais: COSTA, Carla Guapo. *Crises financeiras na economia mundial*. 4. ed. Coimbra: Almedina, 2010. p. 61/70.

a assistir a um reconhecimento crescente da importância da regulação e da fiscalização da conduta das instituições de crédito na comercialização dos produtos e serviços bancários de retalho, e dos seus deveres de informação para com os clientes. Percebeu-se que uma conduta adequada das instituições para com os seus clientes e decisões conscientes dos clientes bancários na aquisição de produtos e serviços são fatores fundamentais para assegurar o funcionamento eficiente e a estabilidade dos mercados financeiros.[348]

Para além do crédito enquanto insumo produtivo, consolidou-se o fenômeno de massificação e facilitação do acesso ao crédito à população em geral na sociedade contemporânea. Trata-se de possibilitar ao cidadão de diversas classes sociais o instrumento de antecipação de riquezas, permitindo-o antecipar e diluir no tempo aquisições as quais não teria condições de tornar realidade em tempo presente. Deste grande fenômeno de impulso econômico, surgem também alguns apontamentos de vulnerabilidade e atração de normas protetivas em favor deste tipo de tomador de crédito.[349]

O crédito exerce, pode-se dizer, até mesmo função social. Possibilita o aumento do nível de atividade das empresas, "estimula o consumo influenciando na demanda", atua como facilitador na compra de moradia e até alimentos e auxilia empresas que não detêm o capital necessário na execução de projetos. "A tudo isso, entretanto, deve-se acrescentar que o crédito pode tornar empresas ou pessoas físicas altamente endividadas, assim como pode ser forte componente de um processo inflacionário".[350]

Outrora questionada, a aplicação do Código de Defesa do Consumidor às relações mantidas entre clientes vulneráveis, dentre estes os eventuais tomadores de crédito, e instituições financeiras é pacífica. Em que pese previsão expressa no diploma legal,[351] referida incidência das normas consumeristas foi objeto de ação direta de inconstitucionalidade (ADIn nº 2.591/DF). Referido expediente judicial foi proposto pela Confederação Nacional das Instituições Financeiras e o Supremo Tribunal Federal, quando da sua análise, apontou expressamente a consti-

---

[348] MONTEIRO, Joana Pinto. O desenvolvimento recente da supervisão bancária comportamental. In: CÂMARA, Paulo; MAGALHÃES, Manuel (coord.). *O novo direito bancário*. Coimbra: Almedina, 2012. p. 233.

[349] MIRAGEM, Bruno. *Curso de direito do consumidor*. 5. ed. São Paulo: Revista dos Tribunais, 2014. p. 394.

[350] SILVA, José Pereira da. *Gestão e análise de risco de crédito*. 6. ed. São Paulo: Atlas, 2008. p. 50

[351] Art. 3º Fornecedor e toda pessoa física ou jurídica, pública ou privada, nacional ou estrangeira, bem como os entes despersonalizados, que desenvolvem atividade de produção, montagem, criação, construção, transformação, importação, exportação, distribuição ou comercialização de produtos ou prestação de serviços. § 1º Produto é qualquer bem, móvel ou imóvel, material ou imaterial. § 2º Serviço é qualquer atividade fornecida no mercado de consumo, mediante remuneração, inclusive as de natureza bancária, financeira, de crédito e securitária, salvo as decorrentes das relações de caráter trabalhista.

tucionalidade do dispositivo e a incidência das normas consumeristas às relações de natureza bancária e financeira.[352]

Para além das normas de proteção ao consumidor menos afeitas à temática do presente trabalho, ou seja, a concessão de crédito, tal como a vedação à cobrança abusiva e redução proporcional dos juros por antecipação de pagamento futuro, elencamos como de maior pertinência alguns deveres de conduta impostos às instituições financeiras quando do contato negocial ou celebração de contrato com os consumidores tomadores de crédito.

Neste contexto, em linhas gerais, tem-se certa repetição, inclusive em pluralidade de ordenamentos jurídicos, quanto à máxima de preservação de um dever de diligência, de adequação de conduta e boa-fé por parte da instituição financeira junto à sua clientela. No tocante aos dois primeiros deveres referidos, ambos têm origem na regulação do mercado de seguros, especificamente quanto ao dever do segurador de garantir a veracidade das informações prestadas pelo segurado e também aconselhá-lo de forma satisfatória e bem informada.[353] Na lição de Bruno Miragem, ambos os paradigmas referidos, no Direito brasileiro, "convergem para o padrão de conduta exigível pela boa-fé como fonte de deveres de lealdade, colaboração e respeito às expectativas legitimas dos contratantes, instrumento de proteção da confiança nas relações negociais".[354]

Quanto à boa-fé, especificamente a boa-fé objetiva, muito já foi dito e explorado em inúmeros e valiosos trabalhos.[355] Ocorre que a recorrência e pertinência do assunto são inquestionáveis, inclusive para este trabalho, merecendo alguns comentários, mesmo que de forma breve, pois seria muito audacioso buscar o esgotamento do tema nesta oportunidade.

No âmbito das relações de consumo, assim como no direito privado em geral, ocupa a boa-fé objetiva papel de princípio basilar, até mesmo por previsão legal expressa no caso do CDC.[356] A sua eficácia,

352 Para mais: MARQUES, Cláudia Lima; ALMEIDA, João Batista de; PFEIFFER, Roberto Augusto Castellanos (coord.). *Aplicação do código de defesa do consumidor aos bancos*: ADIn 2.591. São Paulo: Revista dos Tribunais, 2006.

353 MIRAGEM, Bruno. *Direito Bancário*. São Paulo: Revista dos Tribunais, 2013. p. 189.

354 *Ibidem*, p. 190.

355 Por exemplo: CORDEIRO, António Menezes. *Da boa-fé no direito civil*. 5ª reimpressão. Coimbra: Almedina, 2013, MARTINS-COSTA, Judith. *A Boa-fé no Direito Privado Sistema e Tópica no Processo Obrigacional*. São Paulo: Revista dos Tribunais, 1999 e MIRAGEM, Bruno. *Direito civil*: direito das obrigações. São Paulo: Saraiva, 2017.

356 Art. 4º A Política Nacional das Relações de Consumo tem por objetivo o atendimento das necessidades dos consumidores, o respeito à sua dignidade, saúde e segurança, a proteção de seus interesses econômicos, a melhoria da sua qualidade de vida, bem como a transparência e harmonia das relações de consumo, atendidos os seguintes princípios: [...] III – harmonização dos

ainda no âmbito das relações de consumo, importante referir, se manifesta em pluralidade de formas, tornando de maior interesse para este trabalho a sua função geradora de deveres aos contratantes.[357]

O vínculo obrigacional é inequivocamente complexo. Chamado de "organismo" pela doutrina alemã,[358] assim como "relação-quadro", "estrutura" ou "processo", como refere Antônio Menezes Cordeiro, reflete a ideia de que "a relação obrigacional complexa não redundaria na mera soma dos elementos que a compõem, tendo antes um sentido global que os transcendem".[359] A terminologia "processo" também foi adotada em nossa doutrina, não deixando escapar, na lição de Clóvis do Couto e Silva, a noção de que se trata de um "ser dinâmico", composto por "várias fases que surgem no desenvolvimento da relação obrigacional e que entre si se ligam com interdependência".[360]

No âmbito de cada relação jurídica, fazem-se presentes alguns "deveres de prestação", podendo estes serem subdivididos entre "deveres principais, ou deveres primários de prestação – constituindo estes o núcleo da relação obrigacional e definindo o tipo contratual [...], os deveres secundários e os deveres laterais, anexos ou instrumentais". Podem, ainda, os deveres secundários observar subdivisão entre "deveres secundários meramente acessórios da obrigação principal" e "deveres secundários com prestação autônoma".[361]

Referidos deveres laterais, ou instrumentais, segundo Judith Martins-Costa, têm como finalidade a constituição de deveres de conduta. Para além da orientação ao "cumprimento da prestação ou dos deveres principais, como ocorre com os deveres secundários", estes repre-

---

interesses dos participantes das relações de consumo e compatibilização da proteção do consumidor com a necessidade de desenvolvimento econômico e tecnológico, de modo a viabilizar os princípios nos quais se funda a ordem econômica (art. 170, da Constituição Federal), sempre com base na boa-fé e equilíbrio nas relações entre consumidores e fornecedores; [...]

[357] MIRAGEM, Bruno. *Curso de direito do consumidor*. 5. ed. São Paulo: Revista dos Tribunais, 2014. p. 133/134.

[358] A doutrina alemã, inclusive, serviu como base de estudos de direito comparado que consagraram no Brasil o afastamento da orientação clássica da relação obrigacional com reconhecimento na condição de "momentos decisivos" da celebração e extinção da obrigação, "concentrando-se o exame de sua eficácia no dever de prestação ao qual se vincularam originalmente as partes". A partir daí, enxergou-se com mais clareza a formação e estrutura da relação obrigacional "como espécie de fenômenos dinâmicos, que observam uma sucessão de fases, o que se consagra pela expressão de obrigação como um processo, ou simplesmente a visão de um processo obrigacional". (MIRAGEM, Bruno. *Direito civil*: direito das obrigações. São Paulo: Saraiva, 2017. p. 42/43).

[359] CORDEIRO, António Menezes. *Da boa-fé no direito civil*. 5ª reimp. Coimbra: Almedina, 2013. p. 587/590.

[360] COUTO E SILVA, Clóvis do. *A obrigação como processo*. 9ª reimp. Rio de Janeiro: Editora FGV, 2014. p. 20.

[361] MARTINS-COSTA, Judith. *A Boa-fé no Direito Privado Sistema e Tópica no Processo Obrigacional*. São Paulo: Revista dos Tribunais, 1999. p. 437/438.

sentam o intuito de "satisfação dos interesses globais envolvidos, em atenção a uma identidade finalística, constituindo o complexo conteúdo da relação que se unifica funcionalmente", isto é, acabam dotados de função auxiliar de proteção à pessoa e ao patrimônio dos envolvidos contra "riscos e danos concomitantes", com "realização positiva do fim contratual".[362]

Tais deveres, importante referir, não se limitam à figura do devedor. A noção de que ao credor não caberia qualquer encargo já foi há muito afastada. Como resposta prática das situações em que se percebeu a resistência do credor ao cumprimento da obrigação, seja por qual motivo for, surgiram os deveres de colaboração, em muito vinculados e limitados aos limites da boa-fé objetiva.[363]

No âmbito das relações bancárias e de concessão de crédito, tema de maior interesse ao presente trabalho, percebe-se, por meio da boa-fé objetiva, a criação ou qualificação de deveres já consolidados não só nesta seara. Bruno Miragem, no campo das relações de consumo como a proposta, refere a existência de um dever de informar qualificado, dever de esclarecimento e dever de aconselhamento:

> O princípio da boa-fé impõe ao fornecedor, neste sentido, um *dever de informar qualificado*, uma vez que não exige simplesmente o cumprimento formal do oferecimento de informações, senão o dever substancial de que estas sejam efetivamente compreendidas pelo consumidor. Neste âmbito é que podem se desenvolver, de acordo com as peculiaridades da relação de consumo de que se trate, modos específicos sobre como devem ser cumpridas as exigências do princípio da boa-fé. É o caso do *dever de esclarecimento*, pelo qual o fornecedor é obrigado a informar sobre os riscos do serviço, as situações em que o mesmo é prestado, sua forma de utilização, dentre outros aspectos relevantes da contratação. Da mesma forma, o *dever de aconselhamento*, reconhecido nas relações de consumo existentes entre um profissional especialista e um não especialista, implicando no fornecimento das informações suficientes para que o consumidor possa realizar de modo livre e consciente acerca de todas as consequências possíveis, a decisão sobre qual o conteúdo do contrato que irá estabelecer.[364]

Destarte, surgem e potencializam-se deveres de conduta da eficácia da boa-fé objetiva nas relações de consumo que tratam de concessão de crédito. Tais deveres devem ser observados pela instituição financeira e, também, por seus administradores. Mais uma vez se destaca a especialidade da atividade bancária.

---

362 MARTINS-COSTA, Judith. *A Boa-fé no Direito Privado Sistema e Tópica no Processo Obrigacional.* São Paulo: Revista dos Tribunais, 1999. p. 439/440.

363 CORDEIRO, António Menezes. *Da boa-fé no direito civil.* 5ª reimp. Coimbra: Almedina, 2013. p. 587/593/594.

364 MIRAGEM, Bruno. *Curso de direito do consumidor*. 5. ed. São Paulo: Revista dos Tribunais, 2014. p. 135.

O mercado de crédito tem importância inquestionável. Também, não é exagerado qualificá-lo enquanto serviço essencial em algumas oportunidades. Todavia, por muito do que já foi exposto neste trabalho, não concordamos com a configuração de algo que poderia ser determinado de direito de acesso impositivo ao crédito por parte do consumidor ou dever da instituição financeira de concedê-lo. A preservação da fidúcia e estabilidade do sistema financeiro é, por sua vez, um dever de todos e, portanto, a concessão de crédito nestes termos e sem ressalvas seria impraticável. Por certo que a recusa tampouco poderia se dar por algum motivo ilícito ou discriminatório.[365]

Há, sim, um dever da instituição financeira de zelar pelo seu patrimônio, visando inclusive à compreensão sistêmica de sua saúde financeira. Há, sim, um dever da instituição financeira de, justamente zelando pelo seu patrimônio, averiguar o tomador em potencial e recusar a celebração de operações temerárias e compostas de elevado ou incompatível risco de crédito. Há, sim, um dever da instituição financeira de, no caso das possíveis operações sadias, informar e aconselhar o consumidor dos riscos, características e peculiaridades da operação financeira que pretende contrair.

Referidos deveres, como já discorrido, se emanam para além da relação bilateral entre tomador do crédito e instituição financeira, proporcionando estímulo à estabilidade e fidúcia do sistema financeiro.[366] Sendo assim, não se pode deixar de referir os aspectos mais particulares à bilateralidade da relação.

No âmbito do direito do consumidor, o fenômeno da facilitação do crédito, segundo Bruno Miragem, chama atenção em dois aspectos principais: primeiro, o agravamento da vulnerabilidade do consumidor no momento em que este se coloca como tomador de crédito e passa por "situações nas quais a necessidade da obtenção de recursos financeiros determina sua submissão a condições negociais extremamente onerosas". Segundo, o fenômeno do superendividamento de alguns consumidores de crédito, "mediante impossibilidade de pagamento das dívidas contraídas de boa-fé, especialmente em razão do planejamento financeiro inadequado, como também em razão de situações imprevistas".[367]

Ocorre que de bem-intencionado movimento de mercado – acesso ao crédito – resultou uma tensão paradoxal. A dignidade enquanto valor constitucional pode ser atingida pelo aumento do poder de compra

---

[365] MIRAGEM, Bruno. *Direito Bancário*. São Paulo: Revista dos Tribunais, 2013. p. 183/184.

[366] *Ibidem*, p. 190.

[367] MIRAGEM, Bruno. *Curso de direito do consumidor*. 5. ed. São Paulo: Revista dos Tribunais, 2014. p. 397/398.

na sociedade de consumo decorrente do acesso ao crédito, contudo, deste acesso ao crédito, muitas vezes, surge uma "realidade opressora do superendividamento".[368] Tal circulação do crédito de uma forma saudável, equalizada, "é um fenômeno que afeta não somente a atuação do Estado (como regulador da Economia), mas igualmente o ordenamento jurídico", devendo haver nestas esferas uma "avaliação conjunta da reiterada tensão entre proteger um patrimônio mínimo e ter que fomentar o consumo em razão da moderna Economia de mercado".[369]

Neste cenário, muito se fala no âmbito da regulação bancária e mercado de consumo em "concessão de crédito responsável (*responsible lending*)".[370] Por tal conceito, espera-se da instituição financeira a prestação de informações aos clientes que permitam aferir a "adequação do crédito concedido às suas necessidades e possibilidades financeiras". A qualificação da informação entre as partes "permite, de um lado, contrariar o grau persistentemente baixo de literacia financeira entre nós e, de outro lado, pode contribuir para diminuição dos níveis de endividamento das famílias".[371]

Em que pese não versar o presente trabalho sobre o assunto do superendividamento, é inegável uma certa correlação entre ambos, em especial quando abordados deveres de conduta na concessão de crédito derivados de normas de proteção ao consumidor. Outrossim, o fenômeno do superendividamento ocupa uma porção de realidade que o impede de passar despercebido por um trabalho como o ora proposto, enfrentando temas como os quais abordamos e abordaremos.

Neste ponto, há que se referir que a hipótese de responsabilização da instituição financeira ou seus administradores pela concessão de crédito é extraordinária – e assim deve sempre ser –, sendo que frente ao próprio tomador é indesejada e pouco provável, salvo situações excepcionais de rara configuração. Acreditar na pertinência de pedido reparatório por concessão imprudente de crédito, feito pelo próprio tomador, representaria violação da boa-fé objetiva e, quiçá, má-fé propriamente dita. Tratar-se-ia da busca de vantagem indevida e de forma irresponsável.

---

368 POMPEU, Ivan Guimarães; POMPEU, Renata Guimarães. A teoria do patrimônio mínimo versus o superendividamento: análise jurídico-econômica sobre o acesso a bens e a serviços no mercado no Brasil. In: POMPEU, Ivan Guimarães; BENTO, Lucas Fulanete Gonçalves; POMPEU; Renata Guimarães (coord.). *Estudos sobre negócios e contratos*: uma perspectiva internacional a partir da análise econômica do direito. São Paulo: Almedina, 2017. p. 239.

369 *Ibidem*, p. 251.

370 CÂMARA, Paulo. A renovação do Direito bancário no início do novo milénio. In: CÂMARA, Paulo; MAGALHÃES, Manuel (coord.). *O novo direito bancário*. Coimbra: Almedina, 2012. p. 39.

371 *Idem*.

Ocorre que o superendividamento, quando bem delineado e conceituado, demonstrado inequivocamente no caso concreto, merece, sim, tutela jurídica diferenciada. Também, ratificada a especialidade do caso concreto, é pertinente a responsabilização da instituição financeira que objetiva e claramente viola deveres de conduta protetivos não só do consumidor, mas do sistema financeiro como um todo.

Na busca de uma conceituação clara do que venha a ser o superendividamento, importante primeiro diferenciá-lo do endividamento. No caso do endividamento, as dívidas decorrentes de operações financeiras atentam ao limite do orçamento familiar, são de certa forma até mesmo saudáveis, observada a própria natureza de antecipação de riquezas do crédito e "suavização" do consumo ao longo do tempo.[372] Por sua vez, quanto ao superendividamento, as dívidas ultrapassam – em muito – o limite do orçamento familiar e sua capacidade de pagamento.[373]

"Na situação jurídica do superendividamento o devedor está impossibilitado de forma duradoura e estrutural de proceder ao pagamento das dívidas, ou seja, o inadimplemento por si só não é um indicativo do superendividamento". No caso do superendividamento, a situação é mais séria, sendo, importante referir, irreversível.[374] Em reforço, acreditamos ainda que para configuração do superendividamento e, assim, tornar a relação jurídica passível e merecedora de intervenção judicial, deve-se observar o patrimônio do tomador do crédito e vislumbrar a impossibilidade de pagamento inclusive com dilapidação patrimonial, em especial se o crédito contratado vincula-se à aquisição de bens móveis ou imóveis de alto valor ou que fogem da noção de vida digna e básica e adentram na esfera de conforto excessivo ou futilidade.[375]

Há também diferenciação entre superendividamento ativo e passivo, podendo ainda o superendividamento ativo ser subdividido entre consciente ou inconsciente. Trata-se o primeiro caso, superen-

---

[372] PINHEIRO, Armando Castelar; SADDI, Jairo. *Direito, economia e mercados*. 4ª reimp. Rio de Janeiro: Elsevier, 2005. p. 435.

[373] GIACOMINI, Daniel Orfale. Responsabilidade civil dos bancos por superendividamento do consumidor. In: GUERRA, Alexandre; BENACCHIO, Marcelo (Coord.). *Responsabilidade civil bancária*. São Paulo: Quartier Latin, 2012. p. 605/606.

[374] POMPEU, Ivan Guimarães; POMPEU, Renata Guimarães. A teoria do patrimônio mínimo versus o superendividamento: análise jurídico-econômica sobre o acesso a bens e a serviços no mercado no Brasil. In: POMPEU, Ivan Guimarães; BENTO, Lucas Fulanete Gonçalves; POMPEU; Renata Guimarães (coord.). *Estudos sobre negócios e contratos: uma perspectiva internacional a partir da análise econômica do direito*. São Paulo: Almedina, 2017. p. 252.

[375] Tal noção de bens hábeis a promover uma vida digna e básica pode ser contemplada pela noção de patrimônio Mínimo. Luiz Edson Fachin propõe o estatuto jurídico do patrimônio mínimo. Trata-se de uma flexibilização do direito patrimonial em favor da dignidade da pessoa humana, passando a coexistir com o crédito e pretensão executiva de um credor uma limitação de resposta pelo patrimônio do devedor. Para mais: FACHIN, Luiz Edson. *Estatuto jurídico do patrimônio mínimo*. 2. ed. Rio de Janeiro: Renovar, 2006.

dividamento ativo consciente, daquelas situações em que o consumidor, em exercício de má-fé, contrai débito já planejando não pagá-lo. No segundo caso, superendividamento ativo inconsciente, percebe-se que agiu impulsivamente o devedor e deixou de calcular corretamente a equalização entre sua capacidade econômica e o comprometimento pela operação financeira. O último caso, superendividamento passivo, refere cenários em que o devedor sofre, por forças exteriores e imprevisíveis, redução significativa de sua capacidade de econômica, passando, a partir do episódio, a não mais poder cumprir compromissos anteriormente contraídos.[376]

Há quem defenda que a regulamentação legal do cenário do superendividamento é primordial para garantir uma "concessão responsável do crédito", promovendo a inclusão social pelo acesso aos bens que suprem as necessidades essenciais dos agentes de mercado. A falta de regulamentação específica, segundo tal entendimento, acaba unicamente por maquiar o cenário do superendividamento com uma expansão do crédito que acaba por violar a promoção da dignidade.[377]

No Brasil, a regulamentação referida ainda não é uma realidade.[378] Tramita junto ao Poder Legislativo o Projeto de Lei nº 3.515, de 2015, o qual busca a inserção do capítulo VI-A ao Código de Defesa do Consumidor, com título "Da prevenção e do tratamento do superendividamento".[379]

Segundo o Projeto, art. 54-A, § 1º: "Entende-se por superendividamento a impossibilidade manifesta de o consumidor, pessoa natural, de boa-fé, pagar a totalidade de suas dívidas de consumo, exigíveis e vincendas, sem comprometer seu mínimo existencial".[380] Também,

---

376 GIACOMINI, Daniel Orfale. Responsabilidade civil dos bancos por superendividamento do consumidor. In: GUERRA, Alexandre; BENACCHIO, Marcelo (Coord.). *Responsabilidade civil bancária*. São Paulo: Quartier Latin, 2012. p. 605/606.

377 POMPEU, Ivan Guimarães; POMPEU, Renata Guimarães. A teoria do patrimônio mínimo versus o superendividamento: análise jurídico-econômica sobre o acesso a bens e a serviços no mercado no Brasil. In: POMPEU, Ivan Guimarães; BENTO, Lucas Fulanete Gonçalves; POMPEU; Renata Guimarães (coord.). *Estudos sobre negócios e contratos*: uma perspectiva internacional a partir da análise econômica do direito. São Paulo: Almedina, 2017. p. 252/254.

378 De forma direta, pelo menos, pois a questão do superendividamento já foi enfrentada em âmbito regulatório quando, por exemplo, houve regulamentação quanto à limitação de incidência de encargos de crédito rotativo sobre o saldo devedor de cartão de crédito: BRASIL. CONSELHO MONETÁRIO NACIONAL. *Resolução nº 4.549, de 26 de janeiro de 2017*. Dispõe sobre o financiamento do saldo devedor da fatura de cartão de crédito e de demais instrumentos de pagamento pós-pagos. em: <https://www.bcb.gov.br/pre/normativos/busca/normativo.asp?numero=4549&tipo=Resolu%C3%A7%C3%A3o&data=26/1/2017>. Acesso em: 15/11/2018.

379 BRASIL. CÂMARA DOS DEPUTADOS. *Projeto de Lei nº 3515/2015*. Disponível em: <http://www.camara.gov.br/proposicoesWeb/fichadetramitacao?idProposicao=2052490>. Acesso em: 08/06/2018.

380 O mínimo existencial, como alerta Ingo Wolfgang Sarlet, não se confunde com o mínimo vital ou um mínimo de sobrevivência: "[...] o próprio conteúdo do assim designado mínimo existen-

referida minuta de texto legal afasta a incidência de suas normas protetivas nos casos em que há comprovação de dolo ou má-fé por parte do tomador do crédito.

Evitando análise profunda do projeto de lei, assim como eventuais críticas cabíveis, ou não, sobre o seu conteúdo, convém destacar expositivamente a adoção de algumas medidas preventivas da configuração do superendividamento, em especial a regra disposta no possível art. 54-D do CDC. No parágrafo único da referida proposta de dispositivo legal, consta, na condição de penalidade por descumprimento dos deveres de informação e esclarecimento do consumidor e outras situações, a inexigibilidade ou redução dos juros remuneratórios a serem percebidos pela instituição financeira pela operação, dilação do prazo para pagamento e eventual indenização por perdas e danos.[381]

A gravidade da sanção é inquestionável. Quando o texto legal refere, em grau extremo, a possível decretação de inexigibilidade dos juros de remuneração acaba por colocar em pauta toda a razão de ser da concessão de crédito sob o ponto de vista negocial. Mesmo que preservada a devolução do capital tomado, está-se falando de prejuízo em grande escala, em especial pela falta de frutos do capital ao longo do tempo, nada menos do que isso.

Defendemos no presente trabalho a incidência de deveres de conduta na relação jurídica de concessão de crédito, aplicáveis à instituição financeira e seus administradores frente aos tomadores, e, portanto,

---

cial, que não pode ser confundido com o que se tem chamado de mínimo vital ou um mínimo de sobrevivência, de vez que este último diz com a garantia da vida humana, sem necessariamente abranger as condições para uma sobrevivência física em condições dignas, portanto, de uma vida com certa qualidade. Não deixar alguém sucumbir à fome certamente é o primeiro passo em termos de garantia de um mínimo existencial, mas não é – e muitas vezes não o é sequer de longe – o suficiente." (SARLET, Ingo Wolfgang. Mínimo existencial e direito privado. In: SILVA FILHO, José Carlos Moreira da; PEZZELLA, Maria Cristina Cereser (coord.). *Mitos e rupturas no direito civil contemporâneo*. Rio de Janeiro: Lumen Juris, 2008. p. 24/25).

[381] Art. 54-D. Na oferta de crédito, previamente à contratação, o fornecedor ou intermediário deve, entre outras condutas: I – informar e esclarecer adequadamente o consumidor, considerando sua idade, saúde, conhecimento e condição social, sobre a natureza e a modalidade do crédito oferecido, sobre todos os custos incidentes, observado o disposto nos arts. 52 e 54-B, e sobre as consequências genéricas e específicas do inadimplemento; II – avaliar a capacidade e as condições do consumidor de pagar a dívida contratada, mediante solicitação da documentação necessária e das informações disponíveis em bancos de dados de proteção ao crédito, observado o disposto neste Código e na legislação sobre proteção de dados; III – informar a identidade do agente financiador e entregar ao consumidor, ao garante e a outros coobrigados cópia do contrato de crédito. Parágrafo único. O descumprimento de qualquer dos deveres previstos no *caput* deste artigo, no art. 52 e no art. 54-C poderá acarretar judicialmente a inexigibilidade ou a redução dos juros, dos encargos ou de qualquer acréscimo ao principal e a dilação do prazo de pagamento previsto no contrato original, conforme a gravidade da conduta do fornecedor e as possibilidades financeiras do consumidor, sem prejuízo de outras sanções e de indenização por perdas e danos, patrimoniais e morais, ao consumidor. (BRASIL. CÂMARA DOS DEPUTADOS. *Projeto de Lei nº 3515/2015*. Disponível em: <http://www.camara.gov.br/proposicoesWeb/fichadetramitacao?idProposicao=2052490>. Acesso em: 08/06/2018).

havendo deveres há sanção no seu descumprimento. Ocorre que sanções graves devem acompanhar um exame rígido de requisitos para sua aplicabilidade, o que justamente pode tornar-se o ponto limiar entre o sucesso ou fracasso da proposta legislativa se assim aprovada pelo Poder Legislativo.

Também é conhecido o movimento contrário às afirmativas ora expostas. Existe entendimento no sentido de impossibilidade de intervenção legal na expressão de vontade do tomador de crédito, não havendo que se falar de deveres de conduta como os referidos por parte da instituição financeira, tampouco em penalidade de qualquer natureza por superendividamento dos consumidores. Todas estas questões, acreditamos, devem ser tratadas com parcimônia, sem qualquer radicalismo. Inclusive, como se dá em muitos tópicos do Direito, entendemos que a solução para o impasse entre estes dois mundos está nem tanto ao mar nem tanto à terra.

A pouca aplicação e consolidação forense das normas de insolvência civil em nosso ordenamento, estas ainda previstas no revogado Código de Processo Civil[382] por disposição expressa do diploma em vigor, acabam por majorar o problema.[383] Talvez se atualizadas ou bem aplicadas, tornariam quase desnecessária a disciplina autônoma do superendividamento do consumidor como se propõe.

O Brasil é um país com dimensões continentais, preenchido em seus arranjos populacionais por desigualdade econômica e, infelizmente, fraca educação. Sobretudo fraca ou ausente educação financeira. Talvez por tal motivo seja possível afirmar que a economia de consumo brasileira contemporânea seja "por natureza uma economia de endividamento, mais do que uma economia de poupança", como refere Claudia Lima Marques.[384]

Exigir um dever de informar qualificado da instituição financeira, gerando também um dever de aconselhamento[385] quase consequen-

---

382 Segundo o art. 1.052 do Código de Processo Civil vigente, "Até a edição de lei específica, as execuções contra devedor insolvente, em curso ou que venham a ser propostas, permanecem reguladas pelo Livro II, Título IV, da Lei nº 5.869, de 11 de janeiro de 1973".

383 ABRÃO, Nelson. *Direito bancário*. 17. ed. São Paulo: Saraiva, 2018. p. 583.

384 MARQUES, Claudia Lima. Algumas perguntas e respostas sobre prevenção e tratamento do superendividamento dos consumidores pessoas físicas. In: MIRAGEM, Bruno; MARQUES, Claudia Lima (org.). *Doutrinas essenciais de direito do consumidor*. Vol. 2. São Paulo: Revista dos Tribunais, 2011. p. 565.

385 Há quem prefira a nomenclatura "dever de advertir", exaltando ainda mais a conduta colaborativa esperada da instituição financeira. (GIACOMINI, Daniel Orfale. Responsabilidade civil dos bancos por superendividamento do consumidor. In: GUERRA, Alexandre; BENACCHIO, Marcelo (Coord.). *Responsabilidade civil bancária*. São Paulo: Quartier Latin, 2012. p. 607).
Em Portugal faz-se uso da denominação "dever de assistência", decorrente de um qualificado dever de informação que possibilita ao consumidor avaliar a pertinência da operação, o qual pres-

cial,[386] em especial na atividade de concessão de crédito, é razoável. Da mesma forma, é razoável compreender que não há obrigatoriedade por parte da instituição financeira na concessão do crédito, mesmo compreendida a essencialidade do serviço, uma vez que operações bancárias, em maior ou menor escala, atraindo para si proporcional atenção, geram riscos potencialmente nocivos em escala sistêmica.

Assim, percebe-se que cabe à instituição financeira e seus administradores, em especial, o atendimento de deveres de adequação e informação que resultam em um verdadeiro dever de aconselhamento. Tais deveres são voltados à estabilidade do sistema financeiro e mitigação do risco de crédito, até mesmo porque a relação bancária comporta uma "assimetria informativa de base" quase imóvel pela crescente inovação e sofisticação dos produtos bancários e o persistente baixo grau de educação financeira.[387] [388]

Delineados os deveres de conduta da instituição financeira e seus administradores na concessão de crédito frente ao próprio tomador do crédito, assim como frente à própria instituição financeira e terceiros, convém aprofundar os apontamentos acerca da responsabilidade civil destes em razão da violação destes deveres. Para tanto, será necessária análise de estruturas e noções de base deste campo do direito, assim como aprofundamento na análise de seus pressupostos em casos propostos.

---

supõe "ainda que implicitamente, um dever de conhecimento do cliente por parte da instituição de crédito (*know your client*). Tal implica que a instituição de crédito deva tomar a iniciativa de conhecer a situação financeira do cliente e os seus objetivos. Esta recolha de informação visa atingir um duplo objetivo: a um tempo, permitirá avaliar a adequação da operação bancária proposta às necessidades do cliente; a outro tempo, facultará uma aferiação da solvabilidade do cliente para a satisfação dos compromissos a assumir". (CÂMARA, Paulo. A renovação do Direito bancário no início do novo milénio. In: CÂMARA, Paulo; MAGALHÃES, Manuel (coord.). *O novo direito bancário*. Coimbra: Almedina, 2012. p. 40).

386 Quase consequencial justamente pela dificuldade em estabelecer o limite entre informar e aconselhar, o que resulta em entendimentos doutrinários diversos. Para mais: "*Information et conseil (546). Informer ne significie pas conseiller le client. L'information porte sur les conditions du service sollicité alords que le conseil concerne l'opprtunité de celui-ci. La question est de savoir si le banquier doit non seulement informer les clients mais également les conseiller. Certains auteurs (547) considèrent que le banquier n'a pas à conseiller ses clients, mais seulement à les informer. La frontière entre l'information et le conseil est toutefois difficile à tracer, ce qui explique que d'autres (548) semblent n'opérer aucune distinction et visent globalement l'obligation d'information ou de conseil et que la jurisprudence ne soit pas toujour très nette sur l'existence de l'obligation de conseil*". (BONNEAU, Thierry. *Droit bancaire*. 8. ed. Paris: Montchrestien, 2009. p. 328/329).

387 CÂMARA, *loc. cit.*, p. 36.

388 Neste sentido, o papel das autoridades reguladores também é de destaque: "Quanto às assimetrias de informação, as autoridades reguladoras financeiras assumem um papel complementar importante de coordenação do mercado no sentido de conduzir processos de disponibilização e acesso adequado de informações sobre produtos e serviços financeiros, a fim de permitir escolhas mais conscientes dos consumidores financeiros, o que também estimula a educação e a inclusão financeira das pessoas". (ERLING, Marlos Lopes Godinho. *Regulação do sistema financeiro nacional: desafios e propostas de aprimoramento institucional*. São Paulo: Almedina, 2015. p. 286).

4. *A violação dos deveres de conduta dos administradores de bancos na concessão de crédito e a responsabilidade civil*

Expostos os deveres de conduta dos administradores a serem observados na elaboração da política de crédito e sua efetiva concessão, por certo que devem ser examinadas também as consequências da violação destas expectativas de conduta. Em especial, sem desconsideração dos regimes de responsabilidade já expostos brevemente (penal e administrativo), a responsabilidade civil mais se insere no escopo deste trabalho.

A responsabilidade civil dos administradores pressupõe exame da culpa, importante referir desde já. Deste exame de culpa, exame de conduta, materializa-se também o sistema de incentivos e desincentivos que se presta a trazer eficiência ao mercado e um dever geral de segurança. Segurança justamente porque ciente o administrador das consequências de seus atos e a forma como serão analisados, diligenciará de forma prudente e protetiva aos demais, em especial quando formular o necessário apetite por riscos em que a instituição financeira firmará seu posicionamento de mercado, pois, afinal, trata-se de empreendimento que visa o lucro e só o atingirá assumindo riscos.

Não se busca no presente trabalho expandir as hipóteses de responsabilidade do administrador de instituição financeira, mas unicamente trabalhar com conclusões e afirmativas decorrentes do regime legal aplicado. Expandir tais hipóteses, em um ordenamento pátrio que já consagra alguns episódios de excesso de responsabilização, seria afastar pessoas prudentes e cautelosas dos cargos da administração. Desta forma, sugerimos também que a conduta de gestão seja analisada pelo prisma da *business judgment rule*, regra de julgamento do negócio que preserva de responsabilidade o administrador que atuou de boa-fé e em consonância com o interesse da companhia, mesmo que desta decisão tenha advindo prejuízo.

Ocorre que a responsabilidade civil percorreu longo caminho desde a sua configuração enquanto mecanismo puramente reparatório. Com ressalvas, é possível, sim, afirmar que ela abriga mais de uma função, expandindo-se também para o campo da prevenção de danos. Em especial, é justamente na responsabilidade civil subjetiva que se manifesta tal função preventiva em sua essência, na medida em que de um exame claro do nexo de causalidade entre conduta e dano pode o agente de mercado compreender cenários potencialmente causadores de dano e, como consequência, de sua responsabilização, evitando-os em ato justo de precaução e prudência.

No entanto, a existência de um forte mercado de seguros de responsabilidade civil acabou por mitigar referido efeito preventivo, na medida em que, na prática, poucos administradores de instituições financeiras operam em nosso país sem a cobertura securitária, o que lhes garante administrar com relativa tranquilidade e, quiçá, assumindo riscos que não assumiriam em um cenário sem referida cobertura. Contudo, não se busca neste trabalho tampouco criticar o mecanismo securitário, ao contrário, referido expediente satisfaz integralmente ou quase integralmente a função reparatória da responsabilidade civil, na medida em que os administradores poderão não dispor de patrimônio hábil a reparar todos os danos causados.

A responsabilidade civil caminha – e assim vem fazendo há anos – no sentido de uma reformulação, a qual entendemos se direcionar à prevenção e precaução; ao combate dos danos antes de seu acontecimento. A existência de balizadores claros baseados na norma regulatória, acerca de uma gestão temerária e que acaba por assumir riscos em demasia, se prestaria para, em um exame de pertinência da responsabilização do administrador, satisfazer referida função preventiva, mesmo que mitigada em parte pela existência de mecanismos de seguro de responsabilidade civil.

4.1. A responsabilidade civil dos administradores de bancos por gestão temerária e concessão imprudente de crédito

Na medida em que não há que falar em responsabilidade civil do administrador sem apuração de sua culpa ou violação clara de um dever de conduta, tem-se em nosso ordenamento fixação de responsabilidade civil de natureza subjetiva no âmbito do regime jurídico aplicável aos administradores de sociedades anônimas. A responsabilidade civil recairá sobre o administrador, assim como sobre diretor(es) ou membro(s) do conselho de administração da companhia, caso haja, por parte destes, desvio de suas funções e conduta danosa à própria companhia ou a qualquer terceiro.

A regulação do Sistema Financeiro Nacional, dirigida no sentido de proteção da estabilidade do sistema financeiro como um todo e de manutenção da fidúcia do mercado de crédito como dever do Estado implica a possibilidade de também esperar dos agentes que nele operam alta maturidade e comprometimento com sua estabilidade. Como visto, o não atendimento destas expectativas tem o potencial para gerar consequências gravíssimas e ofensivas até mesmo contra o próprio sistema financeiro.

Neste sentido, eventualmente, a concessão de crédito de forma irresponsável ou desmedida pode prejudicar terceiros que venham a interpretar de forma equivocada a situação financeira do tomador, acreditando na seriedade esperada da instituição financeira na concessão do crédito. Trata-se do cenário de concessão de crédito imprudente, reflexo de uma gestão temerária.

Como refere Márcio Mello Casado, crédito concedido àqueles com situação financeira tão comprometida que dele dependem inteiramente acaba dotado de efeito de criação de aparência de solvabilidade, acarretando no crescimento do número de credores e importância do passivo. Segundo o autor, tais "créditos imprudentes e inapropriados (que por vezes têm o verdadeiro carácter de 'créditos de comandita' e dos quais o banqueiro não pode privar a empresa sem provocar a sua perda), porque prejudiciais aos credores e à própria empresa, são fonte de responsabilidade civil do banqueiro".[389]

Trata-se do "encontro, e confronto, entre os interesses individuais dos financiadores e financiados com os interesses dos não participantes do ato de autonomia privada, os terceiros, também garantidos pelo ordenamento jurídico". Marcelo Benacchio qualifica como "financiamento abusivo" as concessões de crédito que envolvem "situações nas quais o banco, mesmo diante de elementos concretos que determinavam outro comportamento, realiza a concessão de crédito" e, por consequência, "permite a continuidade da atividade empresarial do financiado que cessaria se isso não fosse e, desse modo, acaba por lesar os direitos de terceiros que com ele travam relações jurídicas obrigacionais",

[389] CASADO, Márcio Mello. A responsabilidade civil das casas bancárias no fornecimento inadequado do crédito. *Revista de Direito do Consumidor*. Revista dos tribunais, São Paulo, v. 22., p. 117, 1997. p. 118.

inadimplidas por conta da real situação de insuficiência do devedor que, eventualmente, virá à tona.[390]

Rodrigo Bernardes Braga, denominando a situação de "crédito imprudente ou inapropriado", disserta sobre o dever da instituição financeira de analisar a repercussão do crédito concedido. Em especial, deve a instituição financeira evitar maquiar a real situação patrimonial de devedor contumaz que, munido do crédito bancário, poderá vir a prejudicar terceiros:

> Argumenta-se que o banco tem o dever de analisar a capacidade econômica e financeira do cliente: e, quando se cuida de uma empresa, a repercussão do crédito concedido, afetando terceiros. Estes quando lidam com uma empresa, sabendo que esta goza de crédito bancário, adquirem confiança nos negócios, especialmente se fazem contratos de duração. Assim, nos contratos de fornecimento de mercadorias ou contratos de construção, estes em geral dependentes de financiamentos. Conclui-se que o banco não deve emprestar dinheiro a quem se apresenta como insolvente ou, pelo menos, só deve emprestar nos limites das forças financeiras do cliente.[391]

Contudo, no tocante à responsabilidade civil do administrador da instituição financeira por conta de concessão imprudente de crédito, é inegável o caráter de exceção do preenchimento dos pressupostos do dever de indenizar. Neste sentido, António Menezes Cordeiro é contumaz em pautar o caráter extraordinário e peculiar da imputação:

> Por vezes, porém, a actividade da banca pode surgir associada a diversos prejuízos, particularmente no aspecto característico da concessão de crédito. Nas diversas ocorrências de insolvência ou similares, que traduzam danos para o devedor ou para os seus credores, intervêm, na prática, sempre bancos, seja como principais credores, seja como entidades cuja intervenção, a dar-se, poderia evitar ou retardar a insolvência. A essa presença da banca soma-se a ideia difundida da força económica das instituições de crédito às quais, em nome de uma equidade informe, poderiam ser pedidos sacrifícios, ainda que carecidos de clara base jurídica.[392]

António Menezes Cordeiro, em sua exposição quanto à responsabilidade do banqueiro na concessão do crédito, aponta decisões de origens francesa e belga. A primeira, caso em que um síndico de falência ajuizou ação contra um banco, credor do falido, por conta de prejuízos sofridos pelos demais credores da massa em razão do tempo demasiado e inadequado de duração da falência em razão da concessão de múltiplos créditos bancários sem fundamento. O entendimento

---

[390] BENACCHIO, Marcelo. Responsabilidade civil do banco por concessão abusiva de crédito. In: FONTES, Marcos Rolim Fernandes; WAISBERG, Ivo (Coord.). *Contratos Bancários*. São Paulo: Quartier Latin, 2006. p. 430 e 433.

[391] BRAGA, Rodrigo Bernardes. *Responsabilidade civil das instituições financeiras*. 2. ed. Rio de Janeiro: Lumen Juris, 2004. p. 182.

[392] CORDEIRO, António Menezes. *Manual de direito bancário*. 4. ed. Coimbra: Editora Almedina, 2012. p. 382.

baseia-se no conceito de falta[393], figura atípica em nosso ordenamento, mas repetida no âmbito da jurisprudência belga, a qual admite a possibilidade de responsabilização da instituição financeira que, com falta, acaba por prejudicar terceiros, "previne contra os excessos a que tal linha pode dar lugar".[394]

No direito alemão, o órgão julgador, *Reichsgericht*, na década de 1930, em decisão muito comentada, com base na vedação ao ato doloso contra os bons costumes (§ 826 do *BGB*), exaltou cinco casos em que a responsabilização do banco por concessão desmedida de crédito poderia ter lugar: (a) dilação da falência, visando a obter garantias próprias mais vantajosas; (b) exploração do devedor em estado de dependência extrema do crédito; (c) apropriação fática do negócio, tornando o devedor em mero "homem de palha"; (d) crédito-burla, maquiando a real situação deficitária do devedor e (e), por fim, atentado aos credores, tomando para si garantias àqueles destinadas.[395]

Trata-se, ao fundo, de proteção das expectativas justas de terceiros. René Savatier já abordou a situação em outro espectro, denominando-a de patrimônio aparente. O exemplo do autor é claro: uma sucessão formada por herdeiros que, dez anos após colher os frutos da herança, descobrem que não eram merecedores do patrimônio que receberam. O que ocorreria com as obrigações porventura assumidas, em especial eventuais arrendamentos ou vendas entabulados com terceiros de boa-fé que acreditavam em sua propriedade aparente? São negócios que serão mantidos ou declarados nulos? No caso de haver interferência do agente na aparência imprecisa do patrimônio, este deve responder civilmente pelos danos causados pela sua conduta, isto é, respeitar os direitos adquiridos por terceiros enganados pela simulação e incorrer na indenização de prejudicados.[396]

E se assim ocorrer com terceiros que foram prejudicados pela solvabilidade maquiada de um devedor que não merecia, por força regulatória, ser beneficiário de crédito ou o crédito na forma e extensão como concedido? Se a resolução da estruturação do gerenciamento de risco de crédito aponta que a própria companhia deve indicar um

[393] No Direito francês, em breve resumo, falta (*faulte*) é conceito que guarda similaridade com a concepção de ato ilícito no Direito brasileiro. (STOCO, Rui. Responsabilidade civil no código civil francês e no código civil brasileiro (estudos em homenagem ao bicentenário do código civil francês). In: NERY JUNIOR, Nelson; NERY, Rosa Maria Andrade. *Doutrinas essenciais de responsabilidade civil*. Vol. 1. São Paulo: Revista dos Tribunais, 2011. p. 1031).

[394] CORDEIRO, António Menezes. *Manual de direito bancário*. 4. ed. Coimbra: Editora Almedina, 2012. p. 385/387.

[395] *Ibidem*, p. 390/391.

[396] SAVATIER, René. *Cours de droit civil*. Vol. I. 2. ed. Paris: Librairie génerale de droit et de jurisprudence, 1947. p. 318/319.

diretor responsável por tais decisões, não há que se falar em responsabilidade deste administrador pela concessão imprudente? Não há, no caso, clara violação ao dever de diligência e os deveres de conduta específicos dessa atividade?

A hipótese de responsabilidade civil em pauta envolve alguns elementos caracterizadores e indispensáveis para sua configuração. Trata-se da presença de um agente em potencial, necessariamente um banco, o ato típico de concessão de crédito de forma imprudente, "na medida em que quem concedeu o crédito conhecia ou poderia ter conhecido as condições de graves dificuldades econômicas do financiado" e, por fim, a ocorrência de danos aos credores do tomador em decorrência do crédito, sejam estes credores com relações pretéritas ao crédito concedido ou posteriores à concessão, desde que "por efeito da aparência de solvabilidade criada pelo crédito irregularmente concedido e o consequente retardo na manifestação 'natural' das efetivas condições patrimoniais do financiado".[397]

Márcio Mello Casado elege três requisitos para responsabilidade civil da instituição financeira por concessão inadequada do crédito. São eles: primeiro, a concessão do crédito sem atenção aos princípios da seletividade, garantia, liquidez e diversificação de riscos, violando normas legais e regulatórias; segundo, devido à concessão temerária de crédito, com violação das normas acima referidas – nexo de causalidade – os terceiros tenham sofrido danos como endividamentos, mancha reputacional e abalo de relações comerciais e até mesmo a derrocada total e absoluta da empresa, com todos os reflexos daí decorrentes (verbas trabalhistas, etc.).[398]

O reconhecimento da responsabilidade civil depende da materialização dos seus pressupostos. Trata-se do fato, ilicitude, culpa, dano e nexo de causalidade. Na lição de António Menezes Cordeiro, fato vincula-se à presença de uma conduta humana consciente e voluntária; ilicitude decorre da violação ou inobservância de uma norma jurídica; culpa de um "juízo de censura que recai sobre o sujeito prevaricador"; dano uma "frustação de vantagens asseguradas pelo direito" e, por último, causalidade o nexo de vinculação entre o fato e o dano. Tais pressupostos, contudo, não são absolutos, podendo variar de importância

[397] BENACCHIO, Marcelo. Responsabilidade civil do banco por concessão abusiva de crédito. In: FONTES, Marcos Rolim Fernandes; WAISBERG, Ivo (Coord.). *Contratos Bancários*. São Paulo: Quartier Latin, 2006. p. 442.

[398] CASADO, Márcio Mello. A responsabilidade civil das casas bancárias no fornecimento inadequado do crédito. *Revista de Direito do Consumidor* Revista dos tribunais, São Paulo, v. 22., p. 117, 1997. p. 119.

com o caso concreto e natureza da responsabilidade civil. Por exemplo, na "violação de regras de cuidado, a primazia cabe à culpa".[399]

Em outro cenário, como já referido, o administrador pode ser réu em ação de responsabilidade movida pela própria companhia ou, alternativamente, por acionistas que representem pelo menos 5% das ações de emissão da companhia, por previsão legal expressa na Lei das S.A.[400] Portanto, na materialização de dano representado em prejuízo por parte da instituição financeira pelos efeitos da concessão imprudente de crédito, poderia o administrador ser condenado judicialmente ao ressarcimento.

Neste ponto, importante referir que há na doutrina[401] entendimento de que a instituição financeira no exercício da atividade bancária, inclusive no âmbito da concessão de crédito, atende a máxima da teoria do risco, podendo responder objetivamente perante terceiros prejudicados por concessão imprudente de crédito. Tal entendimento, caso seja abrigado pelo Poder Judiciário com base no art. 927 do Código Civil, terá grandes reflexos para o exposto neste trabalho,[402] tornando mais rotineiro o questionamento da atividade dos administradores.

O que se destaca como hipótese da presente pesquisa é o questionamento se pode o administrador da instituição financeira ser responsabilizado civilmente pela concessão imprudente de crédito, seja pelos danos causados a terceiros ou à própria instituição, observada a legitimidade ativa em cada um dos casos. Revendo e antecipando afirmativas e fundamentos expostos neste trabalho, entendemos que sim.

---

[399] CORDEIRO,António Menezes. Responsabilidade bancária, deveres acessórios e nexo de causalidade. In: CORDEIRO, António Menezes; GOMES, Januário da Costa; BASTOS, Miguel Brito; LEAL, Ana Alves (coord.). *Estudos de direito bancário I*. Coimbra: Almedina, 2018. p. 24/25.

[400] Art. 159. Compete à companhia, mediante prévia deliberação da assembléia-geral, a ação de responsabilidade civil contra o administrador, pelos prejuízos causados ao seu patrimônio. [...] § 3º Qualquer acionista poderá promover a ação, se não for proposta no prazo de 3 (três) meses da deliberação da assembléia-geral. § 4º Se a assembléia deliberar não promover a ação, poderá ela ser proposta por acionistas que representem 5% (cinco por cento), pelo menos, do capital social. [...]

[401] Neste sentido entende Marcelo Benacchio, ao referir o art. 927 do Código Civil no contexto da concessão imprudente de crédito: "[...] alberga a teoria do risco criado em nossa legislação, que também compreende a noção do risco-proveito, por ser de maior amplitude em relação a este último, portanto, os riscos que o banco cria a toda sociedade no gerenciamento e distribuição do dinheiro por meio de empréstimos a empresas para produção tem regulação normativa por essa prescrição". (BENACCHIO, Marcelo. Responsabilidade civil do banco por concessão abusiva de crédito. In: FONTES, Marcos Rolim Fernandes; WAISBERG, Ivo (Coord.). *Contratos Bancários*. São Paulo: Quartier Latin, 2006. p. 439).

[402] Aliás, o recorrente tratamento do superendividamento pelos órgãos legislativos e doutrina reflete um movimento que provavelmente se apresentará no Poder Judiciário em alguns anos. Neste sentido, será imprescindível para o próprio mercado de crédito que pleitos de indenização movidos pelo próprio tomador por concessão imprudente de crédito sejam analisados com muita cautela pelos julgadores.

A concretização do tipo penal gestão temerária de instituição financeira, como já visto, enfrentou duras críticas ao longo do tempo em razão do seu caráter abstrato. Assim sendo, é imprescindível para análise da responsabilidade do administrador o exame das imposições regulatórias de condução sadia da instituição, mitigando a prevenindo riscos e garantindo a estabilidade do mercado.[403]

Na esfera da responsabilidade civil tampouco é diferente, em nosso entendimento. Consolidada a natureza subjetiva da responsabilidade civil do administrador, é pressuposto de sua responsabilização a configuração da culpa. A culpa, por sua vez, só poderá ser claramente atestada na violação dos deveres de conduta esperados, os quais muitas vezes derivam das normas regulatórias ou são maximizados por estas. Trata-se de instrumento que escapa da cognição genérica e abstrata do julgador e direciona-se ao encontro de normas com maior objetividade e proferidas pela autoridade reguladora que detém maior conhecimento deste campo específico de atuação.

A configuração de gestão temerária na esfera administrativa sancionadora não escapa das premissas aqui expostas. O Conselho de Recursos do Sistema Financeiro Nacional (CRSFN) já referiu em julgado a caracterização da gestão temerária, independente de reconhecimento, ou não, na esfera penal,[404] por conta de concessão de crédito em inobservância aos ditames de preservação da instituição e mitigação dos riscos bancários. No caso em apreço, Acórdão/CRSFN 11102/13, os administradores – e controladores – de instituição financeira foram inabilitados de atuar nesta função e condenados ao pagamento de multas superiores a R$ 20.000.000,00 (vinte milhões de reais) em razão de prejuízos à instituição decorrentes de aportes financeiros com uso do capital da própria instituição em sociedades também controladas pelos administradores.[405]

---

[403] FELDENS, Luciano. Gestão fraudulenta e temerária de instituição financeira: contornos identificadores do tipo. In: VILADIR, Celso Sanchez; PEREIRA, Flávia Rahal Bresser; DIAS NETO, Theodomiro (Coord.). *Direito penal econômico*: crimes financeiros e correlatos. São Paulo: Saraiva, 2011. p. 85.

[404] Neste sentido também se posiciona a jurisprudência do órgão: PEDIDO DE REVISÃO NO RECURSO VOLUNTÁRIO. Cooperativa de crédito – Responsabilidade do administrador. Gestão temerária. Absolvição penal superveniente à condenação administrativa. Decisão criminal com fundamento na insuficiência de provas. Ausência de efeitos no juízo administrativo. Inexistência de fatos novos ou circunstâncias relevantes . Não conhecimento do Pedido de Revisão. (BRASIL. CONSELHO DE RECURSOS DO SISTEMA FINANCEIRO NACIONAL. Acórdão/CRSFN 53/2016. Pedido de Revisão. Requerente: Luiz Fernando Medina do Vale. Requerido: Conselho de Recursos do Sistema Financeiro Nacional. Conselheiro Relator: Flávio Maia Fernandes dos Santos. Brasília, 26 de julho de 2016. Disponível em: <https://www.bcb.gov.br/crsfn/ementasacordaos.html>. Acesso em 04/07/2018).

[405] RECURSO(S) VOLUNTÁRIO(S) – Realização, por sociedade controlada, de investimentos em empresas ligadas a controladores e administradores, em prejuízo da instituição bancária pertencente ao conglomerado – Exercício abusivo do poder de controle – Descumprimento dos deveres

Neste caso, inclusive, percebe-se clara violação ao dever de lealdade do administrador, uma vez que a operação comercial feita não tem cunho econômico lucrativo sob o ponto de vista geral, mas sim artifício que deixa de resguardar o grupo societário. Neste sentido é a lição de Marcelo Vieira von Adamek:

> Em suma, nos grupos de fato, o administrador não pode consentir com a prática de atos de favorecimento a sociedade integrante do grupo (seja ela controladora, controlado ou coligada) nem com a prática de operação, com outra sociedade do grupo, que não sejam em condições comutativas ou que não venham a receber pagamento compensatório adequado.[406]

Ora, preenchidos os requisitos autorizadores, poderia a própria instituição – por si ou seus acionistas com legitimidade – promover ação de reparação dos prejuízos suportados pelo mau uso do posto ocupado por seus administradores. Ademais, a própria norma que dita o processo administrativo sancionador (PAS), em casos não vinculados a infrações graves que provoquem alguma consequência sistêmica, admite que em termo de compromisso a própria obrigação de reparação do prejuízo seja prevista e incumbida aos infratores.[407]

---

de diligência e lealdade – Caracterização da materialidade e da autoria das infrações, inclusive as de natureza grave – Integridade da competência da Comissão de Valores Mobiliários para julgar o caso vertente em nome da proteção aos interesses dos investidores – Apelos conhecidos e improvidos, excetuado o de formulação por um dos vice-presidentes, parcialmente acolhido. Em especial os seguintes trechos: [...] 2. De acordo com o BACEN, em apertada síntese, o Banco Excel teria realizado aportes de capital, por meio de suas sociedades controladas, em sociedades de propriedade da Família Nasser – controladora do Banco Excel – e que teriam gerado prejuízos ao Banco. Outra irregularidade detectada pelo BACEN refere-se à possível gestão temerária na administração de sua controlada Excel Cartões, que teria tido prejuízos da ordem de R$74,8 milhões em 30.06.1998. Tais prejuízos decorreriam de diversas falhas na análise e concessão de cartões de crédito. Quanto a esta última, por não ter sido verificada qualquer possível irregularidade no âmbito de atuação da CVM, foi prontamente descartado o aprofundamento da investigação. [...] 4. De acordo com os fatos descritos no Relatório do Inquérito Administrativo, no semestre findo em 30.06.1998 o Banco Excel Econômico registrou prejuízo em torno de R$1,1 bilhão, dos quais R$206 milhões teriam como origem a participação em controladas. Os maiores prejuízos em participações societárias, na data-base em questão, foram decorrentes de investimentos efetuados na Excel Econômico Administradora de Cartões Ltda. (101,4 milhões), na Excel Serviços (49,7 milhões), na Compugraf Tecnologia (18,8 milhões) e na Excel Leasing (R$18,1 milhões). [...] (BRASIL. CONSELHO DE RECURSOS DO SISTEMA FINANCEIRO NACIONAL. Acórdão/CRSFN 11102/13. Recorrentes: Darci Gomes do Nascimento; Ezequiel Edmond Nasser; Jacques Nasser. Recorrida: Comissão de Valores Mobiliários. Conselheiro Relator: Marcos Martins Davidovich. Brasília, 18 de junho de 2013. Disponível em: <https://www.bcb.gov.br/crsfn/ementasacordaos.html>. Acesso em 04/07/2018).

406 ADAMEK, Marcelo Vieira Von. *Responsabilidade civil dos administradores S/A (e as ações correlatas)*. São Paulo: Saraiva, 2009 p. 157.

407 No art. 11, II, da Lei nº 13.506, há previsão expressa de necessidade de indenização dos prejuízos pelo infrator no caso assinatura de termo de compromisso que encerre as investigações. Senão vejamos: "Art. 11. O Banco Central do Brasil, em juízo de conveniência e oportunidade, devidamente fundamentado, com vistas a atender ao interesse público, poderá deixar de instaurar ou suspender, em qualquer fase que preceda a tomada da decisão de primeira instância, o processo administrativo destinado à apuração de infração prevista neste Capítulo ou nas demais normas legais e regulamentares cujo cumprimento lhe caiba fiscalizar se o investigado assinar termo de compromisso no qual se obrigue a, cumulativamente: I – cessar a prática sob investigação ou os

Também, é notório que muitos créditos problemáticos para a instituição financeira são abrigados em sua carteira por incompetência pontual ou generalizada – ou falta de seriedade – em fazer uma estreita e pertinente avaliação do risco de crédito.[408] É inegável que os "recursos humanos e materiais do banco têm, portanto, importante papel nos níveis de inadimplência da carteira de crédito", pois como bem aponta José Pereira da Silva:

> A alta direção do banco tem responsabilidade na diversificação da carteira de crédito, no fornecimento de condições materiais e na manutenção de uma equipe de profissionais preparada e atualizada para analisar, avaliar, decidir, formalizar e acompanhar os créditos concedidos. A estrutura de crédito do banco deve ser dotada das diversas unidades especializadas na coleta, na organização, no armazenamento, na análise e no uso das informações sobre clientes atuais e potenciais. Deve ser dotada de capacidade de armazenamento de informações, de tecnologia de processamento, bem como de metodologia que assegure a obtenção das escalas de classificação de risco, como o *credit scoring* utilizado na avaliação de pessoas físicas e o *rating* para pessoas jurídicas.[409]

Cabe ao autor da ação demonstrar os pressupostos da responsabilidade civil, contudo, há dever de conduta e expectativa de que a instituição financeira e seus representantes exerçam sadia avaliação do tomador do crédito. Inclusive, como se dá muito no mercado imobiliário, a concessão de crédito funciona como um timbre e atestado de credibilidade, tornando ainda mais vital a séria avaliação do risco de crédito sob pena de lesar expectativas justas de terceiros.

Neste sentido, não é demais recordar que o capital social representa, a princípio, a garantia indireta dos credores sociais, contudo, no Brasil, "a mensuração da cifra do capital social nominal se dá sem precisão de referência em relação ao tamanho do patrimônio social, ou seja, o capital social nominal acaba sendo meramente ilustrativo e não representativo" do patrimônio verdadeiro e útil da empresa. Assim, "a

---

seus efeitos lesivos; II – corrigir as irregularidades apontadas e indenizar os prejuízos; III – cumprir as demais condições que forem acordadas no caso concreto, com obrigatório recolhimento de contribuição pecuniária, observado o disposto no art. 10 desta Lei. [...] § 4º O Banco Central do Brasil não firmará termo de compromisso nas hipóteses de que trata o art. 4º desta Lei. [...]" (BRASIL. *Lei nº 13.506, de 13 de novembro de 2017.* Dispõe sobre o processo administrativo sancionador na esfera de atuação do Banco Central do Brasil e da Comissão de Valores Mobiliários [...]. Disponível em: <http://www.planalto.gov.br/ccivil_03/_ato2015-2018/2017/lei/L13506.htm>. Acesso em: 04/07/2018).

408 A avaliação do crédito passa por técnicas específicas de avaliação do risco intrínseco, aquele risco vinculado à figura do próprio cliente. É consagrada a teoria dos cinco "Cs" do crédito. Trata-se do caráter (comportamento do tomador do crédito); capacidade (capacidade gerencial e preocupação com o futuro); condições (fatores externos e não controláveis); capital (análise patrimonial do tomador dos recursos) e conglomerado (apreciação dos fatores de risco relativos às coligações do tomador). (SILVA, José Pereira da. *Gestão e análise de risco de crédito.* 6. ed. São Paulo: Atlas, 2008. p.59). Ainda, neste ponto, poderia ser inserido o campo das garantias da operação, traduzido para fins de adaptação à teoria dos "Cs" como colateral, clara referência à expressão em língua inglesa *collateral.*

409 SILVA, José Pereira da. *Gestão e análise de risco de crédito.* 6. ed. São Paulo: Atlas, 2008. p. 61.

garantia dos credores acaba por ficar diretamente ligada ao patrimônio social em si, e não ao capital social nominal".[410]

Sendo o crédito antecipação de riquezas, permitindo gerar fluxo econômico e aquisição de bens, no momento que um agente de mercado com patrimônio aparente se movimenta economicamente com base unicamente em crédito imprudente, está ou poderá estar ludibriando fornecedores e atuais ou possíveis credores. Trata-se de cenário fértil para possíveis danos a terceiros.

É possível estipular, ainda, cenário em que o dano a terceiros corresponde à concessão imprudente de crédito para majoração, melhora ou constituição de garantia real que colocará a instituição financeira em posição privilegiada frente aos demais credores. Assim sendo, a "continuidade artificial da atividade econômica da financiada, sua aparente saúde financeira, acabará por lesar credores posteriores ao crédito, os quais sofrerão dano em causalidade com a materialização do risco gerado pelo banco por meio da concessão abusiva de crédito".[411] O referido quadro agrava-se, ainda, pela noção de que para concessão do crédito – mesmo que imprudente – teve acesso a instituição financeira e seus representantes à informações financeiras do tomador que não foram igualmente disponibilizadas aos terceiros.

A intenção do legislador e do regulador ao atribuir expectativas de conduta e responsabilidade é, esperamos, a melhor de todas, ou seja, garantir eficiência ao mercado e preservá-lo de efeitos decorrentes dos riscos bancários. No entanto, é impossível deixar de destacar que – muitas vezes – a densidade do regramento regulatório e legal pode acabar por promover exatamente o efeito contrário. Excessos na possibilidade de responsabilização dos administradores podem eventualmente afastar do mercado e dos referidos cargos de administração "a atuação de pessoas conscienciosas, capacitadas e bem-intencionadas, afastando-as da direção das empresas, para em seu lugar atrair os aventureiros, trazendo como consequências a ineficiência e a irresponsabilidade".[412]

O que não é aceitável é atribuir aos bancos "posição de segurador ou garante do mercado, o que seria equivocado e preconceituoso".

---

410 PALA, Bruno Sansão; BENTO, Lucas Fulanete Gonçalves. Análise econômica da responsabilidade (des)limitada no Brasil. In: POMPEU, Ivan Guimarães; BENTO, Lucas Fulanete Gonçalves; POMPEU; Renata Guimarães (coord.). *Estudos sobre negócios e contratos*. uma perspectiva internacional a partir da análise econômica do direito. São Paulo: Almedina, 2017. p. 192/193.

411 BENACCHIO, Marcelo. Responsabilidade civil do banco por concessão abusiva de crédito. In: FONTES, Marcos Rolim Fernandes; WAISBERG, Ivo (Coord.). *Contratos Bancários*. São Paulo: Quartier Latin, 2006. p. 441/442.

412 ADAMEK, Marcelo Vieira von. *Responsabilidade civil dos administradores S/A (e as ações correlatas)*. São Paulo: Saraiva, 2009. p. 193/194.

Todavia, é viável afirmar que, neste contexto, uma nova compreensão da responsabilidade civil dos bancos na concessão do crédito corresponde à nova realidade socioeconômica e regulatória, em especial por atender as mais recentes diretrizes prudenciais de estabelecimento de deveres fiduciários aos agentes econômicos para que, com sistema de controle de incentivos, haja conjugação de esforços voltados à estabilidade do sistema financeiro.[413]

Assim dito, em que pese afirmando a possibilidade de responsabilização do administrador por concessão imprudente ou desmedida de crédito, ratificamos a peculiaridade de um eventual caso concreto que se sirva da aplicação desta máxima. Até mesmo porque pressupõe tal responsabilização a comprovação da culpa e o nexo de causalidade seria certamente uma problemática na configuração do dever de indenizar, o que não torna menos produtiva ou pertinente a presente pesquisa.

Adelaide Menezes Leitão qualifica enquanto normas de proteção aquelas vinculadas aos ideais de diligência e prevenção de riscos bancários, especialmente previstas no Regime Geral das Instituições de Crédito e Sociedades Financeiras do Banco de Portugal aprovado pelo Decreto-Lei nº 298/91.[414] Segundo a autora, fora dos casos de violação das normas de proteção referidas, a responsabilização bancária pressupõe a figura do abuso do direito ou do exercício inadmissível de posições jurídicas possibilitando a averiguação da concessão, recusa ou corte do crédito "através das figuras do *venire contra factum proprium* e do exercício em desequilíbrio".[415]

Em reforço, a autora refere também o caráter extraordinário da responsabilidade civil da instituição financeira nos casos de crédito imprudente, todavia, novamente defende Leitão a possibilidade de concretização de abuso do direito nestas hipóteses:

> Os bancos estão sujeitos a análise do crédito que concedem e não podem deliberadamente correr riscos excessivos sob pena de violação das respectivas normas. Se a recusa de concessão de crédito for justificada, não há abuso de direito, se for injustificada, repentina e violadora de uma confiança legítima, pode haver responsabilidade. Também em relação a terceiros, credores do devedor, que confiem na solvabilidade do devedor

---

[413] BENACCHIO, Marcelo. Responsabilidade civil do banco por concessão abusiva de crédito. In: FONTES, Marcos Rolim Fernandes; WAISBERG, Ivo (Coord.). *Contratos Bancários*. São Paulo: Quartier Latin, 2006. p. 456.

[414] PORTUGAL. BANCO DE PORTUGAL. *Regime geral das instituições de crédito e sociedades financeiras*. Aprovado pelo Decreto-Lei nº 298/91, de 31 de dezembro, com alterações. Disponível em: <https://www.bportugal.pt/sites/default/files/anexos/legislacoes/rgicsf.pdf>. Acesso em: 15/11/2018.

[415] LEITÃO, Adelaide Menezes. Concessão de crédito, normas de proteção e responsabilidade bancária. In: CORDEIRO, António Menezes; GOMES, Januário da Costa; BASTOS, Miguel Brito; LEAL, Ana Alves (coord.). *Estudos de direito bancário I*. Coimbra: Almedina, 2018. p. 236/238.

por força do crédito imprudente dos bancos, apenas se admite a responsabilidade bancária, à semelhança do defendido por Menezes Cordeiro, quando o financiamento é abusivo por falta de prudência ou quando vise directamente prejudicar terceiros.[416]

Refere Adelaide Menezes Leitão que na jurisprudência portuguesa, inclusive, não somente as instituições financeiras podem ser responsabilizadas civilmente pelo instituto do abuso do direito, como também clientes bancários que compactuarem com os bancos e "gerentes e outros funcionários bancários no âmbito da responsabilidade do comitente (art. 500º do Código Civil), visando a responsabilização das instituições de crédito".[417]

A problemática da eleição do abuso do direito como fonte da responsabilidade civil pela concessão imprudente de crédito é a atração de uma regra de responsabilidade civil objetiva, independente de culpa, sendo o ato ilícito decorrente de abuso do direito hipótese de ilicitude objetiva.[418] A responsabilidade civil do administrador sem exame de culpa representa cenário verticalmente contrário a todo o regramento do regime jurídico de responsabilidade civil dos administradores de companhias, voltado precipuamente ao mecanismo de incentivos à boa administração calcada em deveres de conduta a serem observados.

Também, para além de eventual incompletude ou ineficácia do conteúdo dos deveres de conduta dos administradores, a responsabilidade civil dos administradores de sociedades empresárias enfrenta uma aparente inutilidade decorrente da falta de rotina na proposição das ações respectivas. As normas de admissibilidade da ação – processuais e societárias – têm se mostrado barreira para a prática, não só no Brasil, mas também em outros ordenamentos como se dá em grande parte dos países membros da União Europeia. A realidade da concentração acionária também tem forte responsabilidade por este cenário, na medida em que administradores destas companhias normalmente guiam-se negocialmente por meio de decisões destes indivíduos ou grupos que detém o controle acionário.[419]

---

[416] LEITÃO, Adelaide Menezes. Concessão de crédito, normas de proteção e responsabilidade bancária. In: CORDEIRO, António Menezes; GOMES, Januário da Costa; BASTOS, Miguel Brito; LEAL, Ana Alves (coord.). *Estudos de direito bancário I*. Coimbra: Almedina, 2018. p. 247.

[417] *Ibidem*, p. 248.

[418] MIRAGEM, Bruno. *Abuso do direito*. 2. ed. São Paulo: Revista dos Tribunais, 2013. p. 31.

[419] Em maior conteúdo: "*Lack of enforcement. This study concludes that gaps and deficiencies exist less with regard to the substantive rules on directors' duties, and more in relation to enforcement. In the vast majority of Member States, breaches of directors' duties do not normally lead to judicial enforcement of claims against directors as long as the company continues to operate as a going concern. There are several factors that contribute to what may be seen as under-enforcement of directors' duties. We find that the most important of these factors cannot easily be addressed by changes to the national law rules concerning directors' duties; rather, the relevant obstacles are of a structural nature. First, in most jurisdictions the most important business decisions are taken by, or with the formal or informal approval of, the controlling shareholders. Consequently, it may be said that the issue in need of regulatory intervention is not so much*

Ainda, como será visto neste trabalho, nos remotos casos em que há propositura da ação e até mesmo eventual condenação, a cobertura ofertada por seguros de responsabilidade civil também acaba por mitigar os efeitos preventivos da responsabilidade civil. No entanto, tais circunstâncias externas não tiram o brilho e a importância da matéria, só tornam mais interessante o seu estudo e trazem previsibilidade para o caso de que tais realidades se alterem no futuro recente ou distante.

4.2. A *Business Judgment Rule* como proteção ao administrador diligente e a sua aplicabilidade no direito brasileiro

No tocante à alegação da violação dos referidos deveres de conduta, com enquadramento da concessão de crédito como imprudente, ressaltamos a pertinência da arguição pelo administrador da valiosa ferramenta da "regra de julgamento de negócio". A *Business Judgment Rule* é uma construção do Judiciário norte-americano. Tem como primeiro precedente *Percy v. Millaudon*, de 1829, da Suprema Corte de Louisiana, que estabeleceu em uma ação de responsabilidade contra um administrador de companhia que o simples prejuízo decorrente de uma decisão negocial não implica em imediata responsabilidade do administrador, devendo a decisão negocial para tanto ser considerada um ato incompatível com o julgamento de um homem comum.[420]

---

wrongdoing by the directors that affects the shareholders as a class, but rather the minority/majority shareholder conflict. Second, the rules on standing do not seem to be working well. If the board of directors in companies with a one-tier board structure has authority to instigate proceedings on behalf of the company, the conflict of interest is apparent, in particular where incumbents are sued. However, data indicates that the problem is not alleviated by allocating the power to enforce the company's claims to another organ, for example the general meeting or, in companies following the two-tier board model, the supervisory board. Third, the institutional preconditions may not be always be conducive to enforcement. Even where the law on the books seems to be, in principle, satisfactory, enforcement is perceived in some Member States as being lengthy, expensive, and fraught with uncertainties. In addition, the perception of the competence and efficacy of the judicial system does not seem to be unreservedly positive in all Member States. Shareholders may prefer to remove the incumbent directors and appoint new ones, rather than applying to the courts. As a consequence of these factors, enforcement in most jurisdictions is confined to cases of fraudulent conduct and particularly grave breaches of directors' duties. In some cases, claims against directors are also brought following a change of control, although such claims are often excluded in the relevant agreements leading to the change of control. Enforcement activity also occurs where the duty of loyalty is implicated and directors have engaged in self-dealing or misappropriated corporate assets. It should be noted, that the findings do not, in itself, call into question the effectiveness of the relevant legal rules. The level of compliance with director's duties, particularly in larger companies, is perceived to be very high in some of the Member States that do not exhibit high levels of litigation activity." (GERNER-BEUERLE, Carsten; PAECH, Philipp; SCHUSTER, Edmund Philipp. *Study on Directors' Duties and Liability*. Londres, 2013. Disponível em: <http://eprints.lse.ac.uk/50438/1/_Libfile_repository_Content_Gerner-Beuerle,%20C_Study%20on%20directors%E2%80%99%20duties%20and%20liability(lsero).pdf>. Acesso em: 07/11/2018. p. xvi/xvii.).

[420] GEVURTZ, Franklin A. *Corporation Law*. 2. ed. Saint Paul: Thomson Reuters, 2010. p. 286.

O exercício da função de administrador garante – e obriga – àqueles que a exercem conhecimento profundo acerca da "vida da sociedade que dirige", muito pela posição diversa da que ocupam em relação aos sócios, exercendo gerência sobre propriedade destes, podendo dispor dos bens da sociedade. No entanto, como consequência desta posição privilegiada em um cenário de assimetria informacional, apresenta-se em lei uma série de deveres a serem observados pelos administradores no exercício das funções a que foram confiados.[421]

Por certo que o acesso a informações sensíveis de propriedade exclusiva da sociedade empresária, muitas vezes, também se dá no âmbito de prepostos e empregados incumbidos de tarefas de gestão. No entanto, o escopo da *Business Judgment Rule* não lhes alcança, pois o complexo de normas que disciplina a atividade dos administradores "é uma sistemática de índole societária, com regras particulares, não se confundindo com a figura do mero preposto, cujo vínculo não se reveste dessa mesma natureza", não estando sujeito, portanto, aos mesmos deveres e responsabilidades.[422]

É ferramenta de controle de incentivos voltada à eficiência. O propósito da *Business Judgment Rule* é "evitar que pessoas capazes fiquem com receio de administrar uma companhia, sabendo que poderão colocar em risco ou até perder todo seu patrimônio pessoal quando assumirem qualquer risco, mesmo que inerente à atividade da companhia".[423]

Trata-se de instrumento de inibição da revisão de decisões negociais, promovendo paralelamente o isolamento patrimonial do diligente administrador, permitindo-lhe assumir riscos empresariais e buscar, sem medo de comprometer-se pessoalmente, a maximização dos lucros e dos interesses dos sócios da própria sociedade. É validadora e garantidora dos ditames da separação patrimonial que tanto colaboraram para o desenvolvimento do direito empresarial e do cenário econômico como um todo.

Qual é a responsabilidade dos administradores por sua própria incompetência? Isto é, podem os administradores ser responsabilizados civilmente por sua incompetência? Esta pergunta foi lançada por

---

421 PARENTE, Norma Jonssen. O dever de lealdade do administrador e a oportunidade comercial. In: KUYVEN, Luiz Fernando Martins (coord.). *Temas essenciais de direito empresarial*: estudos em homenagem a Modesto Carvalhosa. São Paulo: Saraiva, 2012. p. 915.

422 FÉRES, Marcelo Andrade. A rede empresarial: pelo correto conhecimento dos prepostos e dos administradores das sociedades anônimas. In: WALD, Arnoldo; GONÇALVES, Fernando; SOARES DE CASTRO, Moema Augusta (coord.); FREITAS, Bernardo Vianna; CARVALHO, Mário Tavernard Martins de (org.). *Sociedades anônimas e mercado de capitais*. São Paulo: Quartier Latin, 2011. p. 495.

423 SILVA, Alexandre Couto. *Responsabilidade dos administradores de S/A*: Business judgment rule. Rio de janeiro: Elsevier, 2007. p. 142.

James Cox, Thomas Lee Hazen e F. Hodge O'Neal em sua obra. Os autores respondem que os administradores da companhia devem agir com zelo e prudência, não respondendo por prejuízos decorrentes de erros honestos de julgamento ou riscos atinentes ao negócio.[424]

Ocorre que seria muito simplória e estática a regra em pauta se houvesse apenas dois requisitos a serem preenchidos para a sua aplicação. De simplória nada tem a *Business Judgment Rule*. Pelo contrário. Inexiste até então "formulação uniforme sobre o conceito e o alcance da regra na *case law*", não sendo somente instrumento de averiguação de boa-fé, interesse da companhia, ou dever de diligência, mas sim objeto de incontáveis precedentes que mais e mais contornam o seu alcance.[425]

São diversos os fundamentos de aplicação da *Business Judgment Rule*, dentre os quais destacam-se, na lição de Nelson Eizirik, Ariádna Gaal, Flávia Parente e Marcus de Freitas Henriques:

> (a) Mesmo os administradores mais diligentes podem tomar decisões que, julgadas posteriormente, parecem negligentes por terem causado dano à sociedade;
>
> (b) A assunção de riscos é inerente às decisões empresariais, não podendo ser exigidos dos administradores sempre resultados favoráveis à companhia;
>
> (c) seria prejudicial à própria sociedade que as decisões tomadas pelos administradores pudessem ser constantemente questionadas pelos sócios; e
>
> (d) os juízes, por não possuírem experiência empresarial, não estão aptos a substituírem os administradores e decidirem sobre a oportunidade e a conveniência (discricionariedade) de suas decisões de negócios.[426]

Os julgadores não devem adentrar – a princípio – no mérito da decisão negocial, em que pese essa própria decisão objeto demonstre a inabilidade dos administradores para figurar na posição de gestão que ocupam. A aplicação da *Business Judgment Rule* pressupõe, no melhor entendimento, a adoção de uma conduta pelo menos razoavelmente diligente e zelosa pelo administrador. Há, no entanto, um limite para o exercício desta prerrogativa. Até que ponto é valiosa ou benéfica a proteção dos gestores por prejuízos causados por sua falta de inteligência, visão e senso de negócios? Um corpo diretivo composto por conselheiros e administradores que adote ações apressadas e com baixa carga informacional não pode se proteger de sua responsabilidade pela *Business Judgment Rule*.[427]

---

[424] COX, James D.; HAZEN, Thomas Lee; O'NEAL, F. Hodge. *Corporations*. New York: Aspen Law & Business, 1997. p. 184.

[425] PARGENDLER, Mariana. Responsabilidade civil dos administradores e *Business judgment rule* no direito brasileiro. *Revista dos Tribunais*, RT, v. 953, p. 51-74, mar. 2015. p. 52.

[426] *Idem*. e EIZIRIK, Nelson. GAAL, Ariádna; PARENTE, Flávia; HENRIQUES, Marcus de Freitas. *Mercado de capitais – regime jurídico*. 3. ed. Rio de Janeiro: Renovar, 2011. p. 440.

[427] COX, James D.; HAZEN, Thomas Lee; O'NEAL, F. Hodge. *Corporations*. New York: Aspen Law & Business, 1997. p. 184.

Como alerta Franklin Gevurtz, há consenso em uma noção geral do que seria a *Business Judgment Rule* como referida neste trabalho e ora exposta – norma de proteção do administrador em decisões negociais adequadas –, no entanto, ao contrário, quando julgadores ou doutrinadores adentram na esfera do conteúdo desta regra, buscando estipular o conteúdo específico de aplicação da regra, não há referida concordância.[428] Muito desta dificuldade reside na falsa premissa de que há uma "regra de julgamento do negócio". Não há uma regra, como bem alerta Gevurtz, há na verdade um instituto multifacetado. Uma expressão com inúmeros significados.[429]

A *Business Judgment Rule*, ao longo do tempo, apresentou diversas facetas, "ora sendo presunção de adequação da decisão do administrador ofertando-lhes um porto seguro (*safe harbor*)" se observados alguns requisitos, ora sendo novamente um padrão de revisão ou não revisão judicial, ora como uma doutrina de abstenção e ora "como manifestação de uma ampla política econômica construída sobre a ideia de livre-iniciativa e estímulo ao empreendimento".[430]

Os critérios mais estáticos de aplicação da *Business Judgment Rule*, mais palpáveis, no entanto, ocupam maior destaque no estudo do tema. O clássico precedente *Casey v Woodruff* estabelece que para usufruir da proteção decorrente da regra deve a decisão ter sido tomada (1) em exercício consciente de julgamento, (2) abastecida das atinentes informações, (3) em boa-fé e sem conflito de interesses e (4) com um forte base racional. No entanto, mencionando referido precedente, destaca Robert Clark o quão difícil é traçar a linha entre um erro honesto e um negligente.[431]

Também, em uma de suas múltiplas facetas, comporta o ideal de "presunção de que os administradores, no exercício de suas funções, sempre agem de boa-fé, de maneira informada e no interesse da companhia". Desta força de presunção resulta o entendimento consequente de que qualquer apontamento em sentido de responsabilizar os administradores deve, primeiramente, ter condições de afastar a presunção. Isto significa dizer que, afastada a presunção, se afasta a aplicação da *Business Judgment Rule*, mas não necessariamente seria condenado o administrador ao pagamento de qualquer valor a titulo de reparação

[428] GEVURTZ, Franklin A. *Corporation Law*. 2. ed. Saint Paul: Thomson Reuters, 2010. p. 286/287.

[429] *Idem*.

[430] BARBOSA, Henrique Cunha. Business judgment rule. In: COELHO, Fábio Ulhoâ. *Tratado de direito comercial*: tipos societários, sociedades limitadas e sociedades anônimas. Vol. 2. São Paulo: Saraiva, 2015. p. 470.

[431] CLARK, Robert Charles. *Corporate Law*. 13. ed. New York: Aspen Law & Business, 1986. p. 124.

de prejuízos econômicos, salvo casos de demonstração do nexo causal e violação dos deveres de conduta.[432]

Por óbvio, no entanto, a regra não é intransponível. As situações em que a proteção concedida pela *Business Judgment Rule* é afastada são diversas. Esse afastamento pode se dar no caso de contaminação da decisão por fraude, conflito de interesses, ilegalidade ou erro grosseiro, segundo diversos precedentes.[433]

Algumas hipóteses como, por exemplo, decisões dos administradores que correspondam à fraude ou situações de ilegalidade, como o suborno de agentes de governo para favorecimento em contratos com a administração pública ou relaxamento de fiscalização regulatória, não serão sob condição alguma abarcados pela proteção da *Business Judgment Rule* pela sua clara violação aos preceitos legais de conduta da seara penal. Em especial, mesmo com a ideia de um retorno financeiro e lucro para a companhia, não se trata de observância ao interesse da companhia, posto que nenhum ato ilegal corresponderia à satisfação de um objeto social, qualquer que seja. Tampouco tal conduta pode ser considerada fruto de negligência ou imprudência, pelo contrário, trata-se de comportamento ativo em excesso, no entanto, direcionado justamente no sentido de uma conduta legal e penalmente reprovável.[434]

Segundo Alexandre Couto Silva, a *Business Judgment Rule* pode ser afastada caso constatado no contexto decisório abuso de discricionariedade. O próprio autor qualifica referida situação em cenário de conduta raro e extraordinário. Trata-se dos casos em que são objeto de análise decisões irracionais e irrazoáveis que fogem do limite dos poderes discricionários do administrador, inferindo-se desta situação má-fé.[435] O autor, ainda, leciona que o desperdício de ativos, tais como transações de troca de patrimônio da companhia por bens de menor valor, compras de insumos em desconformidade com os reais preços praticados em mercado, compras desnecessárias à satisfação do interesse da companhia, entre outros, não são abrigados pela proteção da

---

432 BRIGAGÃO, Pedro Henrique Castello. *A administração de companhias e a Business Judgment Rule*. São Paulo: Quartier Latin, 2017. 119/120.

433 CLARK, Robert Charles. *Corporate Law*. 13. ed. New York: Aspen Law & Business, 1986. p. 124.

434 Neste sentido: "*When committing frauds directors are just the opposite from negligent; they are too active. Indeed, the cases of real negligence do not relate to frauds, to violations of law, to usurpations of authority, but rather to the mode or manner of exercising authority. Negligence among bank directors is, in truth, chiefly neglect-neglect to do the things required of them, or to do them in a proper manner.*" (BOLLES, Albert S. The duty and liability of bank directors. *The Yale Law Journal*, v. 12, n. 5, mar. 1903, p. 287-305, disponível em: <www.jstor.org/stable/782050>. Acesso em: 04/11/2018. p. 298.).

435 SILVA, Alexandre Couto. *Responsabilidade dos administradores de S/A: Business Judgment Rule*. Rio de janeiro: Elsevier, 2007. p. 207/208.

regra, em especial porque configuram quebra dos deveres fiduciários do administrador.[436]

A *Business Judgment Rule* oferece um "porto seguro" aos administradores, garantindo tranquilidade para que assumam riscos naturais da gestão empresarial, avaliando sadiamente e com discricionariedade a conveniência e oportunidade de decisões em nome da maximização dos lucros. A redução da discricionariedade ou o excesso na responsabilização dos administradores poderia "inviabilizar a gestão empresarial, pelo excessivo 'engessamento' de suas atividades".[437]

Muito se falou dos efeitos estáticos ou externos da *Business Judgment Rule*, assim ora denominados aqueles derivados de sua aplicação e presença em precedentes, isto é, os incentivos de comportamento decorrentes da ciência de sua existência. Ocorre que a aplicação em específico do instituto, a princípio, se dá no âmbito das ações derivadas, procedimentos movidos por acionistas para provocar a companhia a ajuizar ações de responsabilidade contra administradores ou terceiros, assim como nas próprias ações de responsabilidade, servindo aos administradores como escudo de defesa quanto ao mérito dos questionamentos do cumprimento ou não de deveres fiduciários.[438]

Como define Mariana Pargendler, a *Business Judgment Rule* é conceito fruto da jurisprudência e não codificado e, portanto, "seu conteúdo e aplicação têm oscilado ao longo do tempo e do espaço". No entanto, em que pese tais oscilações, a sua razão de ser é clara: "proteger a discricionariedade decisória de administradores bem intencionados, eximindo-os do dever de indenizar por eventuais prejuízos gerados à companhia".[439]

É um fato que o uso de algumas premissas particulares da *Business Judgment Rule* vem crescendo a passos largos em nosso País. Em especial, é rotineira a referência à regra de julgamento do negócio nos julgados dos processos administrativos da CVM. Ocorre que a recepção ou não do instrumento pelo ordenamento brasileiro é debate acalorado até os dias de hoje. A doutrina se divide em alguns posicionamentos quanto à compatibilidade do conteúdo da *Business Judgment Rule* com a regra estabelecida no art. 159, § 6°, da Lei das S.A.[440]

---

[436] SILVA, Alexandre Couto. *Responsabilidade dos administradores de S/A: Business judgment rule*. Rio de Janeiro: Elsevier, 2007. p. 209.

[437] EIZIRIK, Nelson. *A lei das S/A comentada: volume II – arts. 121 a 188*. São Paulo: Quartier Latin, 2011. p. 416/417.

[438] SILVA, *op. loc.*, p. 231.

[439] PARGENDLER, Mariana. Responsabilidade civil dos administradores e *Business judgment rule* no direito brasileiro. *Revista dos Tribunais*, RT, v. 953, p. 51-74, mar. 2015. p. 52.

[440] Assim dispõe o artigo de lei referido por alguns como base da *business judgment rule* em nosso ordenamento: "Art. 159. Compete à companhia, mediante prévia deliberação da assembléia-geral,

A corrente majoritária, apontando a importação da *Business Judgment Rule* pelo art. 159, § 6º, da Lei das Sociedades Anônimas, ocupa grande destaque na doutrina, contendo expoentes do peso de Osmar Brina Corrêa-Lima.[441] Alguns questionamentos preliminares, às vezes até mesmo pontuados pelos expoentes da referida corrente majoritária, apontam em sentido contrário ao atestado. Ocorre que o art. 159 da Lei das Sociedades Anônimas é aplicável às ações de responsabilidade movidas contra administradores e, assim sendo, seu escopo de aplicação seria mais restrito e inaplicável, por exemplo, no âmbito de processos administrativos sancionadores da CVM, como antecipado acima, entre outros pontos também em seguida enfrentados.

Aprimorando a corrente majoritária, há o entendimento bem representado por Mariana Pargendler de que a *Business Judgment Rule* foi na verdade a inspiração do art. 159, § 6º, da Lei das S.A., podendo ser disseminada, no mínimo, a título exemplificativo em terreno pátrio. No entanto, segundo a posição, não é possível a sua recepção por completo em nosso ordenamento por meio deste dispositivo legal por questões de fundo.[442]

O mais recente entendimento, capitaneado por Henrique Cunha Barbosa e Pedro Brigagão, aponta que a *Business Judgment Rule* na verdade foi inspiração do art. 158. Uma vez que já de antemão resguarda o administrador de responsabilidade se atender aos deveres fiduciários e cumprir seus objetivos, estariam aí com mais presença os preceitos da *Business Judgement Rule*.[443]

---

a ação de responsabilidade civil contra o administrador, pelos prejuízos causados ao seu patrimônio. § 1º A deliberação poderá ser tomada em assembléia-geral ordinária e, se prevista na ordem do dia, ou for conseqüência direta de assunto nela incluído, em assembléia-geral extraordinária. § 2º O administrador ou administradores contra os quais deva ser proposta ação ficarão impedidos e deverão ser substituídos na mesma assembléia. § 3º Qualquer acionista poderá promover a ação, se não for proposta no prazo de 3 (três) meses da deliberação da assembléia-geral. § 4º Se a assembléia deliberar não promover a ação, poderá ela ser proposta por acionistas que representem 5% (cinco por cento), pelo menos, do capital social. § 5º Os resultados da ação promovida por acionista deferem-se à companhia, mas esta deverá indenizá-lo, até o limite daqueles resultados, de todas as despesas em que tiver incorrido, inclusive correção monetária e juros dos dispêndios realizados. § 6º O juiz poderá reconhecer a exclusão da responsabilidade do administrador, se convencido de que este agiu de boa-fé e visando ao interesse da companhia. § 7º A ação prevista neste artigo não exclui a que couber ao acionista ou terceiro diretamente prejudicado por ato de administrador.".

[441] CORRÊA-LIMA, Osmar Brina. *Responsabilidade civil dos administradores de sociedade anônima*. Rio de Janeiro: Aide, 1989, p. 126.

[442] PARGENDLER, Mariana. Responsabilidade civil dos administradores e *Business judgment rule* no direito brasileiro. *Revista dos Tribunais*, RT, v. 953, p. 51-74, mar. 2015. p. 55.

[443] BARBOSA, Henrique Cunha. Business judgment rule. In: COELHO, Fábio Ulhoâ. *Tratado de direito comercial: tipos societários, sociedades limitadas e sociedades anônimas*. Vol. 2. São Paulo: Saraiva, 2015. p. 487 e BRIGAGÃO, Pedro Henrique Castello. *A administração de companhias e a Business judgment rule*. São Paulo: Quartier Latin, 2017. p. 246.

Assim sendo, a divergência parece-nos mais relevante no seguinte escopo: a *Business Judgment Rule* encontra abrigo em nosso ordenamento? Se sim, referido abrigo se materializa no art. 158 ou no 159, § 6º, da Lei das S.A.?

Mariana Pargendler alerta que é inadmissível que o art. 159, §6º, seja aplicado de forma literal e ampla, pois escoaria todo o rigoroso regime de responsabilidade por violação dos deveres fiduciários estabelecidos no mesmo diploma legal. No entanto, defende que, se corretamente compreendido o texto legal, "consagra verdadeira *Business Judgment Rule* à brasileira", isto é, adaptação e harmonização do instituto. Tal afirmação tem como fundamento comum seu objeto: "tutelar as decisões empresariais tomadas de forma honesta e bem intencionada, ainda que venham a se mostrar prejudiciais ou equivocadas a posteriori, pelas razões identificadas à exaustão pela doutrina e jurisprudência norte-americanas [...]".[444]

A autora não nega as claras diferenças entre os institutos. São tais diferenças a sua origem, na medida em que um é construção jurisprudencial e o outro texto legal; o fato de que a *Business Judgment Rule* consiste em presunção de que a decisão foi tomada de boa-fé e visando o melhor interesse da companhia, presunção que só pode ser afastada mediante demonstração de violação aos deveres fiduciários; que a regra do art. 159, § 6º, só confere poder ao juiz para excluir o dever de indenizar do administrador após apreciação dos demais requisitos da responsabilidade civil; a aplicação da *Business Judgment Rule* a diretores como incerteza e a certeza de aplicação do art. 159, § 6º, a estes, entre outras.[445]

Além destas diferenças pontuais, alerta a autora outras características conflitantes de contexto acerca da incompatibilização da *Business Judgment Rule* concebida pelo direito norte-americano e a realidade brasileira. Por exemplo, a ausência do sistema probatório do *discovery*, o qual traz insumos importantes para a apreciação do processo de cognição do administrador na tomada de decisões, incentivando a propositura das *derivative actions* para a responsabilização dos administradores, assim como a impossibilidade de presunção de imparcialidade do administrador no contexto brasileiro pelo controle societário predominantemente concentrado no Brasil.[446]

Henrique Cunha Barbosa rechaça a recepção da *Business Judgment Rule* pelo art. 159, § 6º, definindo-o nada mais nada menos do que como

---

[444] PARGENDLER, Mariana. Responsabilidade civil dos administradores e Business judgment rule no direito brasileiro. *Revista dos Tribunais*, RT, v. 953, p. 51-74, mar. 2015. p. 55.

[445] *Ibidem.*, p. 55/56.

[446] *Ibidem.*, p. 57.

uma jabuticaba legal, gerando insegurança jurídica.[447] O autor entende que o § 6º do art. 159 acaba por alforriar o administrador "para além da concepção originária [...] da regra saxã". Trata-se de faculdade de eximir o administrador de responsabilidade, mesmo diante da quebra de seu dever de diligência, "numa ode prioritária ao dever de lealdade e à boa-fé, ainda que entendidos conjuntamente".[448]

Segundo Barbosa, a redação estabelecida para o art. 159, § 6º, da Lei das S.A. não deveria sequer gerar dúvidas aos intérpretes no tocante à não recepção da *Business Judgment Rule.* Na medida em que o dispositivo faculta ao juiz reconhecer a exclusão da responsabilidade do administrador, não está admitindo uma excludente de culpa ou ilicitude, mas tão somente de responsabilidade. No entendimento de Barbosa, "nas hipóteses do § 6º o ato ilícito culposo já ocorreu e fora reconhecido, mas por razões de outra ordem o legislador entende por eximir o agente da indenização".[449]

Modesto Carvalhosa entende que o art. 159, § 6º, da Lei das S.A., na realidade, corresponde à regra de julgamento que permite ao magistrado julgar por equidade, com os pressupostos de que o administrador tenha agido no interesse da companhia e em boa-fé. Com averiguação de boa-fé, excluir-se-ia a hipótese de dolo. Com averiguação de interesse da companhia no modo de agir, excluir-se-iam as hipóteses de negligência e imprudência. Assim sendo, a faculdade de julgar por equidade, porém, abrangeria somente os casos vinculados à "administração ordinária da companhia", nunca às hipóteses de violação legal.[450]

Nesse contexto, Adamek entende que a *Business Judgment Rule* não se equipara à excludente de responsabilidade do art. 159, § 6º. Segundo o autor tal se dá porque a disposição é uma hipótese de "causa de justificação, na modalidade de *perdão judicial*", uma vez que "o juiz já avançou até o ponto de considerar o administrador culpado [...], mas, ainda assim, decide isentar o agente do dever de indenizar".[451]

Em que pese sua discordância à corrente majoritária, não se opõe Barbosa à recepção da *Business Judgment Rule* pelo direito brasileiro. Ao contrário, defende o autor a recepção, porém, por meio do art. 158

---

[447] BARBOSA, Henrique Cunha. Business judgment rule. In: COELHO, Fábio Ulhoâ. *Tratado de direito comercial: tipos societários, sociedades limitadas e sociedades anônimas.* Vol. 2. São Paulo: Saraiva, 2015. p. 466.

[448] *Ibidem.*, p. 489.

[449] *Ibidem.*, p. 487.

[450] CARVALHOSA, Modesto. *Comentários à lei de sociedades anônimas*: Lei nº 6.404, de 15 de dezembro de 1976, com as modificações das Leis nº 9.457, de 5 maio de 1997 e 10.303, de 31 de outubro de 2001. Vol..1. 3. ed. São Paulo: Saraiva, 2003. p. 396/397.

[451] ADAMEK, Marcelo Vieira von. *Responsabilidade civil dos administradores S/A (e as ações correlatas).* São Paulo: Saraiva, 2009. p. 287

da Lei das S.A., como também o faz Pedro Henrique Castello Brigagão. O fundamento do autor é de que o dispositivo legal "põe a salvo de responsabilização o administrador que age em cumprimento de seus deveres fiduciários e age dentro de suas competências legais e estatutárias (arts. 153 a 156)", o que acaba por "justamente atrair a incidência da regra enquanto atestado de cumprimento de seus pressupostos (decisão negocial de boa-fé, informada, desinteressada e no melhor interesse da companhia)".[452]

Trata-se, segundo Henrique Cunha Barbosa, o art. 158 da Lei das S.A. de uma "verdadeira prejudicial de cognição valorativa de responsabilidade delitiva, na medida em que, ausente a culpa, não há sequer que se cogitar da responsabilização, estacando de plano a incidência do art. 159 [da Lei das S.A.]". Por tais motivos, entende que aí encontra a *Business Judgement Rule* abrigo no ordenamento jurídico brasileiro.[453]

Independente da via receptiva da *Business Judgment Rule*, o fato é que são comuns as referências a esta nos julgados da Comissão de Valores Mobiliários, no entanto, como alerta Mariana Pargendler, "longe de representar transplante automático e fidedigno das soluções de direito comparado, as decisões da CVM utilizam-se da doutrina norte-americana de forma seletiva, não raro dela se afastando, a pretexto de segui-la".[454] Ocorre que os julgados, invariavelmente, principalmente após o paradigma PAS CVM 2005/1443, pinçam parcelas de conteúdo da *Business Judgment Rule*, em especial critérios mais estáticos como o aferimento de pressupostos para sua aplicação, tais como uma (i) decisão informada; (ii) decisão refletida; (iii) decisão desinteressada.

A regra é mais do que critérios estáticos em solo norte-americano, apresentando diversas facetas e um amplo espectro de incidência. No entanto, não se busca retirar incentivo daqueles que buscarão, no futuro, pacificar os válidos questionamentos acerca da norma, ou melhor, de qual norma que derivaria um instituto equivalente – na medida do possível – à *Business Judgment Rule*. Ocorre que, comprovadas as fartas razões para sua recepção, assim como o terreno fértil para que se construa referido instituto, talvez, mais do que a norma de recepção, devíamos nos preocupar com os contornos que o instituto adotará no direito brasileiro, construído com base em nossa experiência e suas particularidades.

---

452 BARBOSA, Henrique Cunha. *Business judgment rule*. In. COELHO, Fábio Ulhoa. *Tratado de direito comercial: tipos societários, sociedades limitadas e sociedades anônimas*. Vol. 2. São Paulo: Saraiva, 2015. p. 487 e BRIGAGÃO, Pedro Henrique Castello. *A administração de companhias e a Business judgment rule*. São Paulo: Quartier Latin, 2017. p. 246..

453 BARBOSA, *loc. cit.*, p. 487.

454 PARGENDLER, Mariana. Responsabilidade civil dos administradores e *Business Judgment Rule* no direito brasileiro. *Revista dos Tribunais*, RT, v. 953, p. 51-74, mar. 2015. p. 57/58.

Na medida em que a dúvida acerca da fonte legislativa exata do instituto, art. 158 ou art. 159, § 6º, da Lei das S.A., é dúvida pertinente e relevante juridicamente, os benefícios de uma recepção adaptativa da *Business Judgment Rule* em nosso ordenamento, ou "*Business Judgment Rule* à brasileira" como prefere Pargendler, são claros.[455] Acreditamos que observado um contexto geral, legislativo e prático, têm-se os insumos para recepção da regra, como já comprovado pela própria doutrina citada neste trabalho. Assim sendo, para além do debate de sua fonte legislativa, existe discussão rica, qual seja aquela referente aos contornos que serão dados ao instituto em nosso ordenamento.

Imaginar um direto e irretocável transplante do instituto sequer seria possível. Se erra ou acerta a prática brasileira em pinçar seletivamente parcelas de conteúdo da regra, é impossível atestar. Ocorre que, no âmbito da responsabilidade civil e administrativa dos administradores de instituições financeiras, pelo enquadramento da concessão de crédito como imprudente, acreditamos que a *Business Judgment Rule*, se aplicada e transposta a discussão de sua recepção no Brasil, supriria ou se prestaria como alternativa à análise da adequação da concessão de crédito, ou, ainda, ferramenta de proteção do administrador diligente, evitando qualquer desarrazoada abertura de hipóteses de responsabilização e preservando o próprio mercado.

No âmbito de ações de responsabilidade civil de administradores por gestão temerária ou concessão imprudente de crédito movidas pela própria companhia (instituição financeira), o uso de seus preceitos para julgamento da decisão negocial serviria de forma inquestionável para preservar administradores diligentes. Da mesma forma, serviria também como barreira de eventual responsabilidade para além do aceitável e saudável para o mercado, evitando o afastamento de administradores prudentes e diligentes.

Como bem refere Marcelo Benacchio, não é toda e qualquer concessão de crédito precedente a uma quebra com lesão a terceiros que configurará a responsabilidade civil da instituição financeira e seus administradores. Justamente, nos casos em que há avaliação séria dos riscos econômicos com as consequências daí decorrentes, toma-se a concessão de crédito por adequada e "não haverá responsabilidade do banco perante os credores ante a conformidade ao Direito (licitude objetiva) de seu comportamento, cuidando-se de prejuízo e não dano a perda dos terceiros por conforme aos riscos permitidos da atividade", pois se trata justamente o ato bancário típico ativo de concessão de cré-

[455] PARGENDLER, Mariana. Responsabilidade civil dos administradores e *Business Judgment Rule* no direito brasileiro. *Revista dos Tribunais*, RT, v. 953, p. 51-74, mar. 2015. p. 55.

dito de atividade "constitucionalmente assegurada como exercício da liberdade de livre iniciativa econômica".[456]

Bem da verdade, percebe-se de todo o exposto neste trabalho que diversas normas se voltam à estabilidade do sistema financeiro e mitigação dos riscos. Até mesmo aquelas normas cuja origem é desvinculada diretamente do meio financeiro, quando aplicadas nesta seara, congregam-se com referidos ideais de prevenção de riscos e manutenção da estabilidade, exatamente como se dá no âmbito da responsabilidade civil dos administradores de instituições financeiras na concessão de crédito.

4.3. A prevenção e mitigação de riscos bancários por meio da responsabilidade civil dos administradores de bancos

A responsabilidade civil é um dos mais vastos e interessantes institutos do Direito. Na lição de Fernando Noronha, é lugar comum afirmar que é "o instituto de Direito Civil que teve desenvolvimento mais espetacular nos últimos cem anos", motivo pelo qual foram repensadas ao longo do tempo concepções inerentes à sua estruturação que eram tidas como inabaláveis.[457] Percorreu longo caminho evolutivo e comporta *nuances* cuja análise exaustiva não seria possível neste trabalho por questões de tempo e espaço. Para o presente trabalho, no entanto, é imperioso um pequeno aceno a tal percurso histórico.[458]

Como leciona Bruno Miragem, desde sua origem continham uma acepção jurídica as expressões "responsabilidade" e "responsável". Trata-se da noção de que a responsabilidade é a "consequência jurídica do preceito normativo". A consequência da violação do dever, sendo que a partir daí, "As responsabilidades em direito são diversas, conforme a natureza do dever violado e o sistema em que se encontre".[459] Segundo Nelson Rosenvald, a ideia de responsabilidade enquanto "obrigação de reparar ou de sofrer a pena" é conceito recente, porém, possui sentido

[456] BENACCHIO, Marcelo. Responsabilidade civil do banco por concessão abusiva de crédito. In: FONTES, Marcos Rolim Fernandes; WAISBERG, Ivo (Coord.). *Contratos Bancários*. São Paulo: Quartier Latin, 2006. p. 441/442.

[457] NORONHA, Fernando. Responsabilidade civil: uma tentativa de ressistematização responsabilidade civil em sentido estrito e responsabilidade negocial; responsabilidade subjetiva e objetiva; responsabilidade subjetiva e objetiva; responsabilidade subjetiva comum ou normal, e restrita a dolo ou culpa grave; responsabilidade objetiva normal e agravada. In: NERY JUNIOR, Nelson; NERY, Rosa Maria Andrade. *Doutrinas essenciais de responsabilidade civil*. Vol. 1. São Paulo: Revista dos Tribunais, 2011. p. 145.

[458] Para mais: MIRAGEM, Bruno. *Direito civil*: responsabilidade civil. São Paulo: Saraiva, 2015.

[459] MIRAGEM, Bruno. *Direito civil*: responsabilidade civil. São Paulo: Saraiva, 2015. p. 24.

estável e "sempre portando a estrita ideia de uma obrigação" desde o século XIX.[460]

A responsabilidade civil, em específico, ocupa lugar de destaque no direito privado, situando-se na disciplina das obrigações. Tem como objeto, invariavelmente, o dever de indenizar, sendo este "o dever de responder com seu patrimônio pela reparação da vítima do dano ao qual se lhe imputa responsável".[461]

Outros conceitos e divisões devem ainda ser observados no âmbito da responsabilidade civil. A primeira refere-se à categorização da responsabilidade civil enquanto contratual ou extracontratual ou, alternativamente, negocial ou extranegocial,[462] como nos parece mais pertinente.

Enquanto a responsabilidade civil delitual ou extranegocial tem fundamento em um dever geral de não causar prejuízos,[463] "sancionado pelo dever de indenizar determinado pela Lei, nos casos em que esse prejuízo fosse causado por culpa ou dolo", a responsabilidade contratual ou negocial "estaria fundamentada na quebra de um vínculo constituído a partir do poder de autonomia privada".[464] Esta divisão se dá de forma diversa entre os sistemas jurídicos da *common law* e *civil law*, tendo em vista que no primeiro há "separação estrita" entre estes, porém, no segundo, esta separação é mitigada "pela recondução de danos decorrentes do inadimplemento contratual, sob a égide da responsabilidade contratual, ao sistema de responsabilidade civil geral".[465]

Outrossim, deve ser observada também a clássica divisão entre natureza subjetiva ou objetiva da responsabilidade. Talvez o ponto de maior debate no cenário atual compreende justamente a divisão dos

---

460 ROSENVALD, Nelson. *As funções da responsabilidade civil*: a reparação e a pena civil. 3. ed. São Paulo: Saraiva, 2017. p. 29.

461 MIRAGEM, *loc. cit.*, p. 24.

462 Em que pese consagrada a terminologia contratual ou extracontratual, a expressão *responsabilidade negocial* (ou *extranegocial* ou, ainda, *responsabilidade civil em sentido estrito*) é mais pertinente porque alcançaria em maior abrangência "hipóteses de responsabilidade decorrente de negócios jurídicos que não são contratos, como é o caso, por exemplo, da promessa de recompensa [...] e em razão do qual também se pode imputar a responsabilidade daquele que declara a vontade negocial pelo descumprimento do conteúdo da declaração". (MIRAGEM, Bruno. *Direito civil*: responsabilidade civil. São Paulo: Saraiva, 2015. p. 90/92).

463 Dever geral, diga-se de passagem, consagrado na fórmula romana prevista nas institutas de Gaio *"honeste vivere, alterum non laedere, suum cuique tribuere* (viver honestamente, não causar dano a outrem e dar a cada um o que é seu). (MIRAGEM, Bruno. *Direito civil*: responsabilidade civil. São Paulo: Saraiva, 2015. p. 24).

464 LEONARDO, Rodrigo Xavier. Responsabilidade contratual e extracontratual: primeiras anotações em face do Novo Código Civil Brasileiro. In: NERY JUNIOR, Nelson; NERY, Rosa Maria Andrade. *Doutrinas essenciais de responsabilidade civil*. Vol. 1. São Paulo: Revista dos Tribunais, 2011. p. 392.

465 MIRAGEM, Bruno. *Direito civil*: responsabilidade civil. São Paulo: Saraiva, 2015. p. 25.

cenários para fins de análise ou não da culpa do agente causador do dano. Alguns autores, como faz Luciano Timm, classificam a divisão enquanto modelo liberal ou modelo social de responsabilidade civil. Seria o modelo liberal aquele em que para responsabilização deve haver culpa justamente porque a teoria da responsabilidade civil subjetiva "foi consagrada nos códigos civis da modernidade (aqueles do século XIX), ápice da ideologia 'individualista', que se espalhou por diversos ramos do conhecimento humano: liberalismo político, liberalismo econômico, liberalismo jurídico". Responsabilidade civil objetiva e modelo social, por sua vez, teriam razão de ser pela sua vinculação aos ideais do *Welfare State* expostos nos "códigos civis da segunda metade século XX (italiano, português, brasileiro etc) e de diversos microssistemas legislativos como o consumerista".[466]

Também, a origem desta divisão pode acompanhar aquilo que por muitos foi denominado de crise que afeta a responsabilidade. A evolução da sociedade desde a chegada do maquinismo, da produção e o consumo em massa e das novas invenções, sejam tecnológicas ou científicas, acarretou possivelmente na incapacidade do modelo antigo de responsabilidade civil abraçar os novos perigos e danos. Referida crise da responsabilidade civil "teve seu marco com o declínio da responsabilidade individual, acompanhando o declínio da culpa" e voltou-se, por conta de "contingências socioeconômicas", às empresas enquanto "criadoras de riscos, através de sua produção e industrialização, que, a partir de então, passaram a responder objetivamente pelos danos criados, pois quem arrisca a segurança e a vida alheias para lucrar deve pagar por isso", motivo pelo qual surgiu, neste contexto, o seguro de responsabilidade civil que será melhor aprofundado neste trabalho.[467]

Bem da verdade, o terreno é fértil para novas e consolidadas análises, todavia, sem juízo de mérito, é uma realidade que caminhou a responsabilidade civil brasileira trajeto guiado pela sua atenção mais voltada ao risco do que à culpa. Inegável, portanto, a importância do tema da análise da natureza da responsabilidade civil, se subjetiva ou objetiva.

Ocorre que parte desta divisão se deve à admissão de uma eficácia dos direitos fundamentais para além de sua esfera própria em direito público, incidindo também sobre o direito privado[468] e as relações jurí

[466] TIMM, Luciano Benetti. Os grandes modelos de responsabilidade civil no direito privado: da culpa ao risco. In: NERY JUNIOR, Nelson; NERY, Rosa Maria Andrade. *Doutrinas essenciais de responsabilidade civil*. Vol. 1. São Paulo: Revista dos Tribunais, 2011. p. 289.

[467] LOPEZ, Teresa Ancona. *Princípio da precaução e evolução da responsabilidade civil*. São Paulo: Quartier Latin, 2010. p. 58/61.

[468] Ingo Wolfgang Sarlet entende que o ponto de partida para abordar o reconhecimento de eficácia dos direitos fundamentais no plano dos privados é compreender que, ao contrário do que

dicas por ele regradas, ocasionando o surgimento de novas formas de pensar a responsabilidade civil. Escapando de uma lógica unicamente reparatória, a atenção do instituto voltou-se à proteção da vítima, e não mais unicamente os danos causados e sua reparação, sendo prova disto a admissão de novos danos de natureza extrapatrimonial ao longo dos anos que confrontam um ideal puramente econômico de dano.[469]

Objetivando ao tópico do presente trabalho, importante referir das anotações breves acima de que não é demasiado atribuir à responsabilidade civil funções para além da reparação, objetivo pelo qual foi criada e se guiou durante muito tempo – e ainda o faz. Tampouco se defende um afastamento absoluto desta natureza, de forma alguma, mas somente a aceitação de uma ou mais funções subsidiárias e supletivas que, imprescindivelmente, sequer confrontam o núcleo de seu objeto e muitas vezes representam consequências comportamentais de seus preceitos.

Neste sentido, inclusive, Bruno Miragem leciona que a crise e renovação da responsabilidade pode ser resumida em algumas ideias, quais sejam: "[a] *relativização da culpa como critério de imputação da responsabilidade civil*"; "*[a] crise do nexo de causalidade*"; "[e]*xtensão da responsabilidade para além dos causadores do dano*"; "*[o] reconhecimento de novos danos*"; "[n]*ovas funções da indenização*" e, por último e para este tópico mais importante, "[a] *valorização da prevenção e precaução de danos*".[470]

De forma muito próxima à sua conceituação generalizada, neste sentido prevenção é "a providência que visa evitar o dano que, dado o estado da ciência e da técnica, identifica-se como consequência de determinada conduta", sendo precaução, por sua vez, providência para "evitar a ocorrência de danos cuja ocorrência não seja conhecida, isto é, evita-se ou limita-se a conduta do agente mesmo sem a certeza – dado o estado da ciência e da técnica – sobre a ocorrência ou não de um resultado danoso". Portanto, o dano é evitado justamente porque impede-se que ocorra, "para tanto limitando/condicionando comportamentos individuais".[471]

Como faz Nelson Rosenvald, há quem refira a incidência de quatro funções fundamentais à responsabilidade civil, com alteração na

se deu no Estado clássico e liberal de Direito, o Estado social de Direito pressupõe não só uma ampliação das atividades e funções do Estado, mas também uma sociedade participante e ativa no exercício do poder, tendo em vista que a liberdade individual não mais é afrontada unicamente e prescinde de proteção contra o Poder Público, "mas também contra os mais fortes no âmbito da sociedade, isto é, os detentores de poder social e econômico, já que é nesta esfera que as liberdades se encontram particularmente ameaçadas", como, segundo o autor, no caso das relações consumeristas e de emprego. (SARLET, Ingo Wolfgang. *A eficácia dos direitos fundamentais*: uma teoria geral dos direitos fundamentais na perspectiva constitucional. 12. ed. Porto Alegre: Livraria do Advogado, 2015. p. 396).

469 MIRAGEM, Bruno. *Direito civil*: responsabilidade civil. São Paulo: Saraiva, 2015. p. 24.

470 *Ibidem*, p. 29/41.

471 *Ibidem*, p. 39/40.

"proeminência de uma função em detrimento da outra" em razão da alteração do "período histórico e do ambiente social": "(a) a função de reagir ao ilícito danoso, com a finalidade de reparar o sujeito atingido pela lesão"; "(b) a função de repristinar o lesado ao *status quo ante*, ou seja, estado ao qual o lesado se encontrava antes de suportar a ofensa"; "(c) a função de reafirmar o poder sancionatório (ou punitivo) do Estado"; "(d) a função de desestímulo para qualquer pessoa que pretenda desenvolver atividade capaz de causar efeitos prejudiciais a terceiros". Também, eleita a "tripartição funcional" da responsabilidade civil em "reparatória, punitiva e precaucional", acaba-se por deixar de dotar qualquer uma delas, com exclusividade, da função preventiva, na medida em que a "prevenção *lato sensu* é um dos quatro princípios regentes da responsabilidade civil e inafastável consequência da aplicação de qualquer uma das três funções estudadas".[472]

Existem divergências na eleição das funções da responsabilidade. Todavia, segundo Teresa Ancona Lopez, é lugar comum afirmar que duas funções são "primordiais" e se repetem nas análises de diversas origens e pensamentos: a função reparatória ou compensatória e a função preventiva.[473]

Por certo que o movimento de objetivação da responsabilidade civil abraça intensamente a função reparatória e compensatória, porém, afasta, de certa forma, a função preventiva da responsabilidade civil. Isto se dá porque, em que pese o fenômeno da responsabilidade civil objetiva e socialização dos riscos[474] faça com que os agentes de mercado sejam cautelosos de forma abstrata ao, por exemplo, desenvolver e

[472] ROSENVALD, Nelson. *As funções da responsabilidade civil*: a reparação e a pena civil. 3. ed. São Paulo: Saraiva, 2017. p. 32/33.

[473] LOPEZ, Teresa Ancona. *Princípio da precaução e evolução da responsabilidade civil*. São Paulo: Quartier Latin, 2010. p. 73.

[474] O fenômeno da socialização dos riscos representa expediente ímpar, compreendido pela divisão em sociedade de absolutamente todos os riscos e dever de indenizar, alcançando a reparação ao patamar tão elevado que acaba por barrar qualquer análise de culpa. Tem como exemplo rotineiro os seguros obrigatórios de veículo como imposição legal. Ocorre que ela também acarreta alguns inconvenientes como "a diminuição do cuidado para evitar os riscos, aumentando, assim, os casos de danos, além do peso econômico sobre os cofres públicos, o que acaba por onerar, com tributação pesada, os cidadão e, de outro lado, também freia o crescimento econômico, como mostrou a experiência neozelandesa". De qualquer sorte, com a socialização dos riscos, mesmo nos ordenamentos que venham a adotá-la, não se pressupõe o final das teorias da culpa e do risco, tampouco se dando tal cenário com uma hipotética adoção a nível mundial dos seguros de responsabilidade civil. "Não haverá a substituição de um ramo do direito por outro. Primeiro porque as tentativas de "socialização dos riscos" nem sempre foram positivas, há muita desconfiança em sua adoção pelos problemas que acarreta. Segundo porque as ações indenizatórias continuarão para apuração do *quantum* que o seguro deve desembolsar em nome do seu segurado, ou seja, em nome do ofensor condenado. As ações são pré-requisitos do pagamento do seguro. E, finalmente, o principal motivo: – *os princípios da prevenção e da precaução* são aqueles que vão integrar todo o direito da responsabilidade civil no século XXI.". (LOPEZ, Teresa Ancona. *Princípio da precaução e evolução da responsabilidade civil*. São Paulo: Quartier Latin, 2010. p. 60/61).

comercializar produtos e serviços, é no aferimento da culpa que justamente se analisa a conduta e capacidade de evitar o dano causado por parte do agente e, assim, averiguar a pertinência ou não do acolhimento do dever de indenizar no caso concreto.

Portanto, é possível afirmar que "o efeito preventivo da responsabilidade civil está ligado à responsabilidade subjetiva, ao pressuposto da culpa". Assim sendo, a ideia de dever de indenizar que "deveria induzir o agente causador a adotar medidas idôneas para prevenir prejuízos a terceiros e dissuadi-lo de atividades muito arriscadas aparece dissociada do risco no sentido jurídico" e vinculada à responsabilidade civil objetiva.[475]

Neste ponto, propondo desde já conexão entre a noção de culpa em responsabilidade civil e análise de conduta dos administradores de instituições financeiras com base nos padrões estabelecidos nos deveres de conduta a serem atendidos, indispensável é a lição de Bruno Miragem:

> A noção de culpa gera um juízo de reprovabilidade da conduta, de modo que se possa dizer que o agente a quem se atribui a conduta culposa não tenha se comportado do modo esperado e considerado adequado pela sociedade, razão pela qual mereceria a reprovação social. Todavia, esse juízo de reprovabilidade, vinculado a uma violação de dever jurídico pela conduta do agente que vem a causar dano, altera-se no direito contemporâneo. Isso porque a culpa psicológica que deu base à responsabilidade subjetiva, desde sua estruturação como categoria jurídica, deu lugar ao que hoje se denomina culpa normativa. Ou seja, deixa de ser decisiva a investigação da conduta do agente, de modo a determinar que tipo de *animus* o tenha movido na conduta causadora do dano, se houve a intenção de causá-lo ou a ausência de um comportamento possível e esperado no atendimento a uma norma de conduta, decorrente da falta de esforço ou atenção necessário para fazê-lo (negligência ou imprudência) – culpa psicológica. Passa-se a orientar a investigação da existência ou não de culpa segundo padrões objetivos de conduta devida, exigíveis em dada situação concreta, que passam a ser comparados com o comportamento que de fato o agente desenvolveu, de modo a considerar culpado aquele que deixou de observar tais padrões.[476]

Imaginar a falta de exame de culpa na responsabilidade civil dos administradores seria até mesmo disfuncional com base na própria noção de direcionamento das normas legais e regulatórias atinentes à espécie no sentido de preservação da estabilidade financeira. No intuito de proteger o sistema bancário da forma como foi estruturado, o efeito de estimular zelo e diligência decorrente do uso da culpa como pressuposto da responsabilidade civil é imensamente mais valioso e eficiente

---

[475] LOPEZ, Teresa Ancona. *Princípio da precaução e evolução da responsabilidade civil.* São Paulo: Quartier Latin, 2010. p. 79.

[476] MIRAGEM, Bruno. *Direito civil*: responsabilidade civil. São Paulo: Saraiva, 2015. p. 103/104.

"do que o eventual ressarcimento pelo patrimônio do administrador sem culpa".[477]

Também, na concretização da referida função preventiva da responsabilidade, ponto em destaque refere-se ao nexo de causalidade. Trata-se, por sinal, do "grande protagonista da responsabilidade civil". Pode ser definido enquanto "vínculo lógico entre determinada conduta antijurídica do agente e o dano experimentado pela vítima, a ser investigado no plano dos fatos, para a identificação da causa apta a determinar ocorrência do dano". Contudo, importante referir, não se trata de mero exercício de "puro arbítrio do intérprete", sendo a sua investigação realizada com exigência de "fundamento e método para a devida precisão".[478]

Na liçao de António Menezes Cordeiro, a análise do nexo de causalidade é encontrada na "teoria do escopo da norma jurídica violada", podendo ser formulada da seguinte forma: "a causalidade juridicamente relevante verifica-se em relação aos danos causados pelo facto, em termos de *conditio sine qua non*, nos bens tutelados pela norma jurídica violada".[479]

O nexo de causalidade tem como funções justamente identificar o "autor material do dano". Nesta esfera não somente quem adotou a conduta comissiva do dano, como também o conteúdo da responsabilidade, "delimitando até onde este autor, ou quem a lei expressa atribua o dever de indenizar, irá responder".[480]

Aliás, justamente no aferimento do alcance desta responsabilidade que se localiza a sua importância para a função preventiva da responsabilidade civil. Somente com percepção dos agentes potencialmente causadores do dano, isto é, com identificação por parte destes da relação entre sua conduta e o resultado é que se encontrarão hipóteses de concretização desta função preventiva. Como leciona Cesar Santolim, é justamente o tratamento dado pelo Direito ao nexo de causalidade que será "determinante na maneira como (racionalmente) os indivíduos se comportarão quanto a atividades de precaução, independentemente do regime de responsabilidade adequado (subjetivo ou objetivo)", mesmo que no caso de responsabilidade civil de natureza subjetiva seja até

[477] WAISBERG, Ivo; GORNATI, Gilberto. *Direito bancário*: contratos e operações bancárias. 2. ed. São Paulo: Saraiva, 2016. p. 210.

[478] MIRAGEM, Bruno. *Direito civil*: responsabilidade civil. São Paulo: Saraiva, 2015. p. 219.

[479] CORDEIRO,António Menezes. Responsabilidade bancária, deveres acessórios e nexo de causalidade. In: CORDEIRO, António Menezes; GOMES, Januário da Costa; BASTOS, Miguel Brito; LEAL, Ana Alves (coord.). *Estudos de direito bancário I*. Coimbra: Almedina, 2018. p. 30.

[480] MIRAGEM, Bruno. *Direito civil*: responsabilidade civil. São Paulo: Saraiva, 2015. p. 221.

mesmo claro e intuitivo que "o meio mais óbvio de tratar este problema seja pela análise da culpa".[481]

A ideia de responsabilizar alguém já compreendeu punição, repreensão e culpa. Com o surgimento da teoria do risco, a reparação do dano ocupou lugar de destaque. Ocorre que, "[n]a contemporaneidade, soma-se à finalidade compensatória a ideia de responsabilidade como prevenção de ilícitos". "A prevenção reside em todos os confins da responsabilidade e não apenas simboliza um mero refrão: 'mais vale prevenir do que remediar', ou uma vazia declaração de princípios".[482]

Toda vez que resta arbitrada uma indenização a ser paga por um determinado réu "essa sanção deveria servir não só para ressarcir os prejuízos da vítima mas também para ameaçar com a aplicação dessas penas o culpado e o resto da sociedade". Trata-se de função dissuasória e preventiva automática da responsabilidade civil. Contudo, tal efeito intimidativo restou mitigado em especial pela adoção de seguros de responsabilidade civil.[483]

"A prevenção civil (diferentemente da penal), como consequência da pena, está desgastada, principalmente pelo mecanismo securitário", situação ainda mais escracha no âmbito da responsabilidade civil dos administradores de sociedades empresárias de grande porte e instituições financeiras.[484] Trata-se, inclusive, de um problema encontrado pela presente pesquisa, fato mitigador da afirmação de que a estrutura legal e regulatória de responsabilidade civil dos administradores de instituição financeira na concessão de crédito atinge o fim de promover a estabilidade do sistema financeiro de forma preventiva com mecanismo de incentivo de condutas zelosas.

Como bem definem Ivo Waisberg e Gilberto Gornati, tal situação de produção de risco moral se repete quanto aos seguros de depósito, dando causa a uma possível conduta menos prudente de administradores. Contudo, a própria "adoção da culpa como fundamento de responsabilidade civil é um elemento que ajuda a balancear essa situação, aplicando o estímulo ao zelo e à prudência".[485]

---

481 SANTOLIM, Cesar. Nexo de causalidade e prevenção na responsabilidade civil. *Revista da Ajuris*, Porto Alegre, v. 41, n. 136, p. 79-100, dez/2014. Disponível em: <http://www.ajuris.org.br/OJS2/index.php/REVAJURIS/article/view/354>. Acesso em: 22/11/2018. p. 95.

482 ROSENVALD, Nelson. *As funções da responsabilidade civil*: a reparação e a pena civil. 3. ed. São Paulo: Saraiva, 2017. p. 33/34.

483 LOPEZ, Teresa Ancona. *Princípio da precaução e evolução da responsabilidade civil*. São Paulo: Quartier Latin, 2010. p. 78.

484 *Idem*.

485 WAISBERG, Ivo; GORNATI, Gilberto. *Direito bancário*: contratos e operações bancárias. 2. ed. São Paulo: Saraiva, 2016. p. 210.

Com o surgimento, ao longo do século XIX, de novas exigências decorrentes do cenário social e dos novos riscos oriundos, por exemplo, da industrialização dos meios produtivos e outros atividades "desenvolveram-se os seguros de responsabilidade civil e, com eles, a cobertura da culpa, de eventos causados por ato culposo do segurado". Em outras modalidades de seguro, também se passou a admitir "por expressa previsão contratual, a possibilidade de cobertura de sinistro para o qual o segurado tenha contribuído com culpa, subsistindo, porém, a impossibilidade de seguro para a hipótese de dolo do segurado".[486]

Há também quem defenda uma crise da responsabilidade civil tamanha que questiona seu futuro, vinculando-o intimamente ao seguro de responsabilidade civil. Segundo Ernesto Tzirulnik, "[a] responsabilidade civil, com o incrível desenvolvimento dos acidentes, perde seu próprio sistema. Dá mostras de insuficiência". Justificando a crise, o autor questiona ainda "como indenizar as vítimas se o patrimônio do responsável não se revelar suficiente? E como evitar o risco de *débâcle* das unidades produtivas 'responsáveis' que pode sobrevir mesmo para 'os mais privilegiados patrimônios' em consequência da efetiva reparação das vítimas?". Ainda segundo Tzirulnik, "[o] seguro de responsabilidade civil, estabelecendo uma potente função complementar entre o Direito e a técnica dos seguros, apresenta-se como sucedâneo da responsabilidade civil", instituto jurídico ameaçado pelo rotineiro alargamento das noções de responsabilidade e danos, "cujo declínio é inevitável dadas as crescentes necessidades econômicas que, no nível indenizatório, decorrem do grau de desenvolvimento e complexidade das sociedades contemporâneas".[487]

No âmbito específico dos administradores de sociedades anônimas, destacam-se como figuras protetoras de patrimônio a carta de conforto,[488] modalidade de "garantia imprópria",[489] e o seguro de responsabilidade civil para administradores: D&O, sigla para *Directors and Officers Liability Insurance*, ou, em tradução livre, seguro de respon-

---

486 PETERSEN, Luiza Moreira. *O risco no contrato de seguro*. São Paulo: Roncarati, 2018. p. 98.

487 TZIRULNIK, Ernesto. O futuro do seguro de responsabilidade civil. In: NERY JUNIOR, Nelson; NERY, Rosa Maria Andrade. *Doutrinas essenciais de responsabilidade civil*. Vol. 2. São Paulo: Revista dos Tribunais, 2011. p. 718.

488 "A carta de conforto é um instrumento pelo qual a empresa ou seus sócios se obrigam a ressarcir o administrador por despesas incorridas em razão de demandas judiciais, administrativas ou em procedimentos arbitrais promovidos por terceiros. O referido instrumento não possui previsão na legislação brasileira, derivando dos denominados *indemnification agreements* adotados pelo direito norte-americano". Também é utilizado como complemento do seguro de responsabilidade civil, assumindo o papel de garantia de pagamento no caso de negativa de cobertura ou sobreposição do valor indenizatório devido à cobertura ajustada. (FARIA, Clara Beatriz Lourenço de. *O seguro D&O e a proteção ao patrimônio dos administradores*. 2. ed. São Paulo: Almedina, 2015. p. 75/77).

489 MIRAGEM, Bruno. *Direito bancário*. 2. ed. São Paulo: Revista dos Tribunais, 2018. p. 532

sabilidade civil para administradores e conselheiros, de maior interesse ao presente trabalho.[490]

Trata-se de instrumento contratual complexo que não pode ser superficialmente analisado. Segundo Maria Inês de Oliveira Martins, atualmente só é possível caracterizá-lo corretamente enquanto um "*seguro multirriscos*".[491]

Com surgimento na década de 1930, introduzido pelo Lloyd's of London como reposta à grande depressão de 1929, o seguro D&O teve grande evolução a partir da década de 1960, quando eram oferecidas duas diferentes apólices em mercado: "uma cobrindo o reembolso à sociedade pelas indenizações por ela pagas a seus conselheiros e diretores em virtude de reclamações feitas contra estes", correspondendo à atual nomenclatura *Side B Coverage*, e "outra cobrindo o reembolso direto aos administradores por indenizações pagas a terceiros e não reembolsadas pela sociedade", correspondendo, por sua vez, à atual *Side A Coverage*. Importante referir também que, via de regra, as duas coberturas acima referidas passaram a incorporar a mesma apólice, sendo incluídos aí também, via de regra, os custos inerentes à defesa dos administradores em processos judiciais ou administrativos. Introduzido no Brasil na década de 1990, por conta das privatizações e transferência de executivos de multinacionais, representava contratações de exceção, o que se alterou a partir da vigência do Código Civil de 2002 que incorporou ao nosso ordenamento as noções de desconsideração da personalidade jurídica e tornou-se praticamente uma exigência de mercado.[492] [493]

Maria Inês de Oliveira Martins, ainda, refere a existência na atualidade de um "Lado C" no seguro D&O. Seria tal apólice especificamente designada para indenizações em favor da sociedade decorrentes de sua própria responsabilização, não de seus administradores, de certa forma até mesmo se afastando da origem do instituto.[494]

A indispensabilidade prática do seguro D&O acaba por comprometer, pelo menos em parte, a função preventiva da responsabilidade

[490] FARIA, Clara Beatriz Lourenço de. *O seguro D&O e a proteção ao patrimônio dos administradores*. 2. ed. São Paulo: Almedina, 2015. p. 75.

[491] MARTINS, Maria Inês de Oliveira. Dolo e seguro D&O. In: INSTITUTO BRASILEIRO DE DIRIETO DO SEGURO. *VII fórum de direito do seguro José Sollero Filho – Lei de contrato de seguro: solidariedade ou exclusão?* (em homenagem a Rubén Stiglitz). São Paulo: Roncarati, 2018. p. 390.

[492] FARIA, *loc. cit.*, p. 79/80.

[493] Em que pese denominado seguro de responsabilidade civil, acaba por incorporar, na realidade brasileira, funções para além deste campo de estudo. Aplica-se também para bloqueios de ativos por quaisquer motivos vinculados à função, débitos de natureza trabalhista com solidariedade reconhecida provisória ou definitivamente, cenários de desconsideração da personalidade jurídica ou redirecionamento de execução aos sócios por débito tributário, dentre outras hipóteses, variando de apólice para apólice.

[494] MARTINS, *loc. cit.*, p. 390.

civil. Tem-se no seguro o "oposto do princípio da prevenção", sendo estes "figuras antinômicas". Todavia, em que pese exerça o seguro papel inibidor da função preventiva da responsabilidade civil, não se está a afirmar que haveria melhor cenário de mercado sem o instrumento securitário. Como leciona Teresa Ancona Lopez, "um mercado de seguro de reparação civil eficaz é importantíssimo para indenização das vítimas, mas principalmente na informação dos modos de prevenção, que deve ser estimulada para que os danos não cheguem a acontecer". Ocorre que não se deve estabelecer a prevenção unicamente como consequência ou função automática da reparação do dano, sendo "necessário que se ponha em prática o princípio da prevenção como instrumento anterior ao dano".[495]

No âmbito funcional, Walfrido Warde justamente entende que a função precípua do seguro D&O seria "permitir que determinado administrador – ou que, no geral, os administradores de sociedades anônimas – se engaje em julgamentos negociais com alguma tranquilidade, justamente para que esses julgamentos negociais possam levar à maximização de riqueza para todos os acionistas".[496]

Há quem defenda ainda que o seguro D&O representa, inclusive, benefícios na seara da governança corporativa, tendo em vista que a cobertura "proporciona ao administrador a liberdade de atuar no melhor interesse da empresa". Trata-se o seguro, segundo este entendimento, de instrumento libertador do administrador[497] para que adote decisões empresariais voltadas à melhor conveniência da sociedade sem se preocupar com o seu patrimônio próprio e sua eventual redução por conta de responsabilização vinculada à referida decisão.[498]

Quanto à eventual responsabilização – até mesmo indevida em muitos casos – na seara trabalhista ou tributária, não ousamos discordar do entendimento. No entanto, no que se refere à responsabilidade civil por atos de gestão propriamente dita, acreditamos que algumas ressalvas são pertinentes. Primeiro, o regime da responsabilidade civil dos administradores é baseado em deveres de conduta cuja violação é

---

[495] LOPEZ, Teresa Ancona. *Princípio da precaução e evolução da responsabilidade civil*. São Paulo: Quartier Latin, 2010. p. 65/66 e 79.

[496] WARDE, Walfrido. O seguro D&O e o mercado de capital. In: INSTITUTO BRASILEIRO DE DIREITO DO SEGURO. *VII fórum de direito do seguro José Sollero Filho* – Lei de contrato de seguro: solidariedade ou exclusão? (em homenagem a Rubén Stiglitz). São Paulo: Roncarati, 2018.

[497] No tópico, importante referir o já exposto no subcapítulo anterior, referente à capacidade de abrigar o mesmo efeito de liberdade com consolidação de regras claras para julgamento do negócio (*business judgement rule*), defendendo administradores conscienciosos dos prejuízos decorrentes de sua decisão se observados critérios mínimos de boa-fé e adequação da conduta à realidade empresarial do caso proposto.

[498] FARIA, Clara Beatriz Lourenço de. *O seguro D&O e a proteção ao patrimônio dos administradores*. 2. ed. São Paulo: Almedina, 2015. p. 81.

pressuposto para qualquer exame de responsabilidade; segundo, por força legal expressa ou importação de instituto (*business judgement rule* e arts. 158 e 159, § 6º, da Lei das S.A.), os atos regulares de gestão não devem ser questionados; terceiro, na responsabilidade subjetiva deve existir o exame da culpa do administrador.[499]

Por mais que seja pertinente a presumível satisfação da função reparatória por meio dos mecanismos de seguro, em especial porque dependendo do caso concreto os administradores sequer teriam patrimônio o suficiente para custear referida reparação, o mecanismo de cobertura indenizatória acaba por não incentivar comportamento consciencioso por parte dos administradores. De qualquer sorte, com base na teoria de causalidade do dano direto e imediato, adotada por parte da doutrina brasileira,[500] tem-se claro "que o autor do dano não responde ilimitadamente por todas as consequências que derivem de sua ação".[501] O ponto em questão é que, propomos, não seria um ato de aprimoramento de governança corporativa possibilitar aos administradores a consciência de que sua conduta só resultaria em dano ao seu patrimônio em casos extremos de disfunção do cargo e ultrapassados os limites de sua atribuição, independente de qualquer mecanismo de seguro? Tal previsibilidade não seria satisfatória em termos de eficiência de gestão?

Não há fórmula exata para concretização da função preventiva da responsabilidade civil, ou até mesmo para certo ativismo na promoção desta prevenção enquanto princípio ou fundamento de base. Também, por óbvio que, "mesmo tomando toda precaução e prevenção, o pior pode acontecer, pois temos a álea (*hazard*), que não tem como ser controlada". Deve haver, na operacionalização destes instrumentos de prevenção, salvo melhor juízo, "uma responsabilidade preventiva na qual deveria ser admitido que uma simples ameaça de dano poderia justificar

---

[499] Neste ponto, ainda, importante referir que em alguns casos de responsabilidade subjetiva "não é o lesado que tem o ônus da prova do dolo, ou da negligência, imprudência e imperícia do agente: tais casos são os de presunção *juris tantum* de culpa do agente, em que este, para se liberar, tem de demonstrar que agiu com todos os cuidados que seriam exigíveis, embora sem ter necessidade de provar que o fato se deveu a caso fortuito ou de força maior." (NORONHA, Fernando. Responsabilidade civil: uma tentativa de ressistematização responsabilidade civil em sentido estrito e responsabilidade negocial; responsabilidade subjetiva e objetiva; responsabilidade subjetiva e objetiva; responsabilidade subjetiva comum ou normal, e restrita a dolo ou culpa grave; responsabilidade objetiva normal e agravada. In: NERY JUNIOR, Nelson; NERY, Rosa Maria Andrade. *Doutrinas essenciais de responsabilidade civil*. Vol. 1. São Paulo: Revista dos Tribunais, 2011. p. 151).

[500] Sendo que há também referência à adoção no Brasil da teoria da causalidade adequada, inexistindo previsão legal expressa em um ou outro sentido. (MIRAGEM, Bruno. *Direito civil*: responsabilidade civil. São Paulo: Saraiva, 2015. p. 238/239).

[501] MIRAGEM, Bruno. *Direito civil: responsabilidade civil*. São Paulo: Saraiva, 2015. p. 239.

a proposição de uma ação de responsabilidade civil[502] [...]"?[503] Neste ponto, pertinente e clara é a lição de Teresa Ancona Lopez:

> Em resumo, quando falamos em princípio da prevenção dentro da responsabilidade civil, estamos nos referindo a um princípio geral de direito fundado na prudência e no princípio geral da segurança, que deve, junto com o princípio da precaução, servir de leme dentro da responsabilidade civil moderna. A simples prevenção como resultado automático da sanção está superada principalmente pela difusão do seguro. O grande desafio dos juristas no momento é encontrar meios e modos para tornar eficazes esses princípios, sem esquecer que o legislador vai ter papel fundamental nesta recepção.[504]

O enquadramento de conduta ao tipo penal gestão temerária de instituição financeira, como já visto, se dá em análise da responsabilidade do administrador frente às "imposições regulatórias de condução sadia da instituição, mitigando a prevenindo riscos e garantindo a estabilidade do mercado".[505] Na esfera da responsabilidade civil tampouco é diferente, até mesmo pela natureza subjetiva da responsabilidade civil do administrador.

Na medida em que a culpa do administrador só poderá ser claramente atestada na violação dos deveres de conduta esperados, os quais muitas vezes derivam, complementam ou são amplificados pelas normas regulatórias, tem-se concretizada a função preventiva da responsabilidade civil na certeza por parte do agente, com base em clara percepção da causalidade, de que a observância às normas regulatórias garante, na concessão de crédito, cenário de isenção de responsabilidade civil, em que pese apresente-se tal decisão empresarial como equivocada no futuro. Portanto, a própria estruturação da responsabilidade civil subjetiva do administrador de instituições financeiras na concessão de crédito, calcada em deveres de conduta e sua concretização por meio de observância das normas regulatórias, é voltada à mitigação de riscos e maior eficiência do mercado, afastando uma gestão temerária.

Ivo Waisberg e Gilberto Gornati, ao analisar a responsabilidade civil dos administradores de instituições financeiras sujeitos aos regimes especiais, apresentam valiosa lição. Posicionando-se quanto à natureza da responsabilidade civil dos administradores neste contexto, defen-

---

[502] Aqui importante referir que existem no ordenamento brasileiro alguns expedientes processuais de natureza cautelar ou diferenciada que poderiam acolher em seu escopo intuito inibitório de dano possível e futuro, materializando referida função preventiva. Não seriam, contudo, ações de responsabilidade propriamente ditas.

[503] LOPEZ, Teresa Ancona. *Princípio da precaução e evolução da responsabilidade civil*. São Paulo: Quartier Latin, 2010. p. 79.

[504] *Ibidem*, p. 80.

[505] FELDENS, Luciano. Gestão fraudulenta e temerária de instituição financeira: contornos identificadores do tipo. In: VILADIR, Celso Sanchez; PEREIRA, Flávia Rahal Bresser; DIAS NETO, Theodomiro (Coord.). *Direito penal econômico*: crimes financeiros e correlatos. São Paulo: Saraiva, 2011. p. 85.

dem que a eleição da responsabilidade civil subjetiva ultrapassa a satisfação da função reparatória do consagrado instituto, satisfazendo a razão de ser de todo regramento aplicável à atividade bancária e voltado à mitigação dos riscos bancários. Entendemos que os apontamentos são plenamente cabíveis e pertinentes ao âmbito da responsabilidade civil dos administradores na concessão de crédito, mesmo que ausente cenário de sujeição aos regimes especiais. Senão vejamos:

> Pois bem, qual a função primordial da responsabilidade civil dos administradores dentro desse sistema? Ressarcir os credores ou regrar a conduta de forma a evitar o dano?
>
> Se a resposta fosse apenas em um sentido de ressarcimento, não haveria dúvida de que a responsabilidade objetiva seria a mais indicada. Mas assim não é, em nossa opinião.
>
> Toda a legislação dessa área tem como escopo proteger o mercado bancário e evitar a ocorrência de uma crise sistêmica. Essa a característica principal dessas normas. Mesmo as normas de "repressão", como a decretação dos regimes especiais, visam, após constatado o problema e não havendo solução melhor, atuar prontamente para estancar a crise e evitar seu alastramento.[506]

Garantindo ao administrador cenário claro de conduta empresarial adequada e livre de responsabilização, a própria noção da extensão e conteúdo destes deveres de conduta é mecanismo que promove função preventiva da responsabilidade civil, independente da ação de responsabilidade. No contexto da atividade bancária, "[e]stimular a prática zelosa e diligente e, assim, talvez evitar a ocorrência do problema é a função principal da responsabilidade civil do administrado dentro desse quadro".[507]

---

[506] WAISBERG, Ivo; GORNATI, Gilberto. *Direito bancário*: contratos e operações bancárias. 2. ed. São Paulo: Saraiva, 2016. p. 210.

[507] *Idem.*

Considerações finais

O presente trabalho tem como proposta indicar e explorar os deveres de conduta dos administradores de instituições financeiras no ato típico bancário de concessão de crédito, assim como as consequências de sua violação no âmbito da responsabilidade civil. Também, com o pano de fundo consistente em um denso regramento regulatório e supervisão constante, apresenta, com base nestes mesmos deveres de conduta, instrumento de verificação de uma gestão temerária frente aos riscos bancários na esfera civil.

Conceitos de base são enfrentados, dentre eles a própria noção de moeda e crédito, ponto primordial para compreensão da atualidade e utilidade do tema proposto. No mesmo patamar de importância posicionam-se os apontamentos acerca da regulação do sistema financeiro e da atividade bancária, em especial após as significativas mudanças das últimas décadas que trouxeram à tona os ideais de regulação prudencial e valorização de deveres fiduciários dos agentes do mercado financeiro.

Neste sentido, no âmbito do gerenciamento dos riscos bancários, a norma regulatória inclusive estabelece a necessidade de constituição, pelas instituições financeiras, de uma estrutura de gerenciamento contínuo e integrado de riscos e de capital, com definição clara das tarefas e extensão da responsabilidade de cada um dos indivíduos integrantes do quadro de pessoal das instituições em seus diversos níveis, aí incluídos os administradores.[508]

---

[508] O art. 7º da norma regulatória trata dos mecanismos obrigatórios de mensuração e mitigação dos riscos bancários: "Art. 7º A estrutura de gerenciamento de riscos deve prever: I – políticas e estratégias para o gerenciamento de riscos, claramente documentadas, que estabeleçam limites e procedimentos destinados a manter a exposição aos riscos em conformidade com os níveis fixados na RAS; II – processos efetivos de rastreamento e reporte tempestivo de exceções às políticas de gerenciamento de riscos, aos limites e aos níveis de apetite por riscos fixados na RAS; III – sistemas, rotinas e procedimentos para o gerenciamento de riscos; IV – avaliação periódica da adequação dos sistemas, rotinas e procedimentos de que trata o inciso III; V – políticas, processos e controles adequados para assegurar a identificação prévia dos riscos inerentes a: a) novos produtos e serviços; b) modificações relevantes em produtos ou serviços existentes; c) mudanças significativas em processos, sistemas, operações e modelo de negócio da instituição;

A atenção da supervisão bancária se manteve, no passado, somente na demonstração estática de numerário e preenchimento de requisitos contábeis e matemáticos. A globalização financeira, dentre outros aspectos, acarretou na criação de organizações internacionais, privadas e compostas por autoridades reguladoras, cujo objetivo precípuo é justamente a cooperação internacional em regulação, obstaculizando os efeitos da interconexão de mercados financeiros no mundo atual. Desta composição surgem recomendações que adotam força de norma impositiva por comprometimento administrativo interno, as "*Soft Law*", versando, dentre outras matérias, justamente sobre a mitigação dos riscos bancários, cerne da supervisão bancária atual.

A busca pela estabilidade do mercado financeiro é constante, assim como é a ameaça representada pelos riscos bancários, dentre eles o sempre temido risco sistêmico e o que mais interessa ao presente trabalho: o risco de crédito. Da própria natureza funcional do mútuo bancário se extrai a possibilidade de inadimplência por parte do tomador, sendo o risco de crédito rotina e traço inafastável desta modalidade contratual.

Ocorre que a noção de regulação prudencial compreende uma série de normas e derivados deveres que mantêm escala estrutural e

---

d) estratégias de proteção (hedge) e iniciativas de assunção de riscos; e) reorganizações societárias significativas; e f) alteração nas perspectivas macroeconômicas; VI – papéis e responsabilidades para fins do gerenciamento de riscos, claramente documentados, que estabeleçam atribuições ao pessoal da instituição em seus diversos níveis, incluindo os prestadores de serviços terceirizados; VII – programa de testes de estresse, conforme definido no art. 11; VIII – avaliação contínua da efetividade das estratégias de mitigação de riscos utilizadas, considerando, entre outros aspectos, os resultados dos testes de estresse; IX – políticas e estratégias, claramente documentadas, para a gestão de continuidade de negócios; X – relatórios gerenciais tempestivos para a diretoria da instituição, o comitê de riscos, e o conselho de administração, quando existente, versando sobre: a) valores agregados de exposição aos riscos de que trata o art. 6º e seus principais determinantes; b) aderência do gerenciamento de riscos aos termos da RAS e às políticas e aos limites mencionados no caput, inciso I; c) avaliação dos sistemas, das rotinas e dos procedimentos, de que trata o caput, inciso IV, incluindo eventuais deficiências da estrutura de gerenciamento de riscos e ações para corrigi-las; d) ações para mitigação dos riscos e avaliação da sua eficácia; e) grau de disseminação da cultura de gerenciamento de riscos no âmbito da instituição; e f) premissas e resultados de testes de estresse. § 1º As políticas para gerenciamento de riscos de que trata o caput, inciso I, devem dispor sobre: I – autorizações necessárias e ações apropriadas e tempestivas da diretoria da instituição e, quando cabível, do conselho de administração, em caso de exceções às políticas, aos procedimentos, aos limites e aos termos da RAS; II – instrumentos, serviços financeiros e estratégias de proteção (hedge) com uso previsto pela instituição, em conformidade com os termos da RAS. § 2º Os sistemas de que trata o caput, inciso III, incluem sistemas de informação adequados para avaliar, mensurar e reportar, em condições normais ou de estresse, a dimensão, a composição e a qualidade das exposições, considerando os riscos incorridos pela instituição. § 3º O reporte produzido pelos sistemas de informação de que trata o § 2º deve: I – refletir o perfil de riscos e a necessidade de liquidez da instituição; II – estar disponível, periodicamente e de forma adequada ao uso, para a diretoria e para o conselho de administração, quando existente; III – explicitar as deficiências ou as limitações das estimativas de risco e das premissas adotadas em modelos quantitativos e em cenários." (BRASIL. CONSELHO MONETÁRIO NACIONAL. *Resolução nº 4.557, de 23 de fevereiro de 2017.* Dispõe sobre a estrutura de gerenciamento de riscos e a estrutura de gerenciamento de capital. Disponível em: <http://www.bcb.gov.br/pre/normativos/busca/normativo.asp?tipo=Resolu%C3%A7%C3%A3o&data=2017&numero=4557>).

global, voltados à constante mitigação e monitoramento dos riscos bancários e dos devastadores efeitos da crise financeira. Quanto ao risco de crédito, especificamente, espera-se da instituição financeira e de seus representantes seriedade e eficiência na avaliação da qualidade do crédito, isto é, do próprio tomador e da pertinência da operação, harmonizando eficiência e prudência, retorno financeiro da operação bancária e excesso de assunção de riscos.

No descumprimento das normas regulatórias, em especial as referentes aos riscos bancários e sua mitigação, há incidência de responsabilidade sancionatória frente ao órgão regulador. Também, há previsão expressa de tipo penal vinculado à denominada gestão temerária de instituição financeira, a qual é constatada, justamente, no descumprimento de referidas normas e parâmetros de atuação sadia. Adentrando na averiguação das hipóteses de responsabilidade do administrador da instituição financeira na concessão de crédito, surge como dúvida se referido elemento balizador cumprimento das normas regulatórias e, portanto, observância aos princípios da seletividade, garantia e liquidez – também se prestaria para aferimento da culpa na responsabilidade civil.

As instituições financeiras, vestidas de roupagem societária com regime jurídico próprio, quais sejam as sociedades anônimas, atraem a incidência de normas legais que submetem os administradores ao regime jurídico da responsabilidade civil de natureza subjetiva, baseada no aferimento da violação ou não de deveres de conduta previamente estabelecidos de forma abstrata na legislação. Tais normas, inclusive, acabam por reger até mesmo supletivamente as instituições financeiras que não adotam tal roupagem societária por imposição regulatória de autorização de funcionamento.[509] Referidos deveres de conduta, no âmbito da concessão de crédito, são maximizados pelas circunstâncias de mercado, assim como pelas normas regulatórias incidentes.

O dever de diligência amplia-se no sentido de esperar do administrador atitude mais cautelosa e mitigadora dos riscos bancários, até mesmo averiguando a pertinência ou não da concessão do crédito em razão da condição e capacidade do próprio tomador. O dever de lealdade,

---

[509] Neste sentido, dispõe a norma regulatória. "Art. 7º No prazo de 180 (cento e oitenta) dias a contar do recebimento da manifestação favorável do Banco Central do Brasil a respeito do cumprimento das condições previstas no art. 6º, os interessados deverão: [...] § 1º O estatuto ou contrato social da pessoa jurídica de que trata o *caput*, inciso I, deverá conter, expressamente, cláusula estabelecendo que: [...] II – a sociedade será regida subsidiariamente pela lei das sociedades anônimas, nos termos do art. 1.053, parágrafo único, da Lei nº 10.406, de 10 de janeiro de 2002 (Código Civil), quando não organizada sob a forma de sociedade anônima. [...]". (BRASIL. CONSELHO MONETÁRIO NACIONAL. *Resolução nº 4.122, de 2 de agosto de 2012*. Disponível em: <https://www.bcb.gov.br/pre/normativos/busca/downloadNormativo.asp?arquivo=/Lists/Normativos/Attachments/49128/Res_4122_v5_P.pdf>).

por sua vez, escapa a bilateralidade da relação administrador e acionista e passa a envolver o sistema financeiro como um todo e terceiros, devendo, mais do que nunca, se materializar o zelo pelo patrimônio da instituição até mesmo pelo eventual e possível risco sistêmico inerente à sua derrocada. O dever de informar, por sua vez, passa por tamanha maximização que passa a incluir como interessado na divulgação o próprio órgão regulador e os demais agentes de mercado.

A extensão de referidos deveres de conduta maximizados é também delineada pelas normas regulatórias aplicáveis. Trata-se de afastamento parcial do caráter abstrato das normas que originam os deveres de conduta e esclarecimento de seus contornos pela tecnicidade que envolve a atividade bancária.

Frente ao próprio tomador do crédito também se operam deveres de conduta. Isto se dá porque o dever de informar, neste âmbito, é tão potencializado que surge como consequência um dever de aconselhamento da instituição financeira frente ao consumidor. Trata-se de redução da assimetria informativa do mercado de crédito – fortalecido pela constante inovação dos produtos bancários e falta de educação financeira da população –, cabendo à própria instituição financeira a averiguação e o atestado de pertinência e compatibilidade das condições do negócio entabulado, preservando ao fim e ao cabo a própria estabilidade do sistema financeiro.

A governança corporativa das instituições financeiras acaba por monitorar o sistema de incentivos que se apresenta aos representantes da organização e consequentemente dos agentes de mercado. No âmbito da atividade bancária, apresenta *nuances* não vistas nos demais empreendimentos, tudo por conta da própria especialidade da atividade. Afastando cenários de propagação de risco moral e conflito de agência, como no caso em que a remuneração do administrador está vinculada ao numerário de crédito concedido, independente da qualidade deste, trata-se de ferramenta primordial à mitigação dos riscos bancários.[510]

[510] Os arts. 2º, 3º e 4º da norma regulatória representam bem o referido, apontando as diretrizes necessárias da política de remuneração dos administradores: "Art. 2º A política de remuneração de administradores deve ser compatível com a política de gestão de riscos e ser formulada de modo a não incentivar comportamentos que elevem a exposição ao risco acima dos níveis considerados prudentes nas estratégias de curto, médio e longo prazos adotadas pela instituição. Art. 3º A remuneração dos administradores das áreas de controle interno e de gestão de riscos deve ser adequada para atrair profissionais qualificados e experientes e ser determinada independentemente do desempenho das áreas de negócios, de forma a não gerar conflitos de interesse. Parágrafo único. As medidas do desempenho dos administradores das áreas de controle interno e de gestão de riscos devem ser baseadas na realização dos objetivos de suas próprias funções e não no desempenho das unidades por eles controladas ou avaliadas. Art. 4º As instituições que efetuarem pagamentos a título de remuneração variável a seus administradores devem levar em conta, quanto ao montante global e à alocação da remuneração, os seguintes fatores, entre outros: I – os riscos correntes e potenciais; II – o resultado geral da instituição, em particular o lucro recorrente realizado; III – a capacidade de geração de fluxos de caixa da instituição; IV – o ambiente econô-

A concessão de crédito é atividade bancária típica. Todavia, acreditamos que deve ainda ser dividida entre o ato de concessão de crédito propriamente dito, autorizado expressamente por administrador da instituição financeira ou por alçada, e o ato de formulação da política de crédito e apetite por riscos, a qual fica a cargo do conselho de administração. Os deveres de conduta aplicáveis à espécie, importante referir, não decorrem do contrato, mas sim da lei, tendo vigência em ambos os casos.

Na violação dos referidos deveres de conduta, concretiza-se princípio de hipótese de responsabilidade civil do administrador. Não frente ao próprio tomador do crédito, em especial pela barreira criada pela boa-fé objetiva e busca por vantagem indevida, mas sim por terceiros eventualmente prejudicados e a própria sociedade principalmente.

O patrimônio social representa a garantia direta de eventuais credores, sendo que empresas à beira da derrocada, sendo expulsas do mercado por um ideal de eficiência do uso dos recursos, podem eventualmente fazer uso de crédito a que não fazem jus – com base nos deveres de conduta de concessão responsável e apropriada – para aparentar situação de solvência que não reflete a realidade. Contratações feitas neste cenário podem causar danos a terceiros que seriam evitados no caso de uma observância aos critérios de concessão de créditos previstos nas normas regulatórias e negativa de concessão de crédito não pertinente ou prudente. Neste ponto, exatamente, reside o nexo de causalidade entre o dano em análise e a conduta do administrador que violou os deveres de conduta esperados. Ainda, no caso hipotético, seria possível falar em responsabilidade civil da própria instituição financeira com posterior regresso contra o administrador.

Ademais, a eleição e adoção de política de concessão de crédito desmedida ou imprudente poderia também representar cenário de prejuízo à instituição financeira, em especial nos casos em que a dimensão e alcance do negócio tornam massificada a concretização da política desequilibrada de apetite por riscos. Nestes casos, vislumbrada a violação dos deveres de conduta anteriormente referidos, seria possível também imaginar eventual hipótese de responsabilização do administrador por iniciativa da própria sociedade ou seus acionistas na forma da lei.

---

mico em que a instituição está inserida e suas tendências; e V – as bases financeiras sustentáveis de longo prazo e ajustes nos pagamentos futuros em função dos riscos assumidos, das oscilações do custo do capital e das projeções de liquidez. [...]". (BRASIL. CONSELHO MONETÁRIO NACIONAL. *Resolução nº 3.921, de 25 de novembro de 2010*. Dispõe sobre a política de remuneração de administradores das instituições financeiras e demais instituições autorizadas a funcionar pelo Banco Central do Brasil. Disponível em: <http://www.bcb.gov.br/pre/normativos/busca/normativo.asp?tipo=res&ano=2010&numero=3921>).

Ocorre que não é saudável a expansão de hipóteses de responsabilização de administradores, justamente porque tal aumento de risco ao patrimônio pessoal pode acabar por afastar pessoas prudentes, atraindo unicamente pessoas que pouco se importam com o seu comprometimento pessoal. Justamente por isso que se fala na pertinência de aplicação da regra de julgamento do negócio (*Business Judgement Rule*) adaptada e temperada no Brasil, com funcionalidade exposta na Lei Acionária sem referência expressa e na condição de interpretação de dois dispositivos legais de exclusão de responsabilidade do administrador que atua com boa-fé e voltado aos interesses da companhia.

Na mesma medida em que é pertinente a análise da violação dos deveres de conduta, deve-se ter em mente que a perseguição de administradores que, infelizmente, adotaram decisões que resultaram em prejuízo, sem demonstração da culpa, é indevida. Porém, tal afirmativa não esgota o temor destes profissionais muitas vezes excessivamente responsabilizados. Como resposta prática à possibilidade de responsabilização dos administradores, importante referir, consolidou-se na prática o seguro de responsabilidade civil dos mesmos. Trata-se, praticamente, de exigência negocial rotineira na contratação de profissionais bem capacitados para o cargo.

Para além da função reparatória ou compensatória da responsabilidade civil, há uma função preventiva. Referida função, importante dizer, representa a tendência futura do instituto. Prudência, precaução e a obstaculização do dano antes que se materialize. Não se trata apenas do mecanismo de incentivos que tem como gatilho automático a imposição de pagamento da sanção indenizatória, este resta inclusive mitigado pela cobertura securitária do seguro de responsabilidade civil, mas sim da própria noção de que um exame claro de nexo de causalidade e contornos de ato possivelmente danoso possibilitam ao próprio agente perceber a pertinência ou não de sua conduta.

Assim sendo, a própria estruturação e fundamentos da responsabilidade civil subjetiva representam manifestação de função preventiva da responsabilidade civil. Mesmo que a cobertura securitária venha a mitigar os estímulos de conduta zelosa, criando cenário de risco moral, os ditames da responsabilidade civil de natureza subjetiva, com avaliação da conduta dos administradores com base nos deveres de conduta insculpidos na legislação e reforçados pelas normas regulatórias, ponderam tal efeito.

Percebe-se que a estruturação das normas legais e regulatórias que motivam a supervisão do sistema financeiro no sentido de manutenção da sua estabilidade se harmoniza com o regime jurídico da responsabilidade civil subjetiva do administrador na concessão de crédito. Com base na própria noção de aferimento da culpa por violação de deveres de conduta, é possível ao agente compreender subjetivamente a pertinência ou não de sua conduta. Tal afirmação não seria verdade no caso de responsabilidade civil de natureza objetiva.

Destarte, incidem sobre a atividade dos administradores de instituições financeiras, na concessão de crédito, deveres de conduta de identificação, mensuração e prevenção de riscos bancários, assim como de gestão sadia e baseada nas informações disponíveis e bem apuradas, sempre com observância às normas regulatórias. Violados referidos deveres, materializa-se possível cenário de responsabilidade civil dos administradores de instituições financeiras na concessão de crédito, isto é, responsabilidade civil por concessão imprudente de crédito.

Caso o crédito concedido atraia aparência de solvabilidade indevida para o tomador, lesando terceiros, haverá hipótese de concessão imprudente de crédito, desde que demonstrado o nexo de causalidade. Caso o crédito concedido venha a prejudicar a própria instituição financeira e indiretamente alguns de seus acionistas, no caso de uma relação de concentração acionária, por exemplo, por conta da impertinência do crédito concedido até mesmo para companhias do mesmo grupo econômico, poderá haver responsabilidade civil por concessão imprudente de crédito. Caso venha a instituição financeira a se prevalecer de sua posição negocial e, concedendo crédito de forma imprudente, venha a criar condição artificial de continuidade empresarial com base em constituição ou majoração de garantia real que lhe colocará em posição mais privilegiada que os demais credores em cenário inevitável de quebra, poderá haver responsabilidade civil por concessão imprudente de crédito.

Atos irregulares de gestão, internos ou externos, farão com que potencialmente responda civilmente o administrador frente à própria companhia ou terceiros, desde que ultrapassados os requisitos de admissibilidade da ação de responsabilidade civil e satisfeitos os pressupostos do mesmo instituto. A responsabilidade civil recairá sobre o administrador, diretor ou membro do conselho de administração da companhia, caso haja, por parte deste, desvio de suas funções e conduta culposa e danosa à própria companhia ou a qualquer terceiro no âmbito da atividade típica de concessão de crédito. Contudo, estes cenários devem sempre ser encarados com a cautela de quem se preocupa com o possível afastamento de pessoas responsáveis e zelosas dos cargos de administração no caso de alargamento de hipóteses de sua responsabilidade.

Referências

ABRÃO, Nelson. *Direito bancário*. 17. ed. São Paulo: Saraiva, 2018.

ADAMEK, Marcelo Vieira von. *Responsabilidade civil dos administradores S/A* (e as ações correlatas). São Paulo: Saraiva, 2009. p. 193.

ASCARELLI, Tullio. *Problemas das sociedades anônimas e direito comparado*. São Paulo: Saraiva & CIA Livraria Acadêmica, 1945.

ASSAF NETO, Alexandre. *Mercado financeiro*. 5. ed. São Paulo: Atlas, 2003.

AKERLOF, George A. The Market for "Lemons": Quality Uncertainty and the Market Mechanism. *The Quarterly Journal of Economics*, Vol. 84, No. 3, Aug. 1970.

BANK FOR INTERNATIONAL SETTLEMENTS. *Corporate governance principles for banks*, jul. 2015. Disponível em: <https://www.bis.org/bcbs/publ/d328.pdf>. Acesso em: 04/06/2018.

BARBOSA, Henrique Cunha. Business judgment rule. In: COELHO, Fábio Ulhoâ. *Tratado de direito comercial: tipos societários, sociedades limitadas e sociedades anônimas*. V. 2. São Paulo: Saraiva, 2015.

BARRETTO, Lauro Muniz. *Direito Bancário*. São Paulo: Editora Universitária de Direito, 1975.

BEBCHUK, Lucian A.; SPAMANN, Holger. Regulating bankers' pay. *Harvard Law and Economics Discussion Paper n. 641*, 2010, disponível em: <https://ssrn.com/abstract=1410072>

BENACCHIO, Marcelo. Responsabilidade civil do banco por concessão abusiva de crédito. In: FONTES, Marcos Rolim Fernandes; WAISBERG, Ivo (Coord.). *Contratos Bancários*. São Paulo: Quartier Latin, 2006.

——. Responsabilidade civil dos bancos, mercado e microssistemas legislativos. In: GUERRA, Alexandre; BENACCHIO, Marcelo (Coord.). *Responsabilidade civil bancária*. São Paulo: Quartier Latin, 2012.

BERNSTEIN, Peter L. *Against the gods: the remarkable story of risk*. New York: John Wiley & Sons, 1996.

BOLLES, Albert S. The duty and liability of bank directors. *The Yale Law Journal*, v. 12, n. 5, mar. 1903, p. 287-305, disponível em: <www.jstor.org/stable/782050>.

BONNEAU, Thierry. *Droit bancaire*. 8. ed. Paris: Montchrestien, 2009.

BORBA, José Edwaldo Tavares. *Direito Societário*. 14. ed. São Paulo: Atlas, 2015.

BRAGA, Rodrigo Bernardes. *Responsabilidade civil das instituições financeiras*. 2. ed. Rio de Janeiro: Lumen Juris, 2004.

BRASIL. CÂMARA DOS DEPUTADOS. *Projeto de Lei nº 3515/2015*. Disponível em: <http://www.camara.gov.br/proposicoesWeb/fichadetramitacao?idProposicao=2052490>.

BRASIL. CONSELHO MONETÁRIO NACIONAL. *Resolução nº 2.682, de 21 de dezembro de 1999*. Disponível em: < https://www.bcb.gov.br/pre/normativos/busca/normativo.asp?tipo=Res&ano=1999&numero=002682>.

——. *Resolução nº 3.198, de 27 de maio de 2004*. Disponível em: <http://www.bcb.gov.br/pre/normativos/busca/normativo.asp?tipo=Res&ano=2004&numero=003198>.

——. *Resolução nº 3.921, de 25 de novembro de 2010*. Disponível em: <http://www.bcb.gov.br/pre/normativos/busca/normativo.asp?tipo=res&ano=2010&numero=3921>.

——. *Resolução nº 4.122, de 2 de agosto de 2012*. Disponível em: <http://www.bcb.gov.br/pre/normativos/busca/normativo.asp?tipo=Res&ano=2012&numero=4122>.

——. *Resolução nº 4.222, de 23 de maio de 2013*. Disponível em: <https://www.bcb.gov.br/pre/normativos/busca/normativo.asp?tipo=Res&ano=2013&numero=4222>.

——. *Resolução nº 4.434, de 5 de agosto de 2015*. Disponível em: < http://www.bcb.gov.br/pre/normativos/busca/normativo.asp?numero=4434&tipo=Resolu%C3%A7%C3%A3o&data=05/08/2015>.

——. *Resolução nº 4.474, de 31 de março de 2016*. Disponível em: <http://www.bcb.gov.br/pre/normativos/busca/normativo.asp?numero=4474&tipo=Resolu%C3%A7%C3%A3o&data=31/3/2016>.).

——. *Resolução nº 4.538, de 24 de novembro de 2016*. Disponível em: <http://www.bcb.gov.br/pre/normativos/busca/normativo.asp?numero=4538&tipo=Resolu%C3%A7%C3%A3o&data=24/11/2016>.

——. *Resolução nº 4.549, de 26 de janeiro de 2017*. Disponível em: < https://www.bcb.gov.br/pre/normativos/busca/normativo.asp?numero=4549&tipo=Resolu%C3%A7%C3%A3o&data=26/1/2017>.

——. *Resolução nº 4.557, de 23 de fevereiro de 2017*. Disponível em: < http://www.bcb.gov.br/pre/normativos/busca/normativo.asp?tipo=Resolu%C3%A7%C3%A3o&data=2017&numero=4557>.

——. *Resolução nº 4.595, de 28 de agosto de 2017*. Disponível em: <http://www.bcb.gov.br/pre/normativos/busca/normativo.asp?numero=4595&tipo=Resolu%C3%A7%C3%A3o&data=28/8/2017>.

BRASIL. CONSELHO DE RECURSOS DO SISTEMA FINANCEIRO NACIONAL. Acórdão/CRSFN 8265/07. Recorrentes: Antonio Damião de Aguiar Ferreira; Essen Pinheiro Filho; Evandro da Silva Pereira; Geraldo Vidal da Silva; João Augusto Barbosa Monteiro; José Antônio dos Santos Guedes. Recorrido: Banco Central do Brasil. Conselheiro Relator: Fabio Martins Faria. Brasília, 22 de novembro de 2007. Disponível em: <https://www.bcb.gov.br/crsfn/ementasacordaos.html>.

——. Acórdão/CRSFN 8397/08. Recorrentes Voluntários: Clemente de Faria; Gilberto de Andrade Faria; Inês Maria Neves Faria. Recorrido: Banco Central do Brasil. Recorrente de Ofício: Banco Central do Brasil. Recorridos Banco Bandeirantes S.A. (atual UNICARD Banco Múltiplo S.A.); Ricardo Xavier Bartels; Sérgio Luiz Ferreira. Conselheiro Relator: Raul Jorge de Pinho Curro. Brasília, 29 de julho de 2008. Disponível em: <https://www.bcb.gov.br/crsfn/ementasacordaos.html>.

——. Acórdão/CRSFN 11005/12. Recorrentes: Cooperativa Central de Crédito da Bahia Ltda; Alexandre Teixeira de Cerqueira; Cergio Tecchio; David Gonçalves de Souza; Derivaldo Novaes de Carvalho; Iomário Silveira Amorim; Ivo Azevedo de Brito; Lauro Costa Setúbal; Reinaldo Lopes de Oliveira; Valcyr Ameida Rios. Recorrido: Banco Central do Brasil. Conselheiro Relator: Nelson Alves de Aguiar Júnior. Brasília, 25 de setembro de 2012. Disponível em: <https://www.bcb.gov.br/crsfn/ementasacordaos.html>.

——. Acórdão/CRSFN 11102/13. Recorrentes: Darci Gomes do Nascimento; Ezequiel Edmond Nasser; Jacques Nasser. Recorrida: Comissão de Valores Mobiliários. Conselheiro Relator: Marcos Martins Davidovich. Brasília, 18 de junho de 2013. Disponível em: <https://www.bcb.gov.br/crsfn/ementasacordaos.html>.

——. Acórdão/CRSFN 11278/14. Recorrentes Voluntários: Carlos Di Tommaso; Lázaro Augusto de Mattos Neto; Luis Brasil da Costa Faggiano; Mario Hiroyuki Egami; Sidney Tommasi Garzi; Tito César dos Santos Nery. Recorrido: Banco Central do Brasil. Recorrente de Ofício: Banco Central do Brasil. Recorridos: Alamir Natucci Rizzo; Amadeu José Pinto. Ângelo Rinaldo Rossi; Edgar Figueiredo Bartolomei; Gelson Eduardo Bucheroni; Maria Luiza Rodrigues de Andrade Machado; René de Oliveira Magrini. Conselheiro Relator: Nelson Alves de Aguiar Júnior. Brasília, 03 de junho de 2014. Disponível em: <https://www.bcb.gov.br/crsfn/ementasacordaos.html>.

——. Acórdão/CRSFN 53/2016. Pedido de Revisão. Requerente: Luiz Fernando Medina do Vale. Requerido: Conselho de Recursos do Sistema Financeiro Nacional. Conselheiro Relator: Flávio Maia Fernandes dos Santos. Brasília, 26 de julho de 2016. Disponível em: <https://www.bcb.gov.br/crsfn/ementasacordaos.html>.

——. Acórdão/CRSFN 74/2018. Recorrentes: Massa Falida do Banco BVA S/A; Antonio Carlos Conversano; Antonio Luiz de Oliveira Pinto Pascoal; Benedito Ivo Lodo Filho; Carlos Jorge Moreno Yasaka; Cristine Basseto Cruz; Edison Gandolfi; Edson Vicente Sivieri; Fábio Augusto Guimarães Ferreira dos Santos; Hermes Xavier dos Santos; Jorge Ribeiro da Silva Caldas Neto; José Augusto Ferreira dos Santos; Luiz Rodolfo Palmeira Vasconcellos; Robson Luiz de Souza Brandão. . Recorrido: Banco Central do Brasil. Conselheiro Relator: Waldir Quintiliano da Silva. Brasília, 24 de abril de 2018. Disponível em: <https://www.bcb.gov.br/crsfn/ementasacordaos.html>.

BRASIL. *Lei complementar nº 130, de 17 de abril de 2009.* Disponível em: <http://www.planalto.gov.br/ccivil_03/leis/lcp/Lcp130.htm>.

——. *Lei nº 1.521, de 26 de dezembro de 1951.* Disponível em: <http://www.planalto.gov.br/ccivil_03/Leis/L1521.htm>.

——. *Lei nº 4.595, de 31 de dezembro de 1964.* Disponível em: <http://www.planalto.gov.br/ccivil_03/leis/L4595.htm>.

——. *Lei nº 5.764, de 16 de dezembro de 1971.* Disponível em:< http://www.planalto.gov.br/ccivil_03/Leis/L5764.HTM>.

——. *Lei nº 6.024, de 13 de março de 1974.* Disponível em: <http://www.planalto.gov.br/ccivil_03/Leis/L6024.htm>.

——. *Lei nº 6.385, de 7 de dezembro de 1976.* Disponível em: < http://www.planalto.gov.br/ccivil_03/Leis/L6385.htm>.

——. *Lei nº 6.404, de 15 de dezembro de 1976.* Disponível em: <http://www.planalto.gov.br/ccivil_03/Leis/L6404consol.htm>.

——. *Lei nº 13.506, de 13 de novembro de 2017.* Disponível em: <http://www.planalto.gov.br/ccivil_03/_ato2015-2018/2017/lei/L13506.htm>.

BRAUDEL, Fernand. *Civilização material, economia e capitalismo séculos XV-XVIII.* Vol. I. As Estruturas do Cotidiano. Trad. Telma Costa. São Paulo: Martins Fontes, 1995.

BRIGAGÃO, Pedro Henrique Castello. *A administração de companhias e a Business judgment rule.* São Paulo: Quartier Latin, 2017.

CARVALHOSA, Modesto. *Comentários à lei de sociedades anônimas*: Lei nº 6.404, de 15 de dezembro de 1976, com as modificações das Leis nº 9.457, de 5 maio de 1997 e 10.303, de 31 de outubro de 2001. v.1. 3. ed. São Paulo: Saraiva, 2003.

BRUMMER, Chris. *Soft law and the global financial system*: rule making in the 21st century. 2. ed. New York: Cambridge University Press, 2015.

CÂMARA, Paulo. A renovação do Direito bancário no início do novo milénio. In: CÂMARA, Paulo; MAGALHÃES, Manuel (coord.). *O novo direito bancário.* Coimbra: Almedina, 2012.

——. O governo societário dos bancos – em particular, as novas regras e recomendações sobre remuneração na banca. In: CÂMARA, Paulo; MAGALHÃES, Manuel (coord.). *O novo direito bancário.* Coimbra: Almedina, 2012.

——; MAGALHÃES, Manuel (coord.). *O novo direito bancário.* Coimbra: Almedina, 2012.

CASADO, Márcio Mello. A responsabilidade civil das casas bancárias no fornecimento inadequado do crédito. *Revista de Direito do Consumidor* Revista dos tribunais, São Paulo, v. 22., p. 117, 1997.

CLARK, Robert Charles. *Corporate Law.* 13. ed. New York: Aspen Law & Business, 1986.

COELHO, Fábio Ulhoa (Coord.). *Tratado de direito comercial,* vol. 8: títulos de crédito, direito bancário, agronegócio e processo empresarial. São Paulo: Saraiva, 2015.

COMMITTEE OF SPONSORING ORGANIZATIONS OF THE TREADWAY COMISSION. *Leveraging COSO across the three lines of defense.* 2015. Disponível em: <https://www.coso.org/Documents/COSO-2015-3LOD.pdf>. Acesso em: 04/06/2018.

CORDEIRO, António Menezes. *Da boa-fé no direito civil.* 5ª reimpressão. Coimbra: Almedina, 2013.

——. *Manual de direito bancário.* 4. ed. Coimbra: Almedina, 2012.

——. *Manual de direito das sociedades*: I volume, das sociedades em geral. Coimbra: Almedina, 2004.

——. Responsabilidade bancária, deveres acessórios e nexo de causalidade. In: CORDEIRO, António Menezes; GOMES, Januário da Costa; BASTOS, Miguel Brito; LEAL, Ana Alves (coord.). *Estudos de direito bancário I*. Coimbra: Almedina, 2018.

——; GOMES, Januário da Costa; BASTOS, Miguel Brito; LEAL, Ana Alves (coord.). *Estudos de direito bancário I*. Coimbra: Almedina, 2018

CORRÊA-LIMA, Osmar Brina. *Responsabilidade civil dos administradores de sociedade anônima*. Rio de Janeiro: Aide, 1989.

COSTA, Carla Guapo. *Crises financeiras na economia mundial*. 4. ed. Coimbra: Almedina, 2010.

COUTO E SILVA, Clóvis do. *A obrigação como processo*. 9ª reimpressão. Rio de Janeiro: Editora FGV, 2014.

COX, James D.; HAZEN, Thomas Lee; O'NEAL, F. Hodge. *Corporations*. New York: Aspen Law & Business, 1997.

EIZIRIK, Nelson; GAAL, Ariádna; PARENTE, Flávia; HENRIQUES, Marcus de Freitas. *Mercado de capitais – regime jurídico*. 3. ed. Rio de Janeiro: Renovar, 2011.

ERLING, Marlos Lopes Godinho. *Regulação do sistema financeiro nacional:* desafios e propostas de aprimoramento institucional. São Paulo: Almedina, 2015.

ESTEVEZ, A. F.; JOBIM, M. F. *Estudos de direito empresarial:* homenagem aos 50 anos de docência do professor Peter Walter Ashton. São Paulo: Saraiva, 2012.

FABIANI, Emerson Ribeiro. *Direito e crédito bancário no Brasil*. São Paulo: Saraiva, 2011.

FACHIN, Luiz Edson. *Estatuto jurídico do patrimônio mínimo*. 2. ed. Rio de Janeiro: Renovar, 2006.

FARIA, Clara Beatriz Lourenço de. *O seguro D&O e a proteção ao patrimônio dos administradores*. 2. ed. São Paulo: Almedina, 2015.

FELDENS, Luciano. Gestão fraudulenta e temerária de instituição financeira: contornos identificadores do tipo. In: VILADIR, Celso Sanchez; PEREIRA, Flávia Rahal Bresser; DIAS NETO, Theodomiro (Coord.). *Direito penal econômico: crimes financeiros e correlatos*. São Paulo: Saraiva, 2011.

FÉRES, Marcelo Andrade. A rede empresarial: pelo correto conhecimento dos prepostos e dos administradores das sociedades anônimas. In: WALD, Arnoldo; GONÇALVES, Fernando; SOARES DE CASTRO, Moema Augusta (coord.); FREITAS, Bernardo Vianna; CARVALHO, Mário Tavernard Martins de (org.). *Sociedades anônimas e mercado de capitais*. São Paulo: Quartier Latin, 2011.

FERGUSON, Niall. *The ascent of Money:* a financial history of the world. Londres: Penguin Books, 2009.

FONTES, Marcos Rolim Fernandes; WAISBERG, Ivo (Coord.). *Contratos Bancários*. São Paulo: Quartier Latin, 2006.

FORNACIARI, Gauthama. *Gestão Fraudulenta e temerária*: um estudo jurisprudencial. São Paulo: Saraiva, 2013.

FORGIONI, Paula A. *A evolução do direito comercial brasileiro: da mercancia ao mercado*. 2. ed. São Paulo: Revista dos Tribunais, 2012.

FRANCO, Gustavo H. B. *A moeda e a lei:* uma história monetária brasileira (1933-2013). Rio de Janeiro: Zahar, 2017.

FREITAS, Bernardo Vianna; QUEIROZ, Júlio Antônio Nunes. Conflito de agência nas sociedades anônimas: uma análise sob a perspectiva da teoria dos jogos. In: WALD, Arnoldo; GONÇALVES, Fernando; SOARES DE CASTRO, Moema Augusta (coord.); FREITAS, Bernardo Vianna; CARVALHO, Mário Tavernard Martins de (org.). *Sociedades anônimas e mercado de capitais*. São Paulo: Quartier Latin, 2011.

——; SILVA, Fernando Quadros da (coord.). *Agências reguladoras no direito brasileiro*. São Paulo: Revista dos Tribunais, 2014.

GALIZZI, Gustavo Oliva. Publicar, divulgar, disponibilizar e comunicar:anotações sobre o princípio da publicidade legal na legislação societária brasileira. In: WALD, A.; GONÇALVES, F.; CASTRO, M. A. S. (coord.); FREITAS, B. V.; CARVALHO, M. T. M. (org.). *Sociedades Anônimas e Mercado de Capitais* – Homenagem ao prof. Osmar Brina Corrêa-Lima. São Paulo: Quartier Latin, 2011.

GERNER-BEUERLE, Carsten; PAECH, Philipp; SCHUSTER, Edmund Philipp. *Study on Directors' Duties and Liability*. Londres, 2013. Disponível em: <http://eprints.lse.ac.uk/50438/1/__Libfile_repository_Content_Gerner-Beuerle,%20C_Study%20on%20directors%E2%80%99%20duties%20and%20liability(lsero).pdf>.

GEVURTZ, Franklin A. *Corporation Law*. 2. ed. Saint Paul: Thomson Reuters, 2010.

GIACOMINI, Daniel Orfale. Responsabilidade civil dos bancos por superendividamento do consumidor. In: GUERRA, Alexandre; BENACCHIO, Marcelo (Coord.). *Responsabilidade civil bancária*. São Paulo: Quartier Latin, 2012.

GLASER, Florian; ZIMMERMANN, Kai; HAFERKORN, Martin; WEBER, Moritz Christian; SIERING, Michael. *Bitcoin – Asset or Currency? Revealing Users' Hidden Intentions*. 2015. 22a European Conference on Information Systems (Tel Aviv). 2014. Disponível em: <https://ssrn.com/abstract=2425247>.

GOETZMANN, William N. *Money changes everything: how finance made civilization possible*. New Jersey: Princeton University Press, 2017.

GOMES, Orlando. *Contratos*. 12. ed. Rio de Janeiro: Forense, 1993.

GONÇALVES NETO, Alfredo de Assis. *Manual das companhias, ou, sociedades anônimas*. 3. ed. São Paulo: Revista dos Tribunais, 2013.

GUERRA, Alexandre; BENACCHIO, Marcelo (Coord.). *Responsabilidade civil bancária*. São Paulo: Quartier Latin, 2012.

HELLWIG, Guilherme Centenaro. *Internacionalização regulatória no Sistema Financeiro Nacional*. Rio de Janeiro: Lumen Juris, 2019.

HUGON, Paul. *A moeda: introdução à análise e às políticas monetárias e à moeda no brasil*. Tradução de Diva Benevides Pinho. 5. ed. São Paulo: Pioneira, 1978.

INSTITUTO BRASILEIRO DE GOVERNANÇA CORPORATIVA. *Código das melhores práticas de governança* corporativa. 5. ed. Disponível em: <http://www.ibgc.org.br/index.php/publicacoes/codigo-das-melhores-praticas>. Acesso em: 20/01/2018.

JANTALIA, Fabiano. A construção da identidade institucional da regulação bancária brasileira: uma análise à luz da teoria do *path dependence*. *RDA – Revista de Direito Administrativo*, Rio de Janeiro, v. 276, p. 47-75, set-dez 2017.

KING, Mervyn A. *The end of alchemy*: Money, banking and the future of the global economy. New York: W.W. Norton & Company, 2017.

KUYVEN, Luiz Fernando Martins (coord.). *Temas essenciais de direito empresarial*: estudos em homenagem a Modesto Carvalhosa. São Paulo: Saraiva, 2012.

LACERDA, Maurício Andere Von Bruck. *O seguro dos administradores no Brasil:* O D&O insurance brasileiro. Curitiba: Juruá, 2013.

LAMY FILHO, Alfredo; PEDREIRA, José Luiz Bulhões. *A lei das S.A.* Rio de Janeiro: Renovar, 1992.

LASTRA, Rosa Maria. *Banco central e regulamentação bancária*. Trad. Dan Markus Kraft. Belo Horizonte: Del Rey, 2000.

LE GOFF, Jacques. *A idade média e o dinheiro*: ensaio de antropologia histórica. Tradução de Marcos de Castro. 2. ed. Rio de Janeiro: Civilização Brasileira, 2014.

LEITÃO, Adelaide Menezes. Concessão de crédito, normas de proteção e responsabilidade bancária. In: CORDEIRO, António Menezes; GOMES, Januário da Costa; BASTOS, Miguel Brito; LEAL, Ana Alves (coord.). *Estudos de direito bancário I*. Coimbra: Almedina, 2018.

LEONARDO, Rodrigo Xavier. Responsabilidade contratual e extracontratual: primeiras anotações em face do Novo Código Civil Brasileiro. In: NERY JUNIOR, Nelson; NERY, Rosa Maria Andrade. *Doutrinas essenciais de responsabilidade civil*. V.1. São Paulo: Revista dos Tribunais, 2011.

LOPEZ, Teresa Ancona. *Princípio da precaução e evolução da responsabilidade civil*. São Paulo: Quartier Latin, 2010.

MARQUES, Claudia Lima. Algumas perguntas e respostas sobre prevenção e tratamento do superendividamento dos consumidores pessoas físicas. In: MIRAGEM, Bruno; MARQUES, Claudia Lima (org.). *Doutrinas essenciais de direito do consumidor*. Vol. 2, São Paulo: Revista dos Tribunais, 2011.

——; ALMEIDA, João Batista de; PFEIFFER, Roberto Augusto Castellanos (coord.). *Aplicação do código de defesa do consumidor aos bancos: ADIn 2.591*. São Paulo: Revista dos Tribunais, 2006.

MARTINEZ, André Almeida Rodrigues; LIMA, Carlos Fernando dos Santos. *Compliance bancário: um manual descomplicado*. São Paulo: Quartier Latin, 2018.

MARTINS, Maria Inês de Oliveira. Dolo e seguro D&O. In: INSTITUTO BRASILEIRO DE DIREITO DO SEGURO. *VII fórum de direito do seguro José Sollero Filho – Lei de contrato de seguro: solidariedade ou exclusão?* (em homenagem a Rubén Stiglitz). São Paulo: Roncarati, 2018.

MARTINS-COSTA, Judith. *A Boa-Fé no Direito Privado Sistema e Tópica no Processo Obrigacional*. São Paulo: Revista dos Tribunais, 1999.

MATTOS FILHO, Ary Oswaldo. *Direito dos valores mobiliários*. Vol. 1. Tomo 1. Rio de Janeiro: FGV, 2015.

MIRAGEM, Bruno. *Abuso do direito*. 2. ed. São Paulo: Revista dos Tribunais, 2013.

——. *Curso de direito do consumidor*. 5. ed. São Paulo: Revista dos Tribunais, 2014.

——. *Direito bancário*. São Paulo: Revista dos Tribunais, 2013.

——. *Direito bancário*. 2. ed. São Paulo: Revista dos Tribunais, 2018.

——. *Direito bancário*. 3. ed. São Paulo: Thomson Reuters Brasil, 2019.

——. *Direito civil: direito das obrigações*. São Paulo: Saraiva, 2017.

——. *Direito civil*: responsabilidade civil. São Paulo: Saraiva, 2015.

——; CARLINI, Angélica (coord.). *Direito dos seguros*: fundamentos de direito civil: direito empresarial e direito do consumidor. São Paulo: Revista dos Tribunais, 2014.

——; MARQUES, Claudia Lima (org.). *Doutrinas essenciais de direito do consumidor*. Vol. 2, São Paulo: Revista dos Tribunais, 2011.

——. Mercado, fidúcia e banca: uma introdução ao exame do risco bancário e da regulação prudencial do sistema financeiro na perspectiva do crédito. In: ESTEVEZ, A. F.; JOBIM, M. F. *Estudos de direito empresarial: homenagem aos 50 anos de docência do professor Peter Walter Ashton*. São Paulo: Saraiva, 2012.

MIRANDA, Francisco Cavalcanti Pontes de. *Tratado de direito privado:* parte especial tomo XLII. 3. ed. São Paulo: Revista dos Tribunais, 1984.

MONTEIRO, Joana Pinto. O desenvolvimento recente da supervisão bancária comportamental. In: CÂMARA, Paulo; MAGALHÃES, Manuel (coord.). *O novo direito bancário*. Coimbra: Almedina, 2012.

NEGRÃO, Ricardo. *Manual de Direito Comercial e de Empresa*. v. 1. 8. ed. São Paulo: Saraiva, 2011.

NERY JUNIOR, Nelson; NERY, Rosa Maria Andrade. *Doutrinas essenciais de responsabilidade civil*. V.1. São Paulo: Revista dos Tribunais, 2011.

NORONHA, Fernando. Responsabilidade civil: uma tentativa de ressistematização responsabilidade civil em sentido estrito e responsabilidade negocial; responsabilidade subjetiva e objetiva; responsabilidade subjetiva e objetiva; responsabilidade subjetiva comum ou normal, e restrita a dolo ou culpa grave; responsabilidade objetiva normal e agravada. In: NERY JUNIOR, Nelson; NERY, Rosa Maria Andrade. *Doutrinas essenciais de responsabilidade civil*. V.1. São Paulo: Revista dos Tribunais, 2011.

NOVAES FRANÇA, Erasmo Valladão Azevedo e (coord.). *Direito societário contemporâneo II*. São Paulo: Malheiros, 2015.

OLIVEIRA, Marcos Cavalcante de. *Moeda, juros e instituições financeiras* – regime jurídico. Rio de Janeiro: Forense, 2006.

PALA, Bruno Sansão; BENTO, Lucas Fulanete Gonçalves. Análise econômica da responsabilidade (des)limitada no Brasil. In: POMPEU, Ivan Guimarães; BENTO, Lucas Fulanete Gonçalves; POMPEU; Renata Guimarães (coord.). *Estudos sobre negócios e contratos*: uma perspectiva internacional a partir da análise econômica do direito. São Paulo: Almedina, 2017.

PARENTE, Norma Jonssen. O dever de lealdade do administrador e a oportunidade comercial. In: KUYVEN, Luiz Fernando Martins (coord.). *Temas essenciais de direito empresarial*: estudos em homenagem a Modesto Carvalhosa. São Paulo: Saraiva, 2012.

PARGENDLER, Mariana. Responsabilidade civil dos administradores e *Business Judgment Rule* no direito brasileiro. *Revista dos Tribunais*, RT, v. 953, p. 51-74, mar. 2015.

PETERSEN, Luiza Moreira. *O risco no contrato de seguro*. São Paulo: Roncarati, 2018.

PINHEIRO, Armando Castelar; SADDI, Jairo. *Direito, economia e mercados*. 4ª reimp. Rio de Janeiro: Elsevier, 2005.

PINTO, Gustavo Mathias Alves. *Regulação sistêmica e prudencial no setor bancário brasileiro*. São Paulo: Almedina, 2015.

POLO, Andrea. Corporate governance of banks: the current state of the debate. *SSRN*. 2007. Disponível em: <https://papers.ssrn.com/sol3/papers.cfm?abstract_id=958796>. Acesso em: 10/05/2018.

POMPEU, Ivan Guimarães; BENTO, Lucas Fulanete Gonçalves; POMPEU; Renata Guimarães (coord.). *Estudos sobre negócios e contratos*: uma perspectiva internacional a partir da análise econômica do direito. São Paulo: Almedina, 2017.

——; POMPEU, Renata Guimarães. A teoria do patrimônio mínimo *versus* o superendividamento: análise jurídico-econômica sobre o acesso a bens e a serviços no mercado no Brasil. In: POMPEU, Ivan Guimarães; BENTO, Lucas Fulanete Gonçalves; POMPEU; Renata Guimarães (coord.). *Estudos sobre negócios e contratos*: uma perspectiva internacional a partir da análise econômica do direito. São Paulo: Almedina, 2017.

PORTUGAL. BANCO DE PORTUGAL. *Regime geral das instituições de crédito e sociedades financeiras*. Aprovado pelo Decreto-Lei nº 298/91, de 31 de dezembro, com alterações. Disponível em: <https://www.bportugal.pt/sites/default/files/anexos/legislacoes/rgicsf.pdf>.

QUATTTRINI, Larissa Teixeira. *Os deveres dos administradores de sociedades anônimas abertas*: estudo de casos. São Paulo: Saraiva, 2014.

QUIROGA, Roberto Mosquera. *Direito monetário e tributação da moeda*. São Paulo: Dialética, 2006.

RAHMATIAN, Andreas. *Money as a Normative Text*. 2014. Disponível em: <https://ssrn.com/abstract=2513286>.

RIBEIRO, Ivan César. *Os megabancos e as crises financeiras*: uma análise teórica e jurimétrica da regulação e do direito concorrencial. São Paulo: Almedina, 2015.

RIBEIRO, Renato Ventura. *Dever de diligência dos administradores de sociedades*. São Paulo: Quartier Latin, 2006.

ROCHA, Lademir Gomes da. Aspectos regulatórios e jurídicos dos mecanismos garantidores de crédito. *Revista da Procuradoria-Geral do Banco Central*, Brasília, Vol. 1, n. 9, p. 51-71, jun. 2015.

ROSENVALD, Nelson. *As funções da responsabilidade civil:* a reparação e a pena civil. 3. ed. São Paulo: Saraiva, 2017.

ROSSETTI, José Paschoal; LOPES, João do Carmo. *Economia monetária*. 8. ed. São Paulo: Atlas, 2002.

ROWELL, David; CONNELLY, Luke B. A History of the term "Moral Hazard". *The journal of risk and insurance*. 2012, vol. 79, No. 4. Disponível em: <https://www.researchgate.net/publication/256040292_A_History_of_the_Term_'Moral_Hazard'>. Acesso em: 24/11/2018.

SADDI, Jairo. *Crise e regulação bancária*: navegando mares revoltos. São Paulo: Textonovo, 2001.

——. Regimes especiais de liquidação e intervenção extrajudicial nas instituições financeiras. In: COELHO, Fábio Ulhoa (Coord.). *Tratado de direito comercial*, vol. 8: títulos de crédito, direito bancário, agronegócio e processo empresarial. São Paulo: Saraiva, 2015.

——. *Temas de regulação financeira*. São Paulo: Quartier Latin, 2010.

SALOMÃO FILHO, Calixto. *O novo direito societário*. 4. ed. São Paulo: Malheiros, 2011.

——. Sociedade Anônima: Interesse público e privado. *Interesse Público*, Porto Alegre, Notadez, ano 5, n. 20, p. 80, jul./ago. 2003.

SALOMÃO NETO, Eduardo. *Direito Bancário*. 2. ed. São Paulo: Atlas, 2014.

SAMPAIO, Gustavo José Marrone de Castro. *Fundamentos da regulação bancária e aplicação do princípio da subsidiariedade*. São Paulo: Almedina, 2015.

SANTOLIM, Cesar. Nexo de causalidade e prevenção na responsabilidade civil. *Revista da Ajuris*, Porto Alegre, v. 41, n. 136, p. 79-100, dez/2014. Disponível em: <http://www.ajuris.org.br/OJS2/index.php/REVAJURIS/article/view/354>.

SANTOS, Marco Fridolin Sommer dos. O uso das regras deontológicas como fonte de direito e o princípio de subsidiariedade horizontal. *Revista dos Tribunais*, São Paulo, V. 948/2014, p. 165, Out. 2014.

SARLET, Ingo Wolfgang. *A eficácia dos direitos fundamentais*: uma teoria geral dos direitos fundamentais na perspectiva constitucional. 12. ed. Porto Alegre: Livraria do Advogado, 2015.

——. Mínimo existencial e direito privado. In: SILVA FILHO, José Carlos Moreira da; PEZZELLA, Maria Cristina Cereser (coord.). *Mitos e rupturas no direito civil contemporâneo*. Rio de Janeiro: Lumen Juris, 2008.

SAVATIER, René. *Cours de droit civil*. V. I. 2. ed. Paris: Librairie génerale de droit et de jurisprudence, 1947.

SCHMIDT, Andrei Zenkner. A delimitação do Direito Penal Econômico a partir do objeto do ilícito. In: VILADIR, Celso Sanchez; PEREIRA, Flávia Rahal Bresser; DIAS NETO, Theodomiro (Coord.). *Direito penal econômico*: crimes financeiros e correlatos. São Paulo: Saraiva, 2011.

SENDEN, Linda. *Soft law in european community law*. Oxford: Hart Publishing, 2004.

SHLEIFER, Andrei; VISHNY, Robert W.; A survey of corporate governance. *Journal of finance*, Vol. LII, n. 02, jun-1997, disponível em: <https://scholar.harvard.edu/files/shleifer/files/surveycorpgov.pdf>. Acesso em: 10/05/2018.

SILVA, Alexandre Couto. *Responsabilidade dos administradores de S/A*: Business Judgment Rule. Rio de Janeiro: Elsevier, 2007.

SILVA, Fernando Quadros da. Agências reguladoras: um modelo em constante aperfeiçoamento. In: FREITAS, Vladimir Passos de; SILVA, Fernando Quadros da (coord.). *Agências reguladoras no direito brasileiro*. São Paulo: Revista dos Tribunais, 2014.

SILVA, João Calvão da. *Banca, bolsa e seguros*: direito europeu e português. 5. ed. Tomo I. Coimbra: Almedina, 2017.

SILVA, José Pereira da. *Gestão e análise de risco de crédito*. 6. ed. São Paulo: Atlas, 2008.

SILVA FILHO, José Carlos Moreira da; PEZZELLA, Maria Cristina Cereser (coord.). *Mitos e rupturas no direito civil contemporâneo*. Rio de Janeiro: Lumen Juris, 2008.

STANFORD, Jon D. *Moedas, bancos e atividade econômica*. Tradução de Luiz Fernando de Souza Aranha e Maria José Villaça. São Paulo: Atlas, 1981.

STOCO, Rui. Responsabilidade civil no código civil francês e no código civil brasileiro (estudos em homenagem ao bicentenário do código civil francês. In: NERY JUNIOR, Nelson; NERY, Rosa Maria Andrade. *Doutrinas essenciais de responsabilidade civil*. V.1. São Paulo: Revista dos Tribunais, 2011.

SZTAJN, Rachel. *Sistema financeiro*. Rio de Janeiro: Elsevier, 2011.

TERPINS, Nicole Mattar Haddad. Responsabilidade administrativa dos administradores e do controlador. In: NOVAES FRANÇA, Erasmo Valladão Azevedo e (coord.). *Direito societário contemporâneo II*. São Paulo: Malheiros, 2015.

TIMM, Luciano Benetti. Os grandes modelos de responsabilidade civil no direito privado: da culpa ao risco. In: NERY JUNIOR, Nelson; NERY, Rosa Maria Andrade. *Doutrinas essenciais de responsabilidade civil*. V.1. São Paulo: Revista dos Tribunais, 2011.

TRINDADE, Manoel Gustavo Neubarth. *Direito contratual como redutor das falhas de mercado*. 2013. Dissertação (Dissertação de Mestrado em Direito) – Faculdade de Direito, Universidade Federal do Rio Grande do Sul.

TZIRULNIK, Ernesto. O futuro do seguro de responsabilidade civil. In: NERY JUNIOR, Nelson; NERY, Rosa Maria Andrade. *Doutrinas essenciais de responsabilidade civil*. V.2. São Paulo: Revista dos Tribunais, 2011

VEIGA, Vasco Soares da. *Direito bancário*. 2. ed. Coimbra: Almedina, 1997.

VILADIR, Celso Sanchez; PEREIRA, Flávia Rahal Bresser; DIAS NETO, Theodomiro (Coord.). *Direito penal econômico: crimes financeiros e correlatos*. São Paulo: Saraiva, 2011.

WAISBERG, Ivo. *Responsabilidade civil dos administradores de bancos comerciais*: regimes especiais: intervenção, liquidação extrajudicial, regime de administração temporária – RAET. São Paulo: Revista dos Tribunais, 2002.

——; GORNATI, Gilberto. *Direito bancário: contratos e operações bancárias*. 2. ed. São Paulo: Saraiva, 2016.

WALD. Arnoldo. O papel pioneiro do direito bancário. *Revista de direito bancário e do mercado de capitais*, Revista dos Tribunais, São Paulo, Vol. 29, p. 359-371, jul.-set. 2005.

——; GONÇALVES, Fernando; SOARES DE CASTRO, Moema Augusta (coord.); FREITAS, Bernardo Vianna; CARVALHO, Mário Tavernard Martins de (org.). *Sociedades anônimas e mercado de capitais*. São Paulo: Quartier Latin, 2011.

——; WAISBERG, Ivo. Legislação, jurisprudência e contratos bancários. In: FONTES, Marcos Rolim Fernandes; WAISBERG, Ivo (coord.). *Contratos bancários*. São Paulo: Quartier Latin, 2006.

WARDE, Walfrido. O seguro D&O e o mercado de capital. In: INSTITUTO BRASILEIRO DE DIRIETO DO SEGURO. *VII fórum de direito do seguro José Sollero Filho – Lei de contrato de seguro: solidariedade ou exclusão?* (em homenagem a Rubén Stiglitz). São Paulo: Roncarati, 2018.

WEATHERFORD, Jack. *The history of Money*. New York: Three Rivers Press, 1997.

YAZBEK, Otavio. O risco de crédito e os novos instrumentos financeiros – uma análise funcional. In: FONTES, Marcos Rolim Fernandes; WAISBERG, Ivo (coord.). *Contratos bancários*. Sâo Paulo: Quartier Latin, 2006.

——. *Regulação do mercado financeiro e de capitais*. 2. ed. Rio de Janeiro: Elsevier, 2009.

YERMACK, David. *Is Bitcoin a Real Currency? An Economic Appraisal*. 2014. Disponível em: <https://ssrn.com/abstract=2361599>.